Introduction à la médiologie

OUVRAGES MÉDIOLOGIQUES DU MÊME AUTEUR

Le Pouvoir intellectuel en France, Ramsay, 1979.
Le Scribe, Grasset, 1980.
Cours de médiologie générale, Gallimard, 1991.
Vie et mort de l'image, une histoire du regard en Occident, Gallimard, 1993.
L'État séducteur, les révolutions médiologiques du pouvoir, Gallimard, 1993.
Manifestes médiologiques, Gallimard, 1994.
Transmettre, Odile Jacob, 1997.
Croire, Voir, Faire, Traverses, Odile Jacob, 1999.

Collection « Le Champ médiologique », Odile Jacob, dirigée par Régis Debray

Transmettre, Régis Debray, 1997.
L'Invention du Christ, genèse d'une religion, Maurice Sachot, 1997.
La Projection nationale, Cinéma et Nation, Jean-Michel Frodon, 1998.
Croire, Voir, Faire, Traverses, Régis Debray, 1998.
La fabrique du regard, Monique Sicard, 1999.
La roue et le stylo, comment nous sommes devenus touristes, Catherine Bertho-Lavenir, 1999.
Le Manifeste des planétaires, Pierre Lévy, 2000 (à paraître).

Collection
Premier
Cycle

Introduction à la médiologie

RÉGIS DEBRAY
Professeur de philosophie à l'Université
Jean-Moulin de Lyon

*Presses
Universitaires
de France*

puf

ISBN 2 13 050105 2
ISSN 1158-6028

Dépôt légal — 1re édition : 2000, janvier

108, boulevard Saint-Germain, 75006 Paris

«Je n'ai rien créé de nouveau,
je n'ai fait que transmettre l'enseignement des anciens.»

Confucius, *Entretiens*, VII, 1.

Mes remerciements tout particuliers à François Dagognet, pour son constant et généreux appui ; à Daniel Bougnoux, François-Bernard Huyghe, Maurice Sachot, Monique Sicard et Dominique Païni, pour leurs remarques et suggestions avisées ; à tous les membres du comité de rédaction des *Cahiers de médiologie*, pour leurs permanents apports.

Sans eux, cet essai de synthèse n'aurait pu voir le jour, tant il est vrai que la médiologie se pratique en sport d'équipe.

Sommaire

Chapitre I - Le temps de la transmission

L'ANGLE D'ATTAQUE

Plus que communiquer : transmettre

Les êtres vivants sont l'objet de la biologie, les lignes et surfaces de la géométrie, les phénomènes atmosphériques de la météorologie. A première vue, une discipline est définie par son *objet*, et on sera alors tenté de dire : « La médiologie est l'étude des médias. » Ce serait une lourde méprise. Car, comme le rappelait naguère l'historien des techniques André-Georges Haudricourt : « En réalité, ce qui caractérise une science, c'est le *point de vue* et non l'objet. Par exemple, voici une table. Elle peut être étudiée du point de vue physique, on peut étudier son poids, sa densité, sa résistance à la pression ; du point de vue chimique, ses possibilités de combustion par le feu ou la dissolution des acides ; du point de vue biologique, l'âge et l'espèce d'arbre qui a fourni le bois ; enfin, du point de vue des sciences humaines, l'origine et la fonction de la table pour les hommes. »[1] Si on observe le large spectre des « sciences humaines », on verra que chacune est entrée dans la pâte humaine selon un angle d'incidence singulier, l'individu recevant ainsi, au fil du temps, plusieurs cartes d'identité, au gré des plans de coupe. Chaque discipline dessine dans et sur un même fond anthropologique une figure distincte et privilégiée, nouveau profil de référence. Cette « section » du réel

1. André-Georges Haudricourt, *La technologie, science humaine,* Paris, Éditions de la Maison des sciences de l'Homme, 1987.

objectif (c'est le terme employé pour les subdivisions de notre Conseil national des universités ou CNU) extrait à chaque reprise un sujet différent d'un homme pourtant unique, global et intégré. Car le travail théorique, par destination, disjoint ce que la pratique confond. Après deux siècles d'efforts, nous connaissons déjà assez bien l'homme qui parle (linguistique), désire (psychanalyse), produit (économie), s'aggroupe (sociologie), calcule (sciences cognitives), qui ou que l'on gouverne (sciences politiques), qui apprend ou enseigne (sciences de l'éducation), etc. A quel « sujet » la médiologie a-t-elle affaire ? Sans exclure ce qu'on nomme « communication », elle s'intéresse plus particulièrement à *l'homme qui transmet*. Comme nous le connaissons, celui-là, moins bien que les autres, il nous faut faire un effort conceptuel un peu original, ou décalé, par rapport aux prises de vue précédentes.

Original ne signifie pas étranger ni exclusif. L'angle de vue qu'offre la transmission sur la réalité humaine n'est évidemment pas *exhaustif* (ramenant tous les autres comportements à l'état d'épiphénomènes d'une essence originaire, comme ailleurs, la parole, le désir, le travail, etc.). Ni *disjonctif* (exigeant de chaque trait observable qu'il appartienne soit à son plan, soit à un autre, sans chevauchement ni mixité possible). Une même réalité peut être étudiée selon des plans à la fois distincts et compatibles. Telle langue naturelle, par exemple, peut s'analyser comme un *moyen de communication* permettant à des locuteurs vivants de se faire comprendre les uns des autres. Mais cette langue a également une *fonction de transmission*, assumée notamment par sa graphie (alphabet latin, cyrillique, idéogrammes chinois, *hangul* coréen, etc.), en ceci que, condensant la mémoire collective d'un groupe historique, elle perpétue à travers les âges une « personnalité de base » commune à tous les usagers de cette langue maternelle – système de significations permettant à un groupe défini de vivants de sentir une communauté d'appartenance avec ses morts. Dans le premier cas, seront mis en évidence, de façon synchronique, les interactions entre individus ; dans le second, selon une perspective diachronique, entre générations. Mais il s'agira toujours d'une seule et même langue.

Le terme de communication a connu de nos jours une immense fortune (pour des raisons que nous examinerons plus loin). Pour aborder au Continent du « transmettre », qui n'est pas visible à l'œil nu et qui, comme tous les concepts opératoires, ne peut être reçu tel quel de l'expérience immédiate, il nous faut dépasser l'horizon du « communiquer ». Malgré sa familiarité et ses titres de noblesse, ou plutôt à cause d'eux, ce sera là notre premier « obstacle épistémologique ». Le dépassement ne sera pas oubli ou négligence. Il prendra la forme d'une intégration dans un tout plus complexe. Communiquer est le *moment* d'un processus plus long et le *fragment* d'un ensemble plus vaste, que nous nommerons, par convention, transmission. Tout découpage disciplinaire implique, pour commencer, quelques décisions terminologiques.

On regroupera sous le terme de transmission tout ce qui a trait à la dynamique de la mémoire collective ; et sous le terme de communication, la circulation des messages dans un moment donné. Ou encore, en durcissant l'opposition, on dira que communiquer consiste à *transporter une information dans l'espace*, à l'intérieur d'une même sphère spatio-temporelle, et transmettre ; à *transporter une information dans le temps*, entre des sphères spatio-temporelles différentes. La communication a un horizon sociologique, et pour tremplin de départ une psychologie interindividuelle (entre un émetteur et un récepteur, dans l'expérience princeps que constitue l'acte d'interlocution). La transmission a un horizon historique, et pour socle de départ, une performance technique (via l'utilisation d'un support). Dans un cas, par la mise en relation d'un ici avec un ailleurs, on fera de la connexion (et donc de la société) ; dans l'autre, par la mise en rapport d'un jadis et d'un maintenant, on fera de la continuité (et donc de la culture). Psychanalystes et sociologues ne peuvent pas ne pas s'intéresser au thème (et aux sciences) de la communication, au fonctionnement des médias et aux affects qu'ils suscitent. Historiens et anthropologues ne peuvent pas ne pas être concernés par ce qui fait – ou défait – la chaîne des générations (moyennant une réorganisation logique de notions familières, promues de l'état de nébuleuse à celui de constellation). D'où, sur chaque versant, des voisinages et affinités différents (colloques et lectures).

Ces distinguos pourront sembler artificiels et arbitraires et on fera justement observer que pour transmettre, il faut d'abord communiquer. Si Jésus de Nazareth n'avait pas communiqué avec son entourage, conversé avec ses disciples, apostrophé des foules, jamais l'Église chrétienne n'aurait pu assurer la transmission du message évangélique à travers les époques et les continents. C'est une évidence, mais il y a solution de continuité entre les deux ordres de phénomènes, qui même s'ils peuvent sembler prendre la suite l'un de l'autre (et nous verrons pourquoi cette évidence aussi peut être remise en question), requièrent, pour être compris, des appareils conceptuels qui peuvent se chevaucher mais ne se confondent pas.

De même sera-t-on tenté, mais à tort, de ramener le binôme transmission/communication à cet autre, diffusion publique / échange interpersonnel (entre interlocuteurs, abonnés au téléphone ou épistoliers). Or, il ne suffit pas de rallonger les fils de la connexion (raccordant l'émetteur au récepteur), d'en complexifier les réseaux (uni-, bi-, multidirectionnel), d'en industrialiser les canaux (imprimé, radio, télévision), pour obtenir un phénomène de transmission. Ce serait plutôt l'inverse. Le critère n'est pas la présence ou l'absence d'une interface machinique entre l'homme et l'homme, mais, au contraire, celle d'une interface institutionnelle. Il peut y avoir, et il y a de plus en plus, selon le titre de Pierre Schaeffer, des « machines à communiquer » (le télégraphe électrique, la télé, l'ordinateur). Il ne peut y avoir, et il n'y a jamais eu, de machine à transmettre. Une transmission est une communication *optimisée par un corps*, individuel et collectif – au double sens de « ceci est mon corps » et de « les grands corps ». S'il est des communications immédiates, directes, joyeusement transitives, une transmission n'est ni immédiate ni impersonnelle. Ce peut être une relation interpersonnelle (entre père et fils, prof et élève, prêtre et fidèle, compagnon et stagiaire, etc.), techniquement appareillée, mais où l'interface technique n'est pas condition suffisante. Ensuite, s'il y a des *actes* de communication, la transmission est toujours un processus, en forme de *procession* (en grec *paradosis*, traduit par tradition). La tradition ayant à voir avec la génération, avec le fait biologique qu'il y a dans les sociétés des petits et des grands, la transmission commence par l'éducation (Père-fils, Maître-disciple, prof-élève, compagnon-apprenti). Elle ne s'y arrête pas. De toute façon, elle se déroule dans le temps, selon des obligations, hiérarchies et protocoles déterminés progressant par étapes ou degrés, d'après une succession réglée, comme cela se voit dans les formes hautes que constituent les rituels de cooptation, apprentissage, affiliation ou adoption (successeur, fils spirituel, exécuteur testamentaire, etc.).

> « C'est le plus grand triomphe de l'homme (et de quelques autres espèces) sur les choses, que d'avoir su transporter jusqu'au lendemain les effets et les fruits du labeur de la veille. L'humanité ne s'est lentement élevée que sur le tas de ce qui dure. »
>
> (Paul VALÉRY, Histoires brisées.)

« Tenir la route », ou frayer une durée, ne va pas sans renoncements ni douleurs. Pas de lignée spirituelle sans un corps de contraintes – le fil conducteur et transgénérationnel d'une institution. Celle-ci doit s'entendre comme un *appareil généalogique* – au double sens d'*appareil psychique* (reliant mentalement l'individu à son groupe d'appartenance, avec toutes les névroses qui peuvent en dériver) et d'*appareil juridique* (fixant les règles de droit qui président à tout rapport de filiation ou d'adoption, avec les abus qui peuvent en résulter). La pérennisation des idées, croyances et savoirs ne peut se passer d'un vecteur social, dont le rôle n'est pas seulement de garant d'authenticité mais d' « accordage affectif » (Jean Guyotat). Le lien de filiation communautaire exige un lieu d'identification imaginaire (l'Église, le Parti, la Famille, la Compagnie, etc.), et on ne connaît pas de généalogie personnellement assumée qui ne s'entretienne d'un mythe ou roman historique – l'équivalent du roman familial (grand ou petit récit). Ainsi s'articulent légitimité des valeurs, ou validité des contenus, et loyauté des hommes, ou fidélité au transmetteur.

L'idée qu'on peut assurer une transmission (culturelle) avec des moyens (techniques) de communication constitue d'une des illusions les plus typiques de « la société de communication », propre à une modernité de mieux en mieux armée pour la conquête de l'espace, et qui l'est de moins en moins pour la maîtrise du temps (restant à savoir si une époque peut à la fois domestiquer l'un *et* l'autre, ou si toutes les cultures ne sont pas vouées à préférer l'un *ou* l'autre). Laissant de côté cette question philosophique, on se contentera d'observer les raisons objectives de l'actuelle ivresse de communication, dont la gueule de bois occupera sans doute le siècle qui s'ouvre. Que ce soit pour en dénoncer les mystifications ou en exalter les potentialités, négative ou laudative, notre superstition du communiquant dérive de l'explosion informative. Notre parc de machines nous fascine, notre gamme d'institutions nous ennuie, notamment parce que le premier se renouvelle à toute allure, et que la seconde se reproduit peu ou prou à l'identique. Pour franchir l'espace, un engin suffit. Pour franchir le temps, il faut un mobile, *plus* un moteur, ou encore une machine matérielle ou formelle (comme l'écriture alphabétique), *plus* une institution sociale (l'école, par exemple, vecteur de la culture livresque, voire, bientôt, son ultime abri). Les industries à renouvellement rapide de la communication gagnant de vitesse les institutions à rythme lent de la transmission, la nouvelle géographie des réseaux focalise l'attention, reléguant au second plan les chaînons devenus plus ténus et précaires de la continuité créatrice. Les mass-médias de l'ubiquité (la mondialisation) déclassent les médiums peu ou prou essoufflés de l'historicité. Les premiers ont redistribué les rapports entre l'*ici* et l'*ailleurs* de façon beaucoup plus sensible et ostensible que les rapports de l'*avant* et l'*après*. D'où le privilège spontanément accordé par l'esprit public aux moyens de *domestication de l'espace* sur les moyens de *domestication du temps*. On l'a maintes fois relevé : notre territoire s'élargit, notre calendrier rétrécit ; l'horizon optique recule, la profondeur de temps s'estompe ; et on navigue sur le Web plus facilement que dans la chronologie. En d'autres termes, au moment où la Terre entière peut suivre simultanément le Mondial de foot à la télé (la synchronie), Racine ou *La Passion du Christ* deviennent lettre morte pour les écoliers de France (diachronie). Le partage du passé commun devient de plus en plus malaisé, au fur et à mesure que la mise en commun de l'information se trouve facilitée. Élargissement des zones de mobilité et rétrécissement du champ de conscience historique ; renforcement des connexions techniques et affaiblissement du lien symbolique : le hiatus de plus en criant entre les moyens consacrés (et le prestige attaché) à l'archipel Communication et au Continent Transmission reflète le déséquilibre provoqué par l'accélération technologique entre les deux volets, matériel et institutionnel, du dispositif véhiculaire propre depuis l'aube des temps historiques au transport des biens symboliques, entre MO (matière ouvragée) et OM (organisation matérialisée). On peut voir dans l'inversion du tout et de la partie, ou encore dans la subordination du durable à l'éphémère – l'indice d'une véritable crise de civilisation, nom officiel des crises de transmission, dont l'actuelle déstabilisation des programmes scolaires par les programmes télé est à la fois un symptôme et un symbole.

Prenons un exemple tangible : la bibliothèque. On entend par ce mot (« l'armoire à livres ») un stock de signes écrits déposé pour conservation et consultation sous forme de volumes et d'imprimés dans un bâtiment spécialisé. Cette concentration physique constitue une réserve de mémoire, moyen extérieur d'une transmission intérieure. Ce réceptacle inerte n'a pas seulement vocation à conserver l'héritage des siècles, il suscite, par son existence, l'inscription de nouvelles traces, en servant de matrice à une communauté lettrée, avec ses rituels propres (exégèse, traduction, compilation, etc.). Une bibliothèque engendre des écrivains comme une cinémathèque des cinéastes. Ce lieu instituant a été institué en amont par un acte de souveraineté, proprement politique. Le monde lettré n'est pas autosuffisant *(translatio imperii et studii)*. Les grandes bibliothèques renvoient à un nom éponyme via un lieu. Celle d'Alexandrie, à Alexandre le Conquérant. Derrière Homère (le tardif recueillement des traces dites homériques), il y a Pisistrate. Derrière Confucius, les Hans. Derrière la bibliothèque de Pergame, les Attalides. Derrière celle de Bagdad, Al-Mansour. Et la BnF s'appelle « François-Mitterrand ». Pas de bibliothèque qui n'ait été ou ne soit royale, califale, pontificale, princière, du Sénat, de l'Assemblée ou du Président, de l'Institut, de l'Ordre, ou de l'Université. Qu'une sociabilité savante soit induite et produite par une bibliothèque ne peut voiler la généalogie institutionnelle de l'instrument, comme prolongement et complément d'une communauté organisée (susceptible de survivre à son fondateur). Qu'il s'agisse d'une école de pensée, comme le lycée d'Aristote, association de droit privé (pas de bibliothèque publique dans la Grèce ancienne) ; d'une Église ou d'une communauté monastique ; d'un collège ou d'une université ; d'un milieu académique ou lettré (comme sous la Renaissance), dûment circonscrit et ordonné. Là est *le support du support* – l'invisible opérateur de la transmission, dont la bibliothèque est le médium voyant mais non le moteur. Plus exactement, c'est cette communauté instituée qui *transforme le dépôt en vecteur,* y compris de sa propre perpétuation (École, Église, Ordre, Nation, etc.). Sa bibliothèque sera la prothèse indispensable à sa reproduction, mais le véhicule n'est pas automobile, devant être lui-même mobilisé par une requête organique préalable. C'est dire que le garde-manger n'assure pas l'alimentation. La mémoire externe des livres ne prend force que par la mémoire interne d'un groupe. Les garde-mémoire, c'est comme les monuments, cela peut servir à mettre sa mémoire de côté, à la solenniser à grands frais pour s'en soulager, s'en délester sur des rayonnages ou des logiciels (fonction perverse du monument, qui n'a pas échappé à Freud). Autrement dit, si la mémoire collective se reposait sur les « lieux » du même nom, la collectivité deviendrait bientôt amnésique. Ne confondons pas procédé et processus, mnémotechnique et mémorisation. Les décideurs qui programment et édifient des réseaux distributeurs d'information, de plus en plus complexes, sans se soucier des conditions préalables d'apprentissage et d'enseignement, sont victimes de pareille confusion. C'est négliger que le livre ne fait pas le lecteur (ce serait plutôt l'inverse), et qu'une banque de données en ligne n'induit pas *ipso facto* des capacités d'appropriation correspondantes. Ainsi voit-on d'un côté les autorités éducatives déprogrammer les classiques dans le secondaire, y remplacer la lecture des textes par celle du journal, introniser à l'école la lecture de prélèvement, et de l'autre les administrations culturelles subventionner la numérisation d'auteurs classiques pour en faciliter l'accès, tout en s'étonnant que certaines salles de lecture dans nos mausolées électroniques demeurent vides. Incohérence ? Oui. Fondée sur une méprise. Consistant à prendre un transfert physique d'information pour une transmission sociale de connaissances. Soit le véhicule pour la propulsion.

Remarque en passant, qui n'est pas déploration d'humanités perdues mais rappel de l'indispensable : la place du moment institutionnel dans tout processus de transmission. Ou plus précisément, pour rester dans la mémoire écrite, la nécessité d'un médiateur entre textes actuels et lecteurs potentiels, telle l'institution éditoriale, avec ses attributs classiques de labélisation, sélection et hiérarchisation de l'information[1].

1. La nouvelle génération de l'*éditing* électronique est prometteuse parce qu'elle voit réapparaître la collection, l'éditeur, le club, soit des ensembles médiateurs structurés, opérateurs de synthèse et de sélection. La réapparition de la figure de l'éditeur dans l'archive numérique peut faire de la bibliothèque du futur autre chose qu'une dérive sur un océan documentaire sans boussole ni amers. Robert Darnton, « Le nouvel âge du livre », *Le Débat*, n° 105.

Redisons la même chose autrement. En « infocom », l'accent sera mis spontanément sur les médias eux-mêmes, les caractéristiques des canaux ou supports. En « médio », l'accent tonique portera plutôt sur la médiation (le suffixe *ion* de l'action), tout inséparable qu'elle soit des appareillages. Une analyse médiologique ordonne et subordonne l'école à l'enseignement, le musée à l'exposition, la bibliothèque à la lecture, l'atelier à l'apprentissage, le labo à la recherche, l'église au culte, etc. Exalter les « lieux de mémoire » au-dessus et indépendamment des communautés de mémorants reviendrait à fétichiser le bâti, en dissociant, pour ainsi dire, l'habitat de l'habiter, ou le corps de l'âme. Celle-ci n'est pas un souffle immatériel mais une organisation matérialisée (disons : l'Église) capable de survivre à son médium de communication originaire (la prédication orale), d'utiliser tour à tour le codex, l'imprimé, la radio et l'écran, selon les ressources disponibles, bref d' « épouser l'époque » (le télévangélisme).

L'extension du champ de fouilles

Il naît de ces présupposés un terrain de fouilles plus étendu que celui ordinairement dévolu aux recherches de communication. On comprend tout de suite pourquoi. Celle-ci s'en tient prioritairement, du fait de son lien matriciel avec les mass-médias, à l'univers des signes linguistiques ou apparentés (le « langage musical », le « langage filmique »), alors que la transmission inclut, au-delà et en deçà du verbal, bien d'autres supports de sens : des gestes et des lieux autant que des mots et des images, des cérémonies autant que des textes, du corporel et de l'architectural autant que de « l'intellectuel » et du « moral ». Par exemple, la formule chrétienne, depuis sa fixation, nous a été transmise de génération en génération, par les cantiques et les fêtes du calendrier, les ors et les orgues des églises, les vitraux et les retables, les processions et les sacrements, l'hostie sur la langue, l'encens dans les narines, et les pierres nues sous les pieds du pénitent – autant que par la lecture ou la prédication. La référence nationale, de même, s'est transmise par le drapeau et la sonnerie aux morts, le tombeau en marbre du héros et la stèle du village, le fronton de mairie et la visite au champ de bataille – autant que par les textes scolaires et les homélies électorales. Pas de création de valeurs qui n'ait été production ou recyclage d'objets et de gestes ; pas de mouvement d'idées sans mouvement d'hommes et de biens (pèlerins, marchands, colons, soldats, ambassadeurs) ; pas de subjectivité nouvelle sans aide-mémoire nouveaux (livres ou rouleaux, hymnes et emblèmes, insignes et monuments). Ces chaînes opératoires brassent pêle-mêle de l'immeuble et du meuble, de l'idéal et du pondéreux. Le médiologue du mouvement chrétien s'intéressera au *codex* autant qu'aux évangiles, aux chemins empruntés par les apôtres, autant qu'à leurs épîtres. Comme celui du sentiment national en France aux voies ferrées et au réseau télégraphique non moins qu'au baptême de Clovis ou aux mémoires de De Gaulle, aux Ponts et Chaussées autant qu'aux conférences de Renan, à l'état des postes et des routes autant qu'aux manuels scolaires, aux conduites d'eau et d'électricité autant qu'aux armées et aux académies, bref à des *choses* (triviales) tout autant qu'à des *hommes* (illustres) et à des *textes* (fondateurs).

> Un beau poème, une idée, une découverte – cela n'a pas de valeur certaine. S'ils se détruisent avant d'être connus, rien n'a eu lieu. S'ils agissent, s'ils se cramponnent à un homme, puis à un autre, leur portée devient incalculable ; elle participe de ce qui adviendra de l'homme. Si l'homme périt sans autre effet, ils périront aussi de cette manière.
>
> (Paul VALÉRY, Carnets.)

Outre l'élargissement des assises, l'inventaire des documents ne peut ici mettre à l'abri du politique. C'est la matière qui le veut. Chacun le sait bien : toute diffusion de thèses implique des luttes de pouvoir (que ce soit en psychiatrie, en physique théorique ou en management). C'est là l'effet d'une contrainte de principe, selon laquelle *transmettre, c'est organiser, et organiser, hiérarchiser,* bon gré mal gré. Pour relier les hommes entre eux, dans le sens de la longueur, le drame est qu'il faille commencer par les séparer, dans le sens de la hauteur. On ne connaît pas en effet d'organisation sans structure d'ordre, avec position d'un premier, deuxième, troisième échelon, etc. Le refus des hiérarchies se confond souvent avec celui des médiations : c'est un instantanéisme et un illuminisme. Et il n'y a jamais loin d'une posture anarchisante à une nostalgie d'immédiateté perdue (comme on le voit avec le situationnisme). Dans l'Antiquité chrétienne, la charge d'enseignant revenait ouvertement à l'évêque, le chef de la communauté (l'autorité décide ce qu'il faut penser), et la tradition juive fait de l'enseignant, le rabbi, le Père de ses élèves. Les grands transmetteurs du message chrétien ont d'ailleurs soigneusement peaufiné la hiérarchie ecclésiale (Pseudo-Denys l'Aréopagite calquant cette dernière sur la hiérarchie des anges). On a vu qu'un processus de télécommunication temporel, unissant des ascendants à des descendants, ne se réduit pas à un mécanisme physique (ondes sonores, ou circuit électrique) ni à un dispositif industriel (radio, télé, ordinateur). Pour que le message continue de circuler après la mort de son émetteur (et de ses premiers destinataires), pour que le mort puisse saisir le vif et le vif triompher du mort, la transmission doit ajouter à des vecteurs inertes de mémoire le schéma vivant d'un organigramme. D'où naît un drame à rebondissements, avec captations d'héritage, scissions, schismes et dévoiements. La moindre communication a un coût, puisque aucun appareil ne peut, sans dépense d'énergie, extraire un signal du bruit ambiant, en neutralisant le parasitage accidentel du signal. Mais le premier maillon d'une chaîne de transmission (disons : saint Paul ou Lénine, Freud ou Lacan), en sus des crachouillis de son haut-parleur, devra aussi affronter les crachats de ses adversaires. Le « bruit » ne sera pas alors le fond inévitable d'une information, mais l'effet d'une lutte pour la survie dans un milieu où, comme pour les espèces concurrentes dans une même niche, il n'y a pas de place (égale) pour tous les candidats à la pérennité. D'où des manœuvres de haute politique (s'allier, filtrer, exclure, confisquer, coopter, phagocyter, etc.), conduites sous la pression de sélection, pour résister à l'élimination par le voisin. Et le cas échéant, finir par l'éliminer, lui (fermeture de l'école d'Athènes par Justinien, en 529).

A l'instar de tout ce qui sert à immuniser un organisme collectif contre le désordre et l'agression, la transmission met inévitablement en jeu une stratégie militante (et parfois militaire). Bataille au-dedans, bataille au-dehors (propager sa foi ou ses idées, c'est se battre contre les rivales). On peut communiquer à tous vents. On transmet à bon escient ce que « l'on a de plus précieux » et qui touche aux œuvres vives : les grands secrets (de famille, d'État, de fabrication, des cœurs, des longitudes, des métaux, du métier, de parti, des dieux, etc.) ; ceux dont la perpétuation permet à un collectif de continuer à faire corps en se projetant vers un avenir commun et de se repérer dans le présent, de se distinguer du voisin, d'aller la tête haute. Ces choses qu'on ne livre pas entre deux portes, mais auxquelles on initie, par degrés, avec des mots choisis. Un journaliste communique, un professeur transmet (différence des informations aux connaissances). Un notaire règle des successions, un prêtre assure une tradition (différence des actes aux rites). Pour communiquer, il suffit d'intéresser. Pour bien transmettre, il faut transformer, sinon convertir. Gardienne de l'intégrité d'un *nous*, et pas seulement de la mise en rapport de deux ou plusieurs *moi*, la transmission est solidaire d'une construction d'identité, qui concerne l'être plus que l'avoir des individus. Construction d'autant plus cruciale que fragile, car elle ne relève pas des programmes vitaux de base – alimentaires ou sexuels – mais d'une laborieuse remontée du courant entropique (à la dispersion et la disparition). Il impose de travailler un public au corps et en *corps* (de métier, mystique, ou enseignant – sorciers, bardes, anciens, aèdes, clercs, pilotes, maîtres, catéchistes) pour proroger, sans garantie génétique aucune, le corpus de connaissances, valeurs et savoir-faire qui assoit, par de multiples aller-retour entre hier et aujourd'hui, la personnalité d'un collectif.

Enfin, le médiologue se verra plongé par force dans les longues durées de l'anthropologie, à la limite des sociétés sans écriture. Passer de la communication à la transmission, c'est changer d'échelle chronologique – ce qui modifie radicalement, dans « le transport d'information », la portée du premier mot. Dans une communication en concomitance, la réception compte autant que l'émission (une même émission de télé pouvant changer de sens selon les publics) mais la chaîne médiatique reste trop courte pour altérer en profondeur le message. Son transport organisationnel en différé est, lui, un véritable façonnage de contenu. Sur la durée, *le transport transforme.* Les filières et expansions culturelles empruntent des circuits longs. Religion, art, idéologie ont en commun de jouer les prolongations pour pouvoir (sans y réussir toujours) s'installer dans le long terme (si la peinture sur sable des

Indiens Navajo est faite pour s'effacer, l'aptitude reconduite du *medicine-man* à exécuter une œuvre éphémère suppose la transmission d'un savoir-faire, soit une victoire sur l'éphémère). Un médiatique calcule en semaines, jours, voire en minutes ; un médiateur, en décennies, sinon en siècles. Nous transmettons *pour* que ce que nous vivons, croyons et pensons ne meure pas avec *nous* (plutôt qu'avec *moi*). Il nous est permis, pour ce faire, de recourir aux meilleurs moyens mnémotechniques (poésie orale, avec ses rythmes et ritournelles, dessin, caricature, audiocassette, etc. – au gré des audiences visées ou des appareillages disponibles). Ces messages au long cours optimisent leurs chances de survivre en se contractant (le croquis plus pertinent que le dessin) mais l'abréviation ou la condensation ne seront là que pour creuser leur lit, en faisant empreinte. Les moyens de l'impact ne sont pas ceux de l'influence. Compatible avec un acte de communication, l'évanescence du message serait contradictoire avec une transmission. Aucune des filiations doctrinales dont le médiologue peut reconstituer tant soit peu l'itinéraire – comme c'est le cas du christianisme primitif et du « socialisme prolétarien » – n'est abordable par le biais « communication ». La foi en Christ vivant, cette rumeur, ne s'est pas transmise par le journal, pas plus que la bonne nouvelle marxiste par la radio. Les cadres de pensée qui ont servi de matrices aux mouvements chrétien et communiste relèvent de l'histoire des mentalités, bien plus que des médias. Par où l'on voit que les mass-média, ou « moyens de diffusion de masse » (presse, radio, télé) sont au médiologue ce que les petites madeleines furent à Marcel Proust – pas moins mais guère plus : l'occasion de retrouver « l'enfance de l'humanité », ou le point de départ d'une remontée (à des principes enfouis d'intelligibilité).

Communication et transmission ne sont pas des registres à juxtaposer mais à coordonner. Les deux se tiennent. La première est la condition nécessaire, mais non suffisante, de la seconde. On peut donc considérer les études de communication comme un pays déjà bien exploré à réinsérer dans un Continent peu ou mal repéré mais dont on devine déjà les dimensions (et les enjeux).

Le tableau en vis-à-vis est donc destiné à permettre une dialectique (et un dialogue), non à antagoniser des domaines de recherche.

	Communication	**Transmission**
ÉCHELLE DE TEMPS	Temps court, **synchronie.** L'actualité, la vitesse	Temps long, **diachronie.** L'empreinte, la pérennité
CENTRE DE GRAVITÉ	**L'information** Le « pour usage »	**Valeurs et savoirs** Le « pour mémoire »
VECTEUR DE DIFFUSION	**Dispositif technique** MO (matière organisée)	**Dispositif + institution** MO + OM (organisation matérialisée)
NATURE DU TEMPS	Récepteur **contemporain.** (en co- ou télé-présence). L'être-ensemble-en-même-temps	Destinataire **postérieur.** (par co-appartenance à une lignée). L'être-ensemble-successivement
AFFINITÉS SOCIALES	**Les entreprises** et les « pouvoirs » (logique de marché)	**Les institutions** et les « autorités » (à but non lucratif)
VOISINAGES SCIENTIFIQUES	**Sociologie et psychologie sociale**	**Histoire et anthropologie**
DIMENSION SYMBOLIQUE	**Pas nécessaire** (liens pragmatiques entre individus). Cadre des « besoins »	**Indispensable** (lien transcendant les générations). Cadre des « obligations »
LIEUX RÉPUTÉS	**Télévision, journal, radio Internet, self-médias, etc.** Les réseaux	**Musée, bibliothèque, école, église, académie, etc.** Les repères
TERMES ASSOCIÉS	Opinion, consensus, audience, persuasion, impact, publicité, journalisme, interactivité, etc.	Monument, héritage, archives, religion, idéologie, enseignement, patrimoine, affiliation, etc.
PÉRIODE DE PERTINENCE	**L'époque contemporaine** (la variable **industrielle**).	**Toutes les époques** (l'invariant du **cumulatif**)
DÉCRI	« C'est de l'archéo, on connaît déjà »	« C'est du néo, ça ne restera pas »
ÉLOGE TYPE	« Belle audience ! »	« Belle résistance ! »

Le propre de l'homme

L'étude des faits de transmission – qui se monnaiera en aval par des études de cas d'intérêt immédiat – est inséparable d'une vision du devenir humain dans la longue série animale. Une médiologie postule, en amont, une anthropologie.

En dilatant les cadres d'évolution temporels et spatiaux de l'évolution des hominidés, les paléontologues ont multiplié les passerelles entre l'animal et l'homme. Ruptures et frontières s'avèrent poreuses. Reste un trait qu'on peut croire à bon droit discriminant entre le *sapiens sapiens* et les autres primates. Nous sommes la seule espèce animale susceptible de transmettre, d'une génération à l'autre, plus que des comportements, des créations nouvelles. Les lois de la génération ne peuvent expliquer cette accumulation d'acquis, car la biologie moléculaire nous enseigne que « la structure nucléique n'est pas accessible à l'expérience acquise et reste invariante à travers les générations » (François Jacob). C'est pourtant une trivialité que l'homme du XXIe siècle a plus de capacités d'agir sur son environnement, de modifier sa propre évolution, que n'en n'avait son prédécesseur du XIXe siècle, et celui-ci que l'homme du XVIe, et ainsi de suite jusqu'au Néolithique. Sans négliger que des chimpanzés se transmettent certains comportements liés à la nourriture, et si cette discontinuité s'inscrit dans le continuum du vivant, on peut néanmoins trouver la « différence anthrolopologique » dans la *succession cumulative*. Il existe des *sociétés* animales d'une grande complexité ; on ne connaît pas en revanche de *culture* animale, qui fasse, par exemple, que l'actuelle génération de lions, ou de fourmis, ait plus de compétence qu'il y a un siècle ou deux. Leurs milieux de vie ont pu varier, l'environnement décide pour eux et leur programme génétique programme leur vie individuelle. Même si elles peuvent se constituer progressivement une niche écologique, ces espèces sans généalogie n'ont pas d'histoire. Absentes à leur passé autant qu'à leur avenir, verrouillées dans un présent sans début ni fin, elles ne font pas *trace*. Pas de *tradition* animale qui vienne s'ajouter au fil du temps à la pérennité des stéréotypes vitaux. L'expérience d'un animal est perdue pour son espèce, et à chaque naissance, pour lui, tout est à recommencer. Aussi, mutations génétiques mises à part, qui sont à échelle géologique, les sociétés animales les plus complexes demeurent-elles invariantes. La colonie d'abeilles polyandres dont j'observe aujourd'hui la danse frétillante autour d'une ruche est la même que celle qu'observait Virgile dans la campagne romaine, mais le groupe de Romains que je vois évoluer sur le Pincio a d'autres pensées et mœurs que les habitants des Sept Collines au temps d'Auguste. C'est toute la différence entre l'histoire naturelle et la nôtre, où la durée peut se faire création parce que chacun dispose de réservoirs du révolu. *Homo* innove par ce qu'il stocke. Aussi, quoique soumis aux mêmes lois physico-chimiques et dans la même dépendance cosmologique que les autres primates, l'humain s'en distingue par sa capacité à intérioriser des comportements qu'il n'a pas vécus et des normes qu'il n'a pas produites. Chaque individu vient ainsi s'insérer à tour de rôle dans un monde transpersonnel parce qu'artificiel, qui a commencé et continuera sans lui.

C'est parce qu'il a cette faculté extra-biologique d'ajouter à son programme organique (l'ADN) des éléments inorganiques mais organisés (pierres taillées, outils, etc.) que l'humain de passage a pu édifier une culture – entendant par là la somme des acquisitions accumulées et transmises par l'espèce depuis son émergence préhistorique (« culture » au sens descriptif et non normatif, l'opposé de « sauvage » et non de « inculte »). Une étude de la transmission nous place donc au cœur de l'anthropologie culturelle, ce que ne saurait faire la communication, notion moins discriminante ou plus floue. Il n'est pas impropre de dire que mon environnement naturel me *communique* des informations – visuelles, tactiles, olfactives, etc. –, ou encore que les animaux émettent et reçoivent des *messages* les uns des autres (ce dont s'occupe la zoosémiotique). Mais personne ne dira des animaux, pas plus que de mon milieu naturel, qu'ils assurent des transmissions. Tout est message, si l'on veut – des stimuli naturels aux stimuli sociaux, ou des signaux aux signes –, mais tout ne fait pas héritage. Le système nerveux de l'individu s'altère et ses performances diminuent en vieillissant – le neurone détruit n'étant pas remplacé –, mais le système nerveux de l'humanité ne cesse, lui, de multiplier ses connexions et de complexifier ses opérations. Ce que nous sommes, heureusement, nous ne le sommes pas une fois pour toutes parce que nous ajoutons chaque jour un plus, et un moins, au stock héréditaire – capable de rétroagir sur lui (ingénierie du vivant et « manipulations génétiques »). La vie propose une mnémochimie, la culture, une mnémotechnique, prolongement de la première par d'autres moyens. De ces suppléments de mémoire, l'écriture, qui extériorise et matérialise la pensée, a sans doute été le plus lourd de conséquences. Les cultures sans écriture ne sauraient, bien sûr, passer pour « incultes ». Reposant sur des formes orales de transmission, elles sont hautement traditionalistes mais elles ne sont pas à proprement parler « historiques ».

Pour faire image : si les *homo erectus* du Paléolithique inférieur s'étaient contentés de communiquer entre eux en devisant convivialement le soir autour du feu, dans une chaleureuse communion des cœurs, il n'y aurait jamais eu d'humanité. Ils ont aussi, pour notre bonheur, fabriqué des éclats, lames, pointes, sagaies en dur, d'une longévité supérieur à la leur. C'est cette « mémoire morte », cumulable et mobile, qui est venue relayer et amplifier leur mémoire vive, nécessairement mortelle et fugace. Chercher l'objet, c'était sagesse. Confier une performance à un matériau stable est le moyen le moins incertain de la pérenniser. Ce franchissement du temps biologique a fait de notre famille de primates un *work in progress*, où la mortalité de l'individu se voit compensée (sinon consolée) par l'immortalité collective de l'espèce.

Non que les matériels constitutifs d'une tradition spirituelle échappent à l'action du temps, voire au vandalisme des congénères. Les archives aussi sont soumises à la corrosion générale (le papyrus est détruit par l'humidité, le parchemin par le feu, le papier par l'acide, les disques en vinyle par la chaleur, les bandes magnétiques par la désaimantation, etc.). Les grottes ornées s'altèrent, les fers forgés se rouillent, les marbres s'effritent, les tapisseries se décolorent, l'acétate de cellulose s'autodétruit. Bactéries, champignons, insectes et algues n'épargnent pas les solides (c'est pourquoi il existe une Direction du patrimoine, des laboratoires de recherche, conservateurs d'objets d'art, restaurateurs et inspecteurs de Monuments historiques). Et les tremblements de terre détruisent à Assise les fresques de Cimabué. Quoique moins plastiques, les matières solides, cela dit, restent plus fiables que les organiques, pour retarder les effets de la loi d'entropie. « La mémoire la plus forte est plus faible que l'encre la plus pâle » (proverbe chinois). Le paradoxe en effet est qu'il y a plus dans l'aide-mémoire que dans la mémoire, plus dans le pense-bête que dans le penseur. Le silex poli prolonge son polisseur, et on peut voir dans l'outil le plus rustique, un passeur silencieux, le plus ancien de nos anciens testaments, le seul qui fut à la portée des intestats sans écriture. On peut ranger l'outillage préhistorique parmi les patrimoines primordiaux (comme on parle d'« arts premiers ») – une banque de données matérialisée, bloc de savoir-faire entreposé au fond de la grotte. La conservation générative fait le départ entre l'instrumentation occasionnelle (l'empilage de caisses par un chimpanzé pour attraper une banane) et l'incessant surpassement des « arts et métiers ». Le moindre artefact outrepasse toute fonctionnalité d'occasion : il incorpore une information informelle, soit toute la série des gestes qui ont conduit à sa production et de ceux que chaque nouvel emploi requiert (« chaîne opératoire » qui met déjà de l'intellectuel dans le matériel et du mental dans le moindre geste). A la différence de l'*instrument* qui peut s'épuiser dans l'usage immédiat, l'*outil* est façonné *avant* et conservé *après* son utilisation. Le plus rudimentaire fonctionne en garde-mémoire. Un biface taillé en amande est bel et bien vecteur de culture, porteur d'une compétence apprise (la percussion) et améliorée d'une génération de percuteurs à une autre.

Extraire un stock d'un flux constitue, par le biais de la collection, le procédé standard d'une bonne acculturation, qui fait passer l'insignifiant dans le domaine du sens. Comme on le voit dans l'extension contemporaine des apanages de mémoire aux flux audiovisuels (c'est l'institution du Dépôt légal des images et des sons dans l'Inathèque de France qui a fait de la télévision un objet de réflexion, sujet d'étude à part entière, rendant possibles une pédagogie, une histoire et des savoirs critiques spécialisés). L'opération patrimoniale, loin d'être un supplément d'âme décoratif, marque l'apparition d'un nouvel enjeu de civilisation (il y a une culture de la radio-télévision depuis que les émissions sont collectées et indexées). Le stockage a beau représenter le moment terne, excessivement négligé et apparemment subalterne, d'un processus mnémotechnique, ce n'en est pas moins le moment fondateur et décisif, puisqu'il assure le saut de l'immémorial au mémorable. La condition réside au réservoir. On ne transmet que ce qu'on a pu conserver. Pas de différé sans retenue. Pas d'agriculture sans greniers. Pas de civilisation sans hangars, réserves, dépôts, magasins, barrages, remises, etc. Pas de circulation symbolique sans biblio-, pinaco-, glypto-, cinéma-, vidéo-, Ina-*thèque* (du grec *thêkê*, loge, réceptacle, armoire). La forme *x*-thèque est canonique, orthogonale à tout état de société.

Le don de la prothèse qui a fait l'humain de l'homme (Bernard Stiegler : « Dès le départ, l'homme n'est homme que parce qu'il couple sa mémoire nerveuse et cérébrale avec des supports de mémoire artificiels ») donne un socle objectif incontestable aux élaborations doctrinales de la perfectibilité (XVIIIe) ou du progrès (XIXe). Il s'agit bien d'un trait d'espèce : le *self-made man* n'a jamais existé, nous sommes faits de tous ceux qui nous ont précédés. Au début du *Discours sur l'origine et les fondements de l'inégalité parmi les hommes*, avec une prémonitoire intuition, Jean-Jacques Rousseau a considéré ce trait d'exception comme de nature à couper court aux controverses sur les facultés respectives de l'homme et de l'animal – force, mobilité, sensibilité, etc. « Quand les difficultés, écrit le premier des anthropologues modernes, qui environnent toutes ces questions laisseraient quelque lieu de disputer sur cette différence de l'homme et de l'animal, il y a une autre qualité très spécifique qui les distingue et sur laquelle il ne peut y avoir de contestation : c'est la faculté de se perfectionner, faculté qui, à l'aide des circonstances, développe successivement toutes les autres, et réside parmi nous tant dans l'espèce que dans l'individu, au lieu qu'un animal est au bout de quelques mois ce qu'il sera toute sa vie, et son espèce au bout de mille ans ce qu'elle était la première année de ces mille ans. » Cette « qualité très spécifique » avait déjà inspiré à Pascal sa vision grandiose de la créature : « Toute la suite des hommes, pendant le cours de tant de siècles, doit être considérée comme un même homme qui subsiste toujours et qui apprend continuellement ». Le perspicace Auguste Comte constatera à son tour que « l'humanité est faite de plus de morts que de vivants », et définira la culture comme « le culte des grands morts ». Les hyménoptères ignorent cette excentricité et personne ne pensera à l'ordre des carnassiers comme à un même mammifère qui ne cesse de croître et qui apprend sans discontinuer. Ne nous demandons pas, dans la foulée des grands moralistes, si à cette singulière faculté de tester, d'archiver, et d'accumuler des choses qui n'existaient pas au début de l'aventure phylogénétique correspond une amélioration ou une dégradation du *phylum ;* s'il convient, avec les spiritualistes, d'y voir une preuve d'un principe divin d'ascension vers un « point oméga » ou au contraire d'un éloignement fatal d'avec nos saintes origines ; s'il vaut mieux exalter la culture avec Malraux comme « l'héritage de la noblesse du monde » ou la stigmatiser dans le sillage nietzschéen comme la marque en nous de l'animal malade (« la décadence de l'analphabétisme »). Le propos descriptif du médiologue se situe en deçà de ces téléologies spéculatives. Il n'a pas non plus à entrer (ès qualités) dans des considérations moralisantes sur la tradition comme responsabilité personnelle, à se demander, par exemple, si le sentiment de la dette doit ou non l'emporter sur le déni du lien de fidélité, si la mémoire est ressourcement ou bien fardeau. Sans doute est-il l'un et l'autre, mais qu'importe ici. Sa seule ambition est de faire de la transmission l'objet d'un discours positif, non prophétique ou polémique. Il se borne à demander de façon « critique » : à quelles conditions matérielles et sociales un héritage est-il possible ? Curiosité aussi triviale qu'insolite, comme le sont les interrogations fécondes, qui, à chaque stade de la pensée, ont commencé par transformer une banalité en énigme.

Cumulatif ne veut pas dire continu. L'héritage ne s'identifie pas à un mécanique entassement patrimonial. Il est fait, bien sûr, de ruptures et de rejets explicites (de l'Antiquité païenne par le christianisme, du Moyen Age par la Renaissance, de l'Ancien Régime par la Révolution, etc.). De même que la marche est un enchaînement de chutes rattrapées *in extremis*, et la renommée une somme de contresens – toute lignée collective est une spirale d'inventions, détournements, réinterprétations, réaffectations, parfois destructions violentes – le contraire d'un fleuve tranquille. Mais si l'héritage est une construction de chaque jour, celle-ci suppose au moins que l'antérieur ne soit pas aboli, et qu'un ça-a-été puisse demeurer un c'est-encore. C'est *d'abord* la persistance de traces, vestiges ou antiquités, réactivables de loin en loin, qui rend une révolution possible ». « Méditer sans traces devient évanescent », disait Mallarmé. Géométrie ? Inscription des figures

Le scénario soi-disant « humaniste »

L'humanisme attitré, au sens théorique du mot, est divers dans ses péripéties mais constant dans ses règles. L'intrigue met aux prises deux pôles antagonistes : l'objet et le sujet. Le premier est le négatif du second, son envers maléfique et son ennemi toujours en embuscade. L'antinomie est radicale. Le monde des choses obéit au règne de la nécessité, celui de l'esprit est le siège de la liberté. Le dehors est serf, c'est le lieu de tous les déterminismes (contraintes techniques, structures sociales, forces naturelles). Le dedans est autonome, c'est le siège de l'émancipation (jugement intellectuel et décision morale). Chaque fois que le dehors l'emporte sur le dedans, l'homme se « réifie » (= devient chose), ou encore il « s'aliène » (= devient étranger à lui-même). Il perd alors son indépendance spirituelle et sa maîtrise. Pour retrouver sa souveraineté inconditionnée, il lui faut s'arracher à la fascination, à la glu des morceaux de cire (Descartes) et revenir bei sich, auprès de soi, en lui-même (« Rentre en toi-même, Octave, et cesse de te plaindre... »). On peut décliner, sur la base de cette immémoriale dramaturgie, une vaste gamme d'antithèses : l'homme contre la machine (ou « la France contre les robots »). L'extériorité contre l'intériorité. L'artefact contre la nature. Le superflu superfétatoire contre le nécessaire primordial. Le factice contre l'authentique. L'en-soi contre le pour-soi. L'avoir contre l'être. Le passif contre l'actif. Le brut mort contre le vif mobile, etc. Ces innombrables variantes, plus ou moins pathétiques, tiennent pour acquis que le sujet se construit envers et contre l'objet (comme la culture, contre l'industrie).

Dans la foulée des découvertes et acquis de la paléontologie humaine (Leroi-Gourhan), on s'inscrit ici délibérément en faux contre ce scénario philosophique hérité de l'idéalisme originaire. Pour nous, le sujet humain se construit avec et par l'objet, dans un incessant aller-retour. Car son objectivation, par bonheur, le dépasse. C'est en se faisant matière sensible, dans l'inscription, par exemple, que notre pensée va se poser au vu de tous, et devenir opposable à elle-même et à toutes les autres. L'esprit seul s'étiole et meurt ; il se vivifie par la lettre, laquelle ensemencera à son tour d'autres esprits, à distance ou à venir. L'objet est la condition d'émergence du sujet, le « transcendantal objectif » de l'hominité (Michel Serres). Le drame de l'animal, ou plutôt son absence d'histoire et de drame, vient de ce qu'il ne peut sortir de lui-même. Ses « artefacts » – le nid, la termitière, la bauge – demeurent partie intégrante de sa niche écologique, indétachable d'elle. Seul l'homme peut poser un objet fabriqué hors de lui, en le soustrayant à sa sphère immédiate d'existence – objet indépendant, meuble et échangeable avec d'autres (François Dagognet).

L'objet se distingue de la chose, qui est ce que l'homme n'a ni conçu ni produit. Pour ne pas céder au rejet raciste des machins (« tous les jaunes se ressemblent »), on veillera à distinguer, dans la vaste et familière population qui nous entoure, entre les substances naturelles (le bois, l'argile, le cuir), les matériaux élaborés (verre, acier, béton), le produit fait main (la pierre sculptée, l'assiette, ou la selle de cheval), le produit manufacturé (de série), la marchandise (l'objet produit en série pour la vente).

Ensuite, on s'efforcera de prêter attention à des trucs réputés ordinaires ou triviaux (on vouvoie les objets d'art ou de culte, on tutoie les utilitaires), souvent relégués dans l'infra-monde de la banalité sous le nom de machin, camelote, gadget, babiole, bidule. Sans compter, aujourd'hui, les objets intelligents (l'étiquette électronique, le capteur de pression, etc.)

En ce sens, l'observation médiologique exige non seulement une inversion optique des rapports fond-forme dans l'appréhension du milieu environnant mais une sorte de conversion morale chez l'observateur. Il lui faudra quitter les zones nobles et anoblissantes, lisses et majeures, de l' « Être » pour aborder (avec une minutie analytique, s'il le peut) aux zones mineures et rugueuses, voire louches et franchement moches, de l' « étant » en tous ses états.

Une lecture recommandée, pour l'entraînement : Le Parti pris des choses, du poète Francis Ponge. « Ce que je cherche, écrit ce dernier, c'est à sortir de cet insipide manège dans lequel tourne l'homme sous prétexte de rester fidèle à l'homme, à l'humain et où l'esprit (du moins mon esprit) s'ennuie à mourir. Et cela n'importe quel objet me le procure. »

d'Euclide. Christianisme ? Inscription des paroles d'Évangile. Peinture ? Subsistance de traits et pigments. La trace, par son insistance, socialise, transindividualise le souvenir individuel en l'objectivant. C'est la mémoire stable des trames et des traits qui permet de relayer, à distance ou après coup, l'éprouvé évasif des individus. Ce qui vaut pour la mémoire vaut pour toutes les fonctions humaines : déjouant la simple répétition biologique, l'homme a successivement extériorisé la force de percussion de son bras dans le biface, le mouvement de ses jambes dans la roue, ses muscles moteurs dans le moulin à eau et à vent, ses rêves sur les écrans, son cortex dans les puces. Et le tenant-lieu, l'objet technique, a dépassé les capacités originaires de l'organe naturel. Il y a plus d'information emmagasinée dans une bibliothèque que dans le crâne du plus savant, plus de puissance de calcul dans une puce de silicium que dans le cerveau d'Einstein, et plus de vitesse dans un carburateur que dans un coureur olympique. Le corps se prolonge au départ dans des outils, qui deviennent des machines (avec source motrice incorporée), lesquelles composent des systèmes techniques, qui transcroissent eux-mêmes en « macro-système techniques », comme le réseau de navigation aérienne, le maillage électronucléaire, etc.[1]. On assiste ainsi au détachement progressif des fonctions d'avec les organes humains correspondants. La stagnation de notre équipement organique depuis les premiers *sapiens* – dont nous gardons la boite crânienne et la charpente ostéo-musculaire – a eu pour contrepartie une extension explosive des artefacts de secours, à l'extérieur ; et si notre faculté de mémoire individuelle a baissé avec nos aide-mémoire graphiques (comme Platon l'avait fort bien pronostiqué en détaillant dans son *Phèdre* les effets et méfaits de l'invention du dieu Thôt), cette perte localisée est plus que compensée par la formidable accumulation de « mémoire extra-cérébrale » que constitue l'outillage collectif de l'humanité. L'évolution technique continue ainsi celle du vivant, une fois celle-ci arrêtée (pour nous, il y a cent mille ans à peu près). Ce déverrouillage ouvre aux sociétés un avenir sans fin – (la « fin de l'histoire » supposant, comme condition de possibilité, l'impossible arrêt du développement scientifique et technique).

Priorité au monument

Au début était l'os, non le Logos.

Vérité d'Évangile ? Non. Donnée de l'histoire. Antériorité chronologique, primauté théorique.

L'os, l'archive primordiale. On situe à — 100 000 ans avant J.-C. les premiers rites funéraires. C'est du Paléolithique moyen que datent, dans l'état actuel de nos découvertes, les plus anciens restes osseux, rassemblés et juxtaposés dans une fosse protégée (et non pas éparpillés et laissés à l'abandon en surface, parmi d'autres déchets). Les sépultures : nos premières mnémotechniques. Elles raccordent le présent au passé, et à l'avenir (les corps inhumés partent avec leur viatique). Signe que l'homme ne se réduit plus à sa durée physique, qu'il s'intercale entre un temps advenu (celui des ancêtres et des mythes) et un temps à venir (« Frères humains, qui après nous vivrez... »). Référer une pré-

1. Alain Gras, *Les macro-systèmes techniques*, PUF, « Que sais-je ? », 1997.

sence sensible à une absence intelligible : définition minimale de l'opération symbolique. Nos symboles inauguraux ? Des crânes aux bords polis, surmodelés à la chaux, saupoudrés d'or, les orbites cernées d'ocre. Le bipède qui enterre ses morts, en signalant d'une pierre le lieu d'inhumation, témoigne que la vie animale n'est plus sa loi ultime. Ces ci-gît demeurent, gisants érigés, visibles ou non : fosses-casernes chinoises, pyramides égyptiennes, tertres japonais, mastabas mésopotamiens, nécropoles en briques du haut Pérou.

L'opération symbolique s'est d'abord exercée directement sur le cadavre de l'ancêtre, techniquement transformé en momie ou squelette orné et inhumé (mué plus tard en gisant de marbre). La momification ou comment extraire un stock d'un flux, un corps dur d'un corps mou, une forme solide et stable à partir d'un sac de viscères en liquéfaction. Le corps récupéré, purifié, trempé, desséché au natron, enveloppé, badigeonné, manufacturé, n'est plus dépouille mais œuvre d'art. A défaut, la séparation ossements/entrailles, solide/putrescible peut être confiée, par réduction naturelle, aux intempéries ou aux charognards. Chez les fidèles de Zoroastre, il appartient aux vautours, au sommet des tours de silence, de séparer le pérenne de l'éphémère, le squelette des chairs. Ne seront conservés et révérés que les ossements ainsi purifiés. Ces diverses pratiques témoignent chez le bipède carnivore – bien avant les masques en feuilles d'or de Toutankhamon et d'Agamemnon – d'un spécifique et « dur désir de durer ».

L'os, notre point fixe. Toute civilisation débute par des restes. « Tu es Pierre et sur cette pierre... » Martyr, tu seras réduit à l'os ; cet os sera mis en châsse ; ce reliquaire attirera les pèlerins, qui bâtiront bientôt une église par-dessus ; et toute une ville va grandir alentour. Que ce soit la Cité du Vatican, Bonn ou Tours, les premières agglomérations de la Chrétienté se sont édifiées alentour d'un squelette. Du corps au décor, du crâne à la tombe et des tombeaux aux métropoles, la conséquence sera bonne.

L'os, qui se prolonge en pierre et se dresse à la vue – stèle, cippe ou obélisque. Le mégalithe, le cairn, les *moai* de l'île de Pâques – ancêtres fichés debout en terre, os bâtis. La recherche du garant de pérennité va de suite au granit, à la pierre dure ou sèche – bloc, dalle, dolmen, menhir. Pour les sépultures individuelles ou collectives, on écarte le bois, putrescible, ou le pisé, friable. De même dessèche-t-on le corps du Pharaon pour le durcir, afin qu'il puisse renaître, sous protection et scellement, victorieux du temps, en Horus ou soleil, dans l'éternité cosmique. Et la roche calcaire du Sphinx se dresse encore devant Giseh. La première mémoire fut architecturale, et la première architecture, mémoriale.

Au début de l'aventure symbolique, donc, était le mégalithe, non le symbole d'écriture. L'architecture précède la littérature ; comme les pierres, les mots. Et la trace, le signe. A des fins de transmission, le plus sûr n'est pas l'acte de parole, même si les premières formes plastiques et graphiques laissent à supposer un accompagnement de langage. Il ne faut pas les opposer mais dans « l'écriture de la pensée » que serait la plus archaïque pictographie, c'est la gravure comme telle qui fera sens aux yeux du médiologue, plus que le code utilisé (car sans matérialisation, pas de perpétuation). Un sémiologue s'attachera en priorité au signifié graphique, ou au jeu des signifiants ; un médiologue, à la procédure d'inscription, ainsi qu'à l'outil et au matériau utilisés. *« Churingas »* australien (ou bois gravé de motifs abstraits), rouleaux d'écorce de bouleau des Ojibways, *queipus* textiles des Incas, argile mouillée des Mésopotamiens : le support physique et le type d'inscription qu'il permet, autorisant le passage de l'audio-temporel au visio-spatial, transmutent le message en archive. Un griffonnage, un simple graffiti seront alors jugés plus cruciaux pour l'hominisation qu'un culte solaire ou une danse rituelle.

La linguistique (Saussure) a privilégié la langue parlée (l'écrit n'étant à ses yeux qu'un dérivé). Qui s'attache à la trace procédera à rebours. Par fidélité à l'*homo* non pas *cogitans*, *ludens* ou *loquens* mais *monens* (du verbe latin *monere*). L'homme du *cogito* se sait pensant. L'*homo monens* fait mieux : il donne à penser, rien qu'en mettant son intériorité à l'extérieur. Il monumentalise. *Monere* s'ancre dans la racine indo-européenne « men » (qu'on retrouve dans *men*tal, *men*tion et com*men*taire). Le terme réunit plusieurs sens, qui s'enchaînent : 1 / faire songer quelqu'un à ce qui fut, l'inciter à se souvenir ; 2 / l'avertir de ou l'engager à faire quelque chose, dans le présent ; et 3 / prédire ou annoncer une éventualité, dans le futur. Le monument serait alors à la pensée d'un collectif, ce que la parole, énonciation physiquement sensible, est à la langue, totalité intelligible mais abstraite.

> « L'architecture a été le registre principal de l'humanité et il n'est pas apparu dans le monde une pensée un peu compliquée qui ne se soit faite édifice, toute idée populaire comme toute loi religieuse a eu ses monuments ; le genre humain enfin n'a rien pensé d'important qu'il ne l'ait écrit en pierre. Et pourquoi ? C'est que toute pensée est intéressée à se perpétuer, c'est que l'idée qui a remué une génération veut en remuer d'autres et laisser trace. »
>
> (Victor HUGO, Notre-Dame de Paris.)

Désenclaver le symbolique du « symbole » (littéral, numérique, représentatif, etc.), décrocher le sens de l'orbite sémiotique, système qui a le langage pour soleil, c'est retrouver les substrats les plus solides de notre humanitude. La symbolicité déborde et précède les jeux d'ombre du signifiant et du signifié (on peut symboliser l'expérience autrement que par des mots, et le discours n'est qu'un mode d'expression parmi d'autres de la pensée). La parole communique, la pierre transmet. Par où la logistique du sens excède la logique du code. L'histoire sans paroles que nous racontent ossuaires et menhirs reconduit ce qui pourrait sembler académique dans notre propos à la genèse des religions, au temps long des civilisations, à la fondation des villes et des royaumes, aux gestes légendaires de l'origine. Matérialiser le symbolique, comme nous le faisons, n'est donc pas le dégrader dans la trivialité. C'est au contraire recharger en sacralité l'univers labile et familier des messages, notre pain trop quotidien, c'est retrouver les longues files d'hommes qui nous ont précédés. Ce n'est pas émigrer dans les banlieues de la culture, c'est désenfouir « les racines du monde » (Leroi-Gourhan), sur tous les seuils de la grande mise à feu (— 100 000 ans). Le médiologue a beaucoup à apprendre du préhistorien, et notamment la façon qu'il a (faisant de nécessité vertu) de reconstituer et périodiser les cultures humaines sur la base des vestiges les plus humbles et des types de matériaux utilisés (quartz, silex, cuivre, bronze, fer, etc.).

Si la symbolisation, historiquement, commence *par* le menhir à trois dimensions – la pierre épaulée avec son rostre d'homme, il y a sept mille ans –, le symbolique peut déjà s'y lire : à savoir la matérialité de la trace, le marquage d'un espace, la demande de postérité, et l'adossement communautaire. Le grec *sèma*, d'où vient notre « signe » (sémaphore, sémiologie, polysémie, etc.), veut d'abord dire « tombeau », la colonne qui signalise le mort. Ensuite, le signe figuratif (sur un sceau, un bouclier, une proue). Enfin, tardivement, le signe d'écriture. L'archaïsme funéraire produit pour nous un effet de loupe. Matérialiser ou monumentaliser, c'est toujours, peu ou prou, faire groupe, faire lieu, faire durer.

Faire lieu : signe de reconnaissance, sommet d'une perspective ou centre giratoire, le monument public (qu'il soit votif, civique ou commémoratif) remplit encore dans notre espace urbain sa fonction centripète d'orientation. Voyons-y, au-delà des variables culturelles (l'aide-mémoire japonais, par exemple, ignore le fétichisme du matériau), un invariant probable de notre condition. La tombe-enseigne fixe l'âme errante (et, à ce titre, périlleuse) des morts – c'était l'utilité des cénotaphes (tombeaux vides) que d'arrêter la fuite insaisissable et harcelante des ombres. Et ce faisant, le marquage du terrain (tumulus, fosse, ou bosse) contribuait à territorialiser les individus, qu'elle aidait ainsi à ne pas se perdre dans le sans-fin, le sans-limite du terrain vague. Le ci-gît – pierre, borne ou stèle – suscite l'ici, et cette façon de signer sur le sol, de délimiter l'indéfini (le mauvais infini des morts qui ne font plus signe) fut notre première insurrection contre l'entropie – un cri d'espoir et de vitalité. La place du mort, sépulture ou nécropole, contribue à resserrer l'éparpillé, qui se serre auprès de lui, dans le recueillement. Site déjà religieux, à fonction néguentropique.

Faire durer : une pierre dressée, une statue, un point visible, c'est du temps fiché dans de l'espace, soit un point deux fois cardinal. C'est de l'éphémère attrapé par un fixe, du fluide apprivoisé par du solide. Stratagème de survie. Et cet affichage d'autochtonie resserre la trame des générations, la localisation entretient l'affiliation, l'appartenance (des descendants) et la domiciliation (des ascendants) s'aident l'une l'autre. Quand il n'y a plus de « monde commun » entre les morts et les vivants, il y a fort à parier qu'il n'y en a plus beaucoup entre les vivants eux-mêmes. Le monument commémoratif dénie la mort, qu'il affirme par ailleurs (ce paradoxe lui est consubstantiel). Il matérialise l'absence pour la rendre présente. L'érection exhorte ce qui sera à connaître ce qui n'est plus, à se reconnaître soi-même en cette absence (du *monumentum* comme instruction civique *avant la lettre*).

Faire groupe : la surrection minérale – stèle, buste, sarcophage – contre le biodégradable est aussi et d'abord un moyen de partage. Le mémorial retisse les liens d'appartenance – via le « dialogue des générations ». Un monument a pouvoir fédérateur. De même qu'il n'y a pas de langue privée (un idiolecte n'est pas un dialecte), il n'y a pas, sauf par métaphore, de monument privatif. Une mise en scène funéraire archaïque, et même préhistorique (offrandes, parures, postures, etc.), n'est pas spontanée ni improvisée. C'est un fait de culture, partant de groupe, assujetti à un système réglé d'inclusion et d'exclusion, inhérent à tout établissement humain. La preuve *a contrario* de cette contrainte est qu'une *matière organisée* (un édifice) ne peut durer (donc remplir sa mission) s'il n'est pas lui-même porté par une *organisation matérialisée* (laquelle peut en relayer une autre, comme on le voit avec l'État-nation relayant l'Église catholique pour l'entretien des lieux du culte). Un symbole s'autodétruit sans collectif porteur (les abbayes cisterciennes n'ont pas matériellement survécu au déclin de l'ordre de Citeaux).

Ces retours en amont nous rappellent l'essentiel : pas de transcendance symbolique sans un partage, pas de partage entre humains sans surplomb symbolique (le pléonasme est dans l'étymologie du grec *sumballein* signifiant : mettre le disjoint ensemble). Pas d'objet symbolique en soi, mais toujours pour quelqu'un, pour un plus qu'un. Pourra donc être dit « symbolique » tout objet qui sert de trait d'union entre : 1 / un individu et un autre (ou plusieurs autres) ; et 2 / une réalité visible et une autre invisible (passée ou future). Cet objet – et c'est le cas de la sépulture ou de l'édifice funéraire – devient alors un médiateur de sens et de rassemblement, l'un par l'autre, d'un même mouvement.

Pour passer d'archéologie en médiologie, ou du vestige néolithique aux modernes moyens de mémoire, on dira que ce qui a soudé ou soude telle communauté, celle-ci en reste responsable. Voir encore nos présentes législations. L'archive est d'intérêt public, et le *patrimoine* d'intérêt général. Si le terme en français est assez récent (il date de la Révolution), comme l'est *a fortiori* l'organisme de tutelle (la Direction du patrimoine et de l'architecture du ministère de la Culture), l'idée que les supports de la pérennité relèvent du collectif et non des individus qui le composent était déjà présente dans les *lares* familiaux, le *palladium* de la Cité ou les *régalia* d'une église (les objets de culte, propriété collective), que personne ne peut s'approprier personnellement. On comprend mieux, dès lors, l'obligation juridique du « dépôt légal » (en France, même les chaînes privées de télévision doivent déposer une copie de leur émission auprès de l'INA, établissement public). Assurant la pérennité des fonds servant de substrat à la continuité imaginaire d'un peuple, les missions patrimoniales sont inaliénables et restent inscrites, dans une société libérale vouée par ailleurs aux « portefeuilles clients », au nombre des ultimes prérogatives régaliennes des pouvoirs publics. Ainsi les établissements en charge du dépôt légal sont-ils dits « nationaux » (BNF pour le livre, CNC pour le film, INA pour l'audiovisuel). L'archive – collecte, conservation, sauvegarde et communication – demeure affaire d'État.

Une coupe en long dans l'actuelle « crise de la transmission » devrait mettre en corrélation le « désenchantement du monde », notre désinvestissement de la mort, et nos désaffiliations personnelles (familiale, partisane, cléricale, nationale, etc.). Il résulte de ces recoupements une refonte sans précédent de nos usages funéraires. Crise du sens, crise du lien de filiation, crise de la mort (rebaptisée « fin de vie »). Dans l'Occident postindustriel, il y a de moins en moins de place et de temps pour la mort dans nos vies, pour les morts dans nos villes, et pour les monuments aux morts sur nos tertres. L'évanescence politique de la guerre dans la vie des sociétés et celle de l'art funéraire vont de pair. A la « guerre zéro-mort » correspond l'agglomération zéro-statue. Si « tous victimes », plus de héros. La crémation démocratise les morts. Simples résidus à traiter. Notre technoculture du trépas, au nom de considérations hygiénistes de salubrité (pas de contamination) et démographiques d'engorgement (manque de place) promeut *l'incinération*, qui gagne sur l'inhumation, y compris dans le monde chrétien où l'on croit en principe en la Résurrection des morts. Nous assistons donc, de façon cohérente, à la *dématérialisation* du cadavre (enlèvement immédiat du biodégradable, sans exposition), à la *déritualisation* de l'événement (effacement des marques du deuil, des préparatifs, veillées et liturgies d'accompagnement), et à la *privatisation* des obsèques (escamotage au funérarium). Nos cimetières sont moins visités, les concessions laissées à l'abandon, les épitaphes s'amenuisent, le décor funéraire se banalise : tout indique une *diminutio capitis* des défunts, diminution logique dans une époque où « on déboulonne plus de statues qu'on en élève » (Michel Vovelle). Une médiologie de la mort contemporaine pourrait mettre en tableau la perte de l'au-delà (la mort n'est plus un passage mais un instant), celle de « l'ici repose » (le columbarium volatilise ce que la tombe matérialisait), et la dévalorisation du mourir (désormais pris en charge par le ministère de la Santé, et qui transforme le « respect dû aux morts » en simple question juridique). La disparition de la tombe-repère, dans l'espace, désoriente les vivants, dans leur histoire. A quoi s'ajoutent ces autres facteurs de désaffiliation que sont nos moyens de locomotion, qui déritualisent l'espace ; et nos outils audiovisuels, qui inversent l'ancienne autorité des *nous* d'écriture (ces entités immatérielles et

Les faux-amis des médiologues

Ce sont les trop fameux « mots clés », qui ferment les portes de la compréhension. Ils entretiennent le réflexe conditionné qui tient lieu de réflexion (et la bloque). « Qui ne sait, disait Érasme, qu'il faut désapprendre avant d'apprendre et que la première tâche est la plus difficile des deux ? »

Désapprendre est un long et coûteux travail. Le nôtre commence par le vocabulaire. On veillera d'emblée à soigneusement dissocier :

Le **médium** (la notion construite, et donc non évidente, de **dispositif véhiculaire**), des **médias** (contraction de l'anglo-latin mass media, pour « grands moyens d'information »). Voir tableau p. 15.

Le **médium** du **moyen** (au sens : « moyen d'expression » ou « la fin et les moyens »). Un médium est plus qu'un vecteur ou un canal. Une langue, par exemple, est une matrice de sens (quand le grec a traduit le message judaïque dans sa langue, il en a transformé le contenu même). Ou encore, l'imprimerie comme médium n'a pas diffusé une idée nationale préexistante, elle a façonné son avènement.

La **communication** (qui dit quoi, à qui, par quels moyens et avec quels effets ?) de la **transmission** (qu'advient-il de ce qui est mis en circulation, comment, par où, et avec quels changements ?). Voir tableau p. 15.

La **culture** (au sens ethnologique) de la **culture** (au sens ministère de la Culture). Nos us et coutumes n'excluent pas les belles-lettres et les beaux-arts, mais ne s'y réduisent pas.

La **technique** (l'ensemble de l'acquis par opposition à l'inné), du **mécanique** (l'objet fabriqué complexe). Tout dispositif technique n'est pas un système de corps ou un mécanisme. L'écriture n'est pas un objet matériel mais, en tant que machine formelle, c'est bien une technique.

invisibles qu'étaient l'Humanité, la Patrie, l'Église, le Parti, etc.) sur les *moi* visibles et tangibles, la montée des egos monnayant le déclin des lignées. Moins il y a de ci-gît, plus il y a de jactance.

Ce tableau ici hâtivement esquissé, où de modestes modifications techniques se transcendent en *ismes* plus ou moins valorisés ou dévalorisants (individualisme, jeunisme, nomadisme, vitalisme, hédonisme, etc.), prend place et sens dans une *médiasphère* déterminée, terme générique désignant un milieu techno-social de transmission et de transport doté d'un espace-temps propre. La *vidéosphère*, qui a succédé à la *graphosphère*, est à cet égard friable, thanatophobe et précarisante : elle tend à remplacer, comme le suggéra naguère Roland Barthes, le souvenir en pierre par la photo de papier, le lourd, qui ancre et sacralise, par le léger, qui déterritorialise et démythifie. Le sémiologue voyait dans le triomphe photographique, non sans pessimisme, un « renoncement » de notre culture au monument. Ce serait un peu, et par impossible, comme la mort de la mort, dont se nourrit en réalité toute vivante culture, par métabolisme, ainsi que l'humus se nourrit des cadavres en décomposition. Dût-elle renaître demain, dans une gloire nouvelle, la mort signifiante s'accompagnerait sans doute d'un retour délibéré au minéral, avec retour de la cendre à la pierre, de l'urne à la stèle, ou de la niche à la dalle, tant il est vrai que changent ensemble supports et valeurs. Il y a une morale des matériaux, et dans nos pratiques de mémoire plus que partout ailleurs.

Chapitre II - « The Medium is the message »

LE STARTER DE LA MÉTHODE

Radioscopie d'un cliché

Un individu normalement constitué et moyennement éduqué verra dans cette formule célèbre une ineptie, oscillant entre l'à-peu-près et le même-pas-faux. D'autant que son auteur a oublié de définir ce qu'est un médium, un message, et ce « est » qui les confond.

Comment ne pas lui donner raison ? Le titre de McLuhan n'est pas seulement confusionniste (ne confond-il pas, sous l'écusson trop commode de médium, le canal, le code et le support ?), mais aux limites de l'irrationnel. Que ce soit sur une feuille de palmier ou sur papier bible, en anglais ou en turc, à l'oral ou par écrit, « 2 + 3 = 5 » restera vrai. Médium indifférent. C'est dans l'univers magico-religieux que médium et message sont en symbiose. Une tablette coranique, un évangéliaire, un talisman représentent cet objet sacramentel total où le support matériel est contaminé par les virulences de l'écrit qu'il abrite au point d'en devenir lui-même nocif ou salvateur (un talisman ne peut être détruit, et une feuille de papier qui a « reçu » le nom de Dieu ne peut être jetée ni réutilisée, car elle a changé de nature). Un juif pieux ne touche pas la Torah avec les mains, mais avec un *Yad*, l'indicateur de lecture, une tige terminée par une main en métal. Dans l'Afrique de l'Ouest islamisée, les marabouts Soninké recommandent même aux malades de boire, diluée dans de l'eau, l'encre qui a servi à noter sur une planchette de bois le message d'Allah. En absorbant le liquide, on s'incorpore la parole divine. La sécularisation du Logos s'est opérée à rebours de ces superstitions lorsque la connaissance est devenue indépendante de ses réceptacles d'origine, et le savoir susceptible d'être transféré d'une langue dans une autre, de l'original latin au français par exemple. Le mot de *communication* est né au XIVe siècle, en France, sous la plume d'un traducteur d'Aristote, physicien et philosophe, Nicolas Oresme (conseiller du roi Charles V) pour célébrer l'indépendance enfin conquise du message envers le médium, permettant à l'information de circuler à distance et librement (la *translatio studii*). Si McLuhan avait raison, les doctes en Sorbonne rédigeraient encore leur thèse en latin, et la francisation du savoir eût été honteuse, voire impossible. Une chose, triviale, est de rappeler qu'il n'y a pas de message sans médium (sans ondes sonores, votre parole serait inaudible), autre chose, sophisme, est d'en conclure qu'ils ne font qu'un.

En tout, il importe d'assurer son point de départ. Allions-nous construire sur du sable – une grosse bourde ?

Revenons sur nos pas. Première observation : le simplisme paye. Si bévue il y a, elle a fait mouche et souche. Chacun s'en souvient. Dix excellents auteurs avant le poète-prophète canadien ont avancé (et non assené) des idées du même ordre, plus nuancées et subtiles, mieux explicitées – sans voyager comme lui au loin. Leurs énoncés à eux ne sont pas devenus des messages. Ici, la forme abrégée du « jingle », avec ses allitérations et sa scansion – selon le vieux procédé mnémonique du vers bien tapé –, s'est frayée une voie dans le brouhaha général. Reprise facile. Dans toutes les langues. La frappe véhiculaire a bien donné force de refrain planétaire, devise ou proverbe, à ce qui aurait pu, ou dû, se perdre dans les sables. Paradoxe du paradoxe autoconfirmatif. Oui, le médium, cela compte, la preuve.

Deuxième observation : McLuhan a parlé de message. Or notre contre-exemple 2 + 3 = 5 n'est pas exactement un message. Ce dernier est à distinguer de l'énoncé scientifique. Celui-là est impersonnel, il n'y a pas d'adresse sur l'enveloppe. L'adéquation de l'intelligence à la chose *(intellectus et rei)* lui suffit. Il ne cherche pas à se cramponner sur un destinataire. Il n'est pas indexable sur un émetteur. Un message, en revanche, est *vocatif*, implicitement ou non (vous les païens de l'Empire, les prolétaires du monde entier, les névrosés de Vienne, les électeurs d'Europe, etc.). Il est *prescriptif* plus que descriptif (vous devez obéir à Dieu, rallier le Parti, écouter votre inconscient, voter pour les bons candidats, etc.) ; il a une valeur essentiellement *pragmatique* (l'important est de faire, non de savoir, et s'il faut savoir ceci ou cela, c'est afin de bien ou mieux faire). La zone des messages est plutôt celle du *certum* (le domaine des croyances et certitudes subjectives) ; celle des énoncés, du *verum* (les vérités démontrables ou falsifiables). Aussi, ce qui peut valoir pour le message (idéologique, religieux ou moral) – la coproduction par le médium – ne vaudra pas au même titre, ou alors d'une façon plus complexe ou détournée, pour l'énoncé abstrait et intemporel.

Troisième observation : McLuhan, esprit perçant, intuitif, mais fort peu rigoureux, emploie « médium » à tort et à travers, il est vrai, mais une pensée simpliste n'est pas pour autant idiote. Elle peut mettre sur le chemin d'une vraie complexité. Comme il y a des fausses bonnes idées (elles sont même majoritaires), ne peut-il y avoir, parfois, de mauvaises idées justes ? En ce cas, la ritournelle *the medium is the message* serait de nombre.

Disons-le tout de go : « the » *medium* n'existe pas *per se,* comme unique et visible en soi. C'est un mot traquenard. Il désigne en effet plusieurs réalités, de nature différente. Elles ne se contredisent pas, se superposent souvent mais ne peuvent en aucun cas se confondre. Un médium peut désigner : 1 / un *procédé général de symbolisation* (parole articulée, signe graphique, image analogique) ; 2 / un *code social de communication* (la langue utilisée par le locuteur ou l'écrivant) ; 3 / un *support physique* d'inscription et stockage (pierre, papyrus, support magnétique, microfilms, CD-ROM), et 4 / un *dispositif de diffusion* avec le mode de circulation correspondant (manuscrit, imprimerie, numérique).

Voyons l'exemple le plus proche. Vous avez sous les yeux cette *Introduction à la médiologie.* Appelons cela, par convention, un message. Où sera le médium ? Il y en a plusieurs, et de sortes différentes. Énumérons les strates d'intermédiaires superposés, grâce auxquels un objet immatériel qu'un individu baptisé auteur a « en tête » a pu devenir l'objet meuble, cessible et accessible que vous tenez entre vos mains. Ces diverses espèces de « médium », incorporées dans ce banal ustensile, et qui lui ont permis de voyager entre mon cerveau et le vôtre (et ensuite du vôtre à tel ou tel), vous ne les voyez pas (force de l'habitude) pour la bonne raison qu'ils sont devant votre nez, et que « le lieu le plus obscur est toujours sous la lampe ». Ce qui me permet d'acheminer un contenu logique à travers l'éther nous est (à vous et à moi) si naturel, si familier, si anodin que nous en oublions qu'il a fallu des millénaires à nos ancêtres pour forger les instruments qui ont rendu ce miracle possible.

1 / Remarquez d'abord que vous ne déchiffrez pas une mosaïque de symboles figuratifs (ces motifs graphiques plus ou moins abstraits que sont pictogrammes et mythogrammes), disposés en étoile ou juxtaposés sur une surface quelconque, mais un ligne-à-ligne de caractères alphabétiques. J'ai en effet préféré le « mode texte » au « mode image », le canal linguistique au visuel. Il y a cinq mille ans (soit hier matin à l'échelle du *sapiens sapiens*), je n'aurais pas eu le choix, et il y a trois mille ans, j'aurais au mieux pu employer une écriture phonétique (notant les syllabes comme le sumérien ou l'akkadien), voire consonantique (comme l'araméen, qui fut la langue du Christ, lequel il est vrai n'a jamais rien écrit, sauf une fois sur le sable avec la main), mais sans noter les voyelles (ce qui rend la lecture plus difficile). L'alphabet vocalique, syro-phénicien, d'où provient le nôtre (via le grec, puis le latin), est un aboutissement de fraîche date, même si nous en avons tous, les alphabétisés, une maîtrise immédiate. Premier médium donc : *l'écriture*. Il n'est pas sans conséquence. Si j'avais utilisé la bande dessinée, ou des rébus ou des diagrammes (le mode image), je ne vous aurais certainement pas communiqué les mêmes « idées », ni obtenu le même effet de sens : plus d'émotions suggestives, mais moins de distinguos et de structures logiques. Et auparavant, avec l'oralité primaire (la transmission de bouche à oreille), on n'aurait même pas parlé de « médiologie » ni d'introduction à quelque « logie » que ce soit.

2 / Ce texte, je l'ai écrit en français car nous sommes vous et moi francophones. Nous n'y pensons pas, mais un Brésilien ou un Japonais verront aussitôt ce médium pour eux singulier. Notre langue maternelle nous est transparente et naturelle parce que nous y sommes nés, mais elle n'existerait pas sans une autre chose qui, elle, n'a rien de naturel (ni de transparent) et qui est une nation (même racine, *naciscor*, naître). La naturalité d'une langue

est naturelle pour nous mais non en soi : c'est le résultat d'un processus politique et même militaire (une langue : un dialecte qui a eu un jour des canons). Ce code renvoie à un groupe social historiquement constitué. Le français par exemple est un bien collectif « défendu » par la collectivité du même nom, et nos autorités décident en particulier de l'orthographe (dont les réformes donnent lieu à des affaires d'État), des néologismes à retenir, du dictionnaire (via l'Institut de France), de l'enseignement et du rayonnement à l'étranger du « français, langue officielle de la République », art. 2 de la Constitution. Il y a mille ans d'ici, j'aurais plutôt utilisé le latin. Deuxième médium donc, un *langage naturel*. Or, on ne dit pas exactement les mêmes choses, ni de la même manière, quand on s'exprime en français, en anglais ou en chinois. Chaque langue a son génie. Elle fait voir le monde à travers un prisme. Les *catégories* qu'Aristote met au fondement de la pensée décalquent les données de la grammaire grecque, au point qu'on a pu dire qu'il ne faisait qu' « expliquer une certaine métaphysique de la langue grecque »[1], et les disputes théologiques sur la double nature du Christ, homme ou dieu, semblable ou bien consubstantiel au Verbe, qui ont ensanglanté la Chrétienté orientale durant plusieurs siècles, tiennent à une diphtongue de différence *(omoios/omoiousios)*, et sont, pour un non-Grec, opaques. Quand Descartes en revanche publie le *Discours de la méthode* en français (et non en latin, comme les *Principia* ou les *Regulae*), le choix de ce médium affiche avec la tradition d'obscurité scolastique une distance ostentatoire, et ce parti pris de transparence « populaire » a valeur de manifeste.

3 / Ce texte en français, je l'ai griffonné, raturé, récrit et vous le lisez, sur du *papier*. Ce fragile support de l'essentiel nous est arrivé de Chine, via les Arabes, au XIIIe siècle. Si la médiologie avait été conçue avant 1348 (première fabrique de papier française, à Troyes), vous auriez entre les mains un parchemin (peau de mouton ou de veau trempée dans de la chaux, raclée, lissée, séchée et polie à la pierre ponce). Plus tôt, un rouleau de papyrus, et avant, une tablette d'argile. Les feuilles de papier que vous tournez ont été pliées trois fois (ce qui donne un *in-octavo*), réunies

1. Émile Benveniste, « Catégories de pensée et catégories de langage », *Problèmes de linguistique générale*, Paris, Éd. Gallimard, 1996.

en cahiers et reliées les unes aux autres. C'est la géniale invention du *codex*, qui remonte au IIe siècle après J.-C., et s'est maintenue à peu près intacte depuis lors. La victoire définitive du *codex* sur le *volumen* est concomitante de celle du christianisme sur le paganisme. La Bible et les Écritures ont trouvé dans cet héritier du petit calepin de cire romain le véhicule idoine : compact (on peut utiliser les deux côtés), maniable (il se prête à la récitation publique, on peut le poser devant soi et psalmodier en gardant les deux mains libres), propice aux annotations. La forme matérielle de la page a induit une certaine organisation du texte inconnue des premiers « auteurs » (ponctuation, pagination, division en chapitres, puis en paragraphes, table des matières, index). Le seul retour à la ligne – une idée par alinéa – est déjà en soi un moteur intellectuel. Ce paratexte organise le sens, ce « contenant » commande un certain contenu.

4 / Ce livre enfin n'aurait pas existé s'il ne m'avait été commandé par un *éditeur*, qui en a choisi le titre, la typographie, la photo en couverture, la place dans une collection, « Premier cycle », destinée à des étudiants. Or ce livre tire beaucoup de son sens de ce mode de présentation. Les PUF sont une entreprise commerciale, qui a grandi dans l'orbite d'une institution nationale, l'Université. Sans cette médiation à la fois économique et sociale, ce texte ne serait pas aujourd'hui sur les présentoirs. Le livre, bien marchand et reproductible, appartient à l'éditeur – auquel j'en ai confié l'exploitation par contrat, moyennant redevances. Je ne suis propriétaire que du texte (la langue appartient à tous, personne n'est propriétaire de l'alphabet). La valeur d'un texte, bien immatériel, ne dépend pas du support, mais il a fallu multiplier les supports matériels pour en produire la notion, comme il a fallu l'imprimerie pour engendrer la notion d'auteur (le droit d'auteur étant né du droit de reproduire mécaniquement un texte original, qui, à l'âge du manuscrit, n'existait qu'en exemplaire unique, ou rare, fondant en un seul tout « l'œuvre de l'esprit » et l'objet matériel). Il y a des choses écrites depuis à peu près trois mille ans ; il n'y a d'auteurs que depuis quatre cents ans.

Ce qui nous apparaissait ainsi ultra-simple s'avère compliqué, – une coalition exceptionnelle de « médiums » se cache sous cet « objet investi d'esprit » (Husserl). La mémoire intellectuelle de l'humanité s'annonce comme une immense accumulation d'écrits.

Le livre, forme à nos yeux élémentaire de cette mémoire, n'est pas un point de départ, ni un point d'arrivée. C'est une étape car il va encore très probablement muer, sous la forme immatérielle du livre électronique. L'objet rectangulaire et volumineux paraît du premier coup d'œil quelque chose de trivial et qui se comprend de soi-même. C'est en réalité un objet vertigineux, piégé, magique, contradictoire, « plein de subtilités métaphysiques » (comme disait Marx de la marchandise). Certaines de ses propriétés s'ordonnent à un *pôle matériel* (le papier, l'imprimerie, la forme), et d'autres à un *pôle social* (langue, nation, éditeur). D'un côté, une matière organisée ; de l'autre, des organisations matérialisées. Nous retrouverons ce double caractère dans tous les véhicules de transmission (voir *Les deux corps du médium*, p. 127).

Quand un terrien regarde le ciel, son premier mouvement est de croire que le Soleil tourne autour de la Terre ; et il y a toute apparence. Quand un lecteur regarde un rayon de bibliothèque, son premier mouvement est de croire que ce sont des auteurs qui ont engendré ces livres, auxquels ils préexistaient. Ainsi fait l'auteur lui-même, naturellement soucieux de son « autorité » (c'est le même mot). Il aime à croire que son « œuvre » est tout droit sortie de son esprit. N'a-t-il pas transcrit ses idées en mots, aligné ses mots en pages, et ses pages en cahiers ? Il s'imagine volontiers son travail comme une opération descendante, du sublime au sériel, de l'impérieux à l'accessoire, et de l'œuvre conçue par lui seul, à l'objet fabriqué peu importe comment. Nous procédons tous de la sorte, inconsciemment, de haut en bas, de l'esprit en surplomb vers la matière en dessous (je *couche* l'idée par écrit, je la *mets à plat*, etc.). Loin de nous le soupçon que l'esprit puisse *monter* (des contrebas) ; que le livre (l'objet) ait inventé « l'auteur » (le sujet) – on est fait par ce qu'on fait. Ni que la notation, en reculant dans le temps, ait pu bel et bien engendrer cette deuxième nature qu'est notre culture.

La machine logique qu'est l'écriture a changé l'être humain ; plus que son avoir et son agir, ses compétences et ses rêves. Elle a révolutionné son *espace* par une première forme de téléprésence – en permettant de prendre ou faire prendre connaissance de messages produits par des personnes situées à des milliers de kilomètres. Elle a révolutionné son *temps* – qui est passé du montage en boucle propre aux civilisations orales à une progression linéaire. Et ce, parce qu'il devenait possible de fixer un point fixe de référence dans la durée, de tirer un trait à partir duquel on pouvait numéroter les années, les souverains, les ères, bref établir une chronologie. Le passage des cultures orales aux cultures de l'écrit a été examiné *in vivo*, à l'époque contemporaine, en Afrique notamment, par des anthropologues (Jack Goody). Et *in vitro*, rétrospectivement, par des historiens du monde antique (Pierre Vidal-Naquet, Marcel Détienne, Walter Ong). Ces études d'impact et d'implications ont bien établi ce que nous devons à l'inscription linéaire de la parole : l'*abstraction* (notamment parce que l'écrit sépare le message des circonstances de son émission, de la situation vécue de l'émetteur, il « décontextualise » le discours) ; l'idée *d'universel* (que ce soit la religion ou la vérité scientifique, le bouddhisme ou la géométrie), alors que l'oral est par force local, contextuel et ethnocentrique ; le *raisonnement* logique, classement et déduction (le principe de non-contradiction, par exemple, ne se dégage pas tant qu'on ne dispose pas de surfaces d'inscription permettant de juxtaposer et d'opposer des termes ou des opérations) ; l'*histoire* (qui commence par l'établissement de listes, dynasties et généalogies) ; la *géographie* (qui suppose un tracé d'itinéraires, l'esquisse de contours et de cartes) ; l'*esprit critique* (comme capacité de faire retour sur un savoir antérieur visualisable et objectivable). Sans oublier, *last but not least*, la *démocratie* : l'égalité devant la loi suppose que celle-ci puisse être lue de tous, bien en vue sur l'agora, et on a trouvé à Sparte, oligarchie militarisée, où le vote s'effectuait par acclamations et non par bulletins, cent fois moins de stèles gravées (neuf inscriptions en six siècles) qu'à Athènes (où le nombre d'inscriptions diminue en période de restauration oligarchique, 480-457 par exemple). Amplement connus sont les effets liés à l'écriture, que ce rappel cursif ne fait qu'évoquer.

Plus discrète reste la *dépendance du symbole au support*. La symbolisation graphique fut une aventure médio-dépendante, où les codes lentement décantés au long des millénaires ont été « sélectionnés » par le hasard des ressources du milieu naturel (l'humidité n'étant pas un facteur favorable). Les historiens de l'art savent qu'on ne peut faire une histoire des formes qui ne soit une histoire des matériaux ; et ce, non seulement en peinture et sculpture (où cela va de soi) mais dans l'architecture aux « formes éternelles » : la pierre appareillée autorise la voûte sphérique du dôme romain, et l'adjonction du ciment a permis l'ogive gothique (première conquête de la verticalité). La fonte du fer et le verre relancent l'urbanisme en hauteur (gratte-ciel et tours), et les matériaux de synthèse remodèlent à présent les espaces habitables (sans parler du mobilier). Les historiens de l'écrit sont les premiers à savoir que l'histoire des signes commence par celle des matériaux. La matière a en effet *conditionné la graphie par le biais de l'instrument* (à tracer, inciser, graver, etc.). Après l'*os*, ou le *bronze*, qui imposent le *stylet*, et la *pierre* qui force au *ciseau* (donc au concis, le style « lapidaire »), l'*argile* crue, seule richesse des empires mésopotamiens, ne permet que le *calame*, roseau taillé en pointe triangulaire, d'où vient le cunéiforme à angles droits. Quand le *papyrus* des bords du Nil remplace les tablettes d'argile cuite (matériau abondant, bon marché, mais cassant et assez encombrant), exit le *cunéiforme*, arrive le pinceau de jonc fibreux, qui, avec l'encre rouge et noire (carbone ou cinabre), simplifie et accélère les traits. Naissance du démotique égyptien (VIIe siècle av. J.-C.) et des alphabets vocaliques en Méditerranée orientale. Le *parchemin* ou « peau de Pergame » qu'inventent les gens de cette ville au IIe siècle (pour compenser une pénurie ou un blocus de papyrus) va permettre la *plume d'oie* et faciliter le *codex* (le papyrus s'enroule mais se plie difficilement). La plume modifie le *ductus* (à partir du XIe siècle), d'où suivront des graphies plus cursives, déliées, moins raides, facilitant la dictée et la lecture (après l'onciale et la semi-onciale, la minuscule caroline). En Russie en revanche, *l'écorce de bouleau* a longtemps gelé l'évolution du cyrillique, bloqué dans une graphie assez froide et anguleuse. Quant au papier, souple et résistant, c'est une libération à tous égards. Tout devient permis – forme, formats et caractères. Sauf que l'introduction au XIXe siècle du *bois* en place du *chiffon* va raccourcir dramatiquement le temps de vie du support (papier acide). La pâte de bois démultiplie le volume de production mais ouvre l'âge de l'information (péremption rapide), au péril de la mémoire. Il n'y a pas de support innocent, chaque matériau a son prix. On le voit bien encore avec les supports d'information binaire. D'un côté, ils offrent le meilleur rapport encombrement/enregistrement, mais de l'autre une espérance de vie estimée à 50 ans pour le magnétique (un peu plus pour le CD numérique). Duplication garantie (sans rapport avec la brique ou le parchemin), et obsolescence aussi.

Somme toute, la formule stéréotypée, que nous jugions au départ pour le moins légère, ne fait pas un si mauvais démarreur.

Socrate : « Ce qu'on m'a donc conté, c'est que, dans la région de Naucratis en Égypte, a vécu un des antiques Dieux de ce pays-là, celui dont l'emblème consacré est cet oiseau qu'ils nomment l'ibis, et que Theuth est le nom de ce Dieu ; c'est lui, me disait-on, qui le premier inventa le nombre et le calcul, la géométrie et l'astronomie, sans parler du trictrac et des dés, enfin précisément les lettres de l'écriture. Or, d'autre part, l'Égypte entière avait pour roi en ce même temps Thamous, qui résidait dans la région de cette grande ville du haut pays que les Grecs appellent Thèbes d'Égypte, comme Thamous est pour eux le Dieu Ammon. Theuth, s'étant rendu près du roi, lui présenta ses inventions, en lui disant que le reste des Égyptiens devrait en bénéficier. Quant au roi, il l'interrogea sur l'utilité que chacune d'elles pouvait bien avoir (...) Quand on en fut aux lettres de l'écriture : « Voilà, dit Theuth, la connaissance, ô Roi, qui procurera aux Égyptiens plus de science et plus de souvenirs ; car le défaut de mémoire et le manque de science ont trouvé leur remède ! » A quoi le roi répondit : « Ô Theuth, découvreur d'arts sans rival, autre est celui qui est capable de mettre au jour les procédés d'un art, autre celui qui l'est, d'apprécier quel en est le lot de dommage ou d'utilité pour les hommes appelés à s'en servir ! Et voilà maintenant que toi, en ta qualité de père des lettres de l'écriture, tu te plais à doter ton enfant d'un pouvoir contraire de celui qu'il possède. Car cette invention, en dispensant les hommes d'exercer leur mémoire, produira l'oubli dans l'âme de ceux qui en auront acquis la connaissance en tant que, confiants dans l'écriture, ils chercheront au-dehors, grâce à des caractères étrangers, non point au-dedans et grâce à eux-mêmes, le moyen de se ressouvenir ; en conséquence, ce n'est pas pour la mémoire, c'est plutôt pour la procédure du ressouvenir que tu as trouvé un remède. Quant à la science, c'en est l'illusion, non la réalité, que tu procures à tes élèves : lorsqu'en effet, avec toi, ils auront réussi, sans enseignement, à se pourvoir d'une information abondante, ils se croiront compétents en une quantité de choses alors qu'ils sont, dans la plupart, incompétents ; insupportables en outre dans leur commerce, parce que, au lieu d'être savants, c'est savants d'illusion qu'ils seront devenus ! »

(PLATON, Phèdre, 274 d - 277 a.)

Les médiasphères, première approche

Un médiologue fera son miel de la paléographie – mais sa ruche est ailleurs. La tendance longue des supports de l'écrit (qui reflète celle de l'objet technique en général) est au compact, au maniable et au léger (la disquette). La marge de manœuvre des graphies par rapport aux matériaux s'est, par contrecoup, constamment accrue, comme celle des textes par rapport au support. Plus ce dernier s'amenuise, plus le texte se mobilise et s'autonomise. Aujourd'hui, il vole, comme jadis la parole. *Scripta volant et manent.* Prouesse technologique, donc symbolique (les deux se conditionnent l'un l'autre, y compris et surtout dans « l'immatériel » numérique). C'est cette correspondance réglée qui intéresse le médiologue. Elle suggère qu'une logique des messages (= le symbolique) peut se chercher dans une logique du médium (= la technique). Pour la dépendance du spirituel au matériel, l'histoire de l'écriture fait parabole. On en infère comme un fil conducteur sur la durée qui clarifie le défilé de nos technologies imaginaires et cognitives, autorisant une histoire à la fois pragmatique et rationnelle des cultures. Une mentalité collective s'équilibre et se stabilise autour d'une technologie de mémoire dominante, foyer des compétences socialement décisives et centre réorganisateur des médias (et des personnels) dominés. Dominant est le procédé capital de mise en mémoire et de circulation des traces (l'écriture, la typographie, l'électronique, le numérique). A ce procédé hégémonique, correspond un certain milieu de transmission des messages (et, comme nous le verrons, de transport des hommes), macro-milieu que nous nommerons « médiasphère ». Celle-ci détermine un certain type de croyances régulatrices, une temporalité particulière (ou un rapport propre au temps astronomique) et une certaine façon pour les communautés de faire corps (plus qu'un simple cadre de regroupement territorial). Leur réunion caractérise la *personnalité collective* ou *l'unité de style* d'une époque, – ou ce qu'il y a de commun à ses instruments, ses formes et ses idées. Notre mentalité peut ainsi se penser comme le « mental » de l'outillage (l'âme, disait Spinoza, est l'idée du corps, lequel, il est vrai, n'était pas pour lui une chose mais une puissance d'être). Et nous appellerions Culture *le jeu des codes dans l'amnésie des vecteurs.* La périodisation par médiasphère ne peut être transversale à toutes les sociétés humaines, car tous les pays, tous les continents ne vivent pas au même moment ni de la même façon les grandes scansions de l'évolution technique (comme le montre à présent le cabrement de l'Islam devant « l'invasion des images » commandée par l'électronique).

Comprenons que la médiasphère ne date pas d'aujourd'hui, puisqu'il y a toujours eu des « médias » (dès lors qu'il y a une information à faire circuler). Nous nous sommes naguère exercés *cum grano salis*, en honneur à la tradition désuète (théologico-scolaire) des trois âges, à repérer trois fédérateurs chronologiques, trois écosystèmes de l'esprit occidental qui se sont succédé – et chevauchés[1]. Le tableau de la page 51 recouvre la période venant après la fin de la *mnémosphère* primitive (période des arts non-écrits de la mémoire) et avant l'encodage uniformément numérique, des sons, images et textes. On est convenu de nommer *logosphère* le milieu techno-culturel suscité par l'invention de l'écriture, mais dans lequel la parole reste le principal moyen de communication et de transmission (la majorité de la population étant illettrée). Les grands hommes, écrivains compris, sont des orateurs, la rhétorique, une science majeure et l'art oratoire, le premier de tous. C'est la période des homélies, harangues, prêches et sermons mais aussi des épopées, du théâtre, et de la poésie (de cour et galante). Le discours consigné calque le discours parlé. Écrire, alors, c'est dicter (à Rome, le scribe est un esclave) et l'écrit vaut principalement comme dépositaire de la parole divine (les Saintes Écritures) ou consacrée (les faits et dits des ancêtres), ou alors comme relais de ce dépôt (gloses et commentaires). Telle est l'acception fusionnelle du *logos* hellénique, à la fois *pneuma*, souffle vital, et *dynamis*, puissance créatrice. La parole régénère. Les religions dites (à tort) du Livre sont issues de cette logosphère où l'aide-mémoire écrit s'accomplit à transcrire une Révélation orale, universelle et totalisante (Bible, Évangile et Coran peuvent se lire comme des livres disant tout sur tout). La lecture de texte est une récitation de vie (collective, à voix haute ou psalmodiée). L'Inde des brahmanes ou le village africain avec son école coranique offrent un exemple toujours vivant de « logosphère ».

1. Parmi les nombreuses divisions en trois âges (Hegel, Comte) que nous lègue la tradition des tables chronophilosophiques, rappelons celles de Vico. Il distinguait trois espèces de langages (le divin, le militaire, le profane) et trois espèces de caractères : les hiéroglyphiques des commencements, les héroïques et les vulgaires (alphabétiques). Pour sauter du symbolique au technique, on se souvient que Lewis Munford périodise en trois âges l'évolution des systèmes de puissance (extraction et production d'énergie) : la phase éotechnique – complexe de l'eau et du bois ; la phase paléotechnique – complexe de charbon et de fer ; la phase néotechnique – complexe d'électricité et d'alliages.

On a nommé *graphosphère* la période ouverte par l'imprimerie, lorsque *les* livres, peu à peu, remplacent (ou relaient) *le* Livre, et la transmission livresque prend en charge non seulement les savoirs mais les mythes. Cette médiasphère voit le triomphe des arts et des institutions fondées sur l'imprimé – à commencer par l'école. La fascination du futur accompagne le règne du différé. Le monde « socialiste », avec son culte du livre et du pédagogique, aura été le dernier fleuron civilisationnel de la graphosphère. Propice aux enthousiasmes politiques et aux messianismes séculiers, ce système de transmission accélère le rythme historique (révolutions, modes, goûts, générations) et contracte l'espace géographique, grâce à la vapeur et ensuite à l'électricité. Ce milieu a été violemment déséquilibré par l'irruption audiovisuelle, annoncée par la rupture « indicielle » de la photographie (1839).

Nous avons enfin baptisé *vidéosphère* le milieu de l'image-son dominant, la période de l'esprit ouverte par l'électron et peut-être déjà subvertie par le bit. Retour en force de la ligne Chair, qui met la ligne Verbe à quia. Ascension des cultures de flux. Archives engorgées. La conquête de l'ubiquité est achevée, l'instantanéité culmine en *live*. Dans la Cité, on assiste à la désintégration/recomposition des institutions fondées sur le différé des technologies littérales (État-nation, partis, systèmes éducatifs). Louise Merzeau, avec raison, s'est récemment demandée si cette période n'aura pas servi de préambule à une sphère plus englobante encore, et plus stable, issue du numérique et qu'elle appelle l'*hypersphère*[1].

Quelques précisions aideront au déchiffrement du tableau emprunté au *Cours de médiologie générale* (1985) (p. 51).

1 / Une médiasphère n'est pas plus ni moins totalitaire qu'une biosphère dans le règne vivant. Elle peut abriter une multitude d'écosystèmes ou de micro-milieux culturels (comme la biosphère une multitude de biotopes), relativement autonomes. Nous vivons tous en vidéosphère, mais on ne croit pas tous (ni ne voit, retient, sent et veut) la même chose. Nous pouvons être militaires, maçons, chrétiens pratiquants, communistes militants, latinistes ou physiciens, ce qui ménage à chacun un monde propre ; et chaque habitant de ces « poches » faisant filtre a son rythme, ses

1. Louise Merzeau, « Ceci ne tuera pas cela », *Cahiers de médiologie* n° 6, Éd. Gallimard.

références, son câblage nerveux, ses critères de perception et d'évaluation. Notre exposition au macro-milieu informatif en variera d'autant, mais toutes ces « niches » professionnelles ou familiales, plus ou moins actives ou dévitalisées, sont *volens nolens* plongées dans l'espace-temps défini par la circulation de l'image-son à la vitesse de la lumière.

2 / De même qu'un support nouveau n'abolit pas le précédent (mais peut lui surajouter de nouvelles possibilités), de même une médiasphère nouvelle ne chasse-t-elle pas la précédente. Elle la restructure à ses propres conditions, au terme de longues négociations de place et de fonction, en sorte que toutes, finalement, s'imbriquent l'une dans l'autre, mais pas dans n'importe quel sens. En tant qu'enjeu de puissance sociale et source des plus hautes gratifications individuelles (symboliques et monétaires), le médium le plus performant dynamise et recadre ceux qui le sont moins. La performance peut s'estimer selon un *minimax :* le médium qui véhicule le maximum d'informations à un maximum de destinataires pour un coût minimum et avec un encombrement minimum (volume, surface ou durée). Ainsi l'écriture alphabétique déclasse (et déplace) la syllabique (et cette dernière, l'idéogramme), le *volumen* la tablette, le codex le *volumen*, l'imprimé le manuscrit, l'audiovisuel l'imprimé, et le média numérique l'analogique. Sans oublier que la sphère du médium dominant concentre pour chaque période un maximum de *furia* politique. Surveillance par les pouvoirs des scriptoriums, des imprimeries, des studios – où se déroulent à chaque reprise des luttes féroces pour la dominance. Voir à présent les tensions entre personnalités, lobbies et groupes économiques dans et autour de l'industrie audiovisuelle.

3 / Comment passe-t-on d'une médiasphère à l'autre ? Par une « révolution » des machineries, affectant d'abord les aspects techniques de la transmission – (MO), et par contrecoup ses aspects sociopolitiques (OM). Certes, cette révolution technique requière un milieu culturel propice. Elle ne fait pas irruption *ex nihilo*. Elle vient s'insérer dans une continuité gradualiste *(revolution as usual)*. A l'intérieur de la logosphère (dont la durée étirée et peut-être un peu molle ne doit pas égarer), sont intervenus des tournants majeurs, comme le remplacement du *volumen* par le *codex* (entre le IIe et le IVe siècle), l'invention de la *minuscule* (entre le VIIIe et le IXe siècle), à l'origine de la lecture silencieuse ; l'arrivée du *papier* (qui aidera à

faire du livre non plus un objet de luxe mais de commerce et de consommation aisée) ; la formation de cléricatures administratives gourmandes d'écrits (archives, comptabilité, minutes) ; l'essor des universités ; le système de la *pécia* (le manuscrit manufacturé en atelier) induit par cet essor ; le développement de la gravure sur bois, etc. C'est sur ce terreau lentement remué en profondeur que le caractère mobile en plomb a pu précipiter une révolution politique, morale et spirituelle comme le protestantisme et les nationalismes naissants (avec les guerres de religion en escorte). La presse à bras n'a pas changé le code du médium langagier (ni la syntaxe ni le vocabulaire du français n'ont été transformés) ; elle n'a pas aboli d'un trait d'encre les autres modes de transmission (on continue au XVIe siècle de faire des sermons et d'écrire à la main). Elle n'a pas inventé, on l'a vu, son support matériel : le papier de chiffon était là ; le « codex » aussi ; et les formes de l'incunable typographique, comme Roger Chartier l'a rappelé, se moulent dans celles du manuscrit (la Bible à 42 lignes). Pourtant, au-delà des inerties institutionnelles et compte tenu des temps de latence (pour l'imprimerie, deux générations, 1440-1530), c'est bien l'invention de Gutenberg, en date et lieu, qui ouvre une ère nouvelle, et brise l'unité de la Chrétienté. De quelles ruptures sera annonciateur l'éventuel détrônement de l'électron par le photon (la lumière allant beaucoup plus vite que l'électricité et pouvant transporter plus d'informations) – il est encore trop tôt pour le dire (il n'y a pas encore de mémoire photonique), mais un déplacement de support, on le sait, est un renversement de pouvoir.

4 / Un changement technique de médiasphère en est aussi un dans le statut social des administrateurs du sens. C'est une subversion par court-circuit, qui ne se révèle pas d'emblée. Au milieu du XVe siècle, la corporation cléricale s'est félicitée de l'imprimerie, le prenant pour un simple support supplémentaire (technique) : elle n'avait pas vu que c'était un nouveau rapport (social). Dans les années 50 de notre siècle, la corporation éditoriale et professorale a pris la télé pour un simple haut-parleur visuel, tandis que la classe politique n'y voyait qu'un amplificateur optique de tribune (un porte-voix plus efficace, à rajouter aux micros déjà disponibles). En réalité, l'imprimé court-circuitait la hiérarchie ecclésiale aussi sûrement que la télé les anciennes hiérarchies partidaires (bien que tous se soient empressés de se brancher sur le nouveau

réseau). Et dans un premier temps, le décalage cause/effet masquant l'effet de rupture, tout paraît leur donner raison (à chaque fois, l'ordre ancien commence par tirer profit du nouveau médium). La transition, hier, de la mémoire *littérale* – celle des livres et de l'imprimé, base de la graphosphère – aux mémoires *analogiques* (photographie, phonographie, cinéma, radio, télé) de la vidéosphère était grosse d'une bascule sociale. Du seul fait que les mémoires analogiques ne requièrent plus de qualification particulière pour accéder à l'archive, délèguent l'encodage et le décodage à des machines (lecteur de cassette, appareil de projection, tourne-disque, ordinateur, etc.), elles donnent une portée culturelle directe au pouvoir d'achat. Elles assurent également un avantage comparatif à l'information sur la connaissance (au document sur l'enchaînement, au parataxique sur le syntaxique, etc.), et donc, socialement, aux médias d'information sur les institutions de savoir. C'est une inversion des hiérarchies établies (au sein des producteurs symboliques) et un mouvement de bascule dans l'économie des corporations. Ces supports « décommunautarisent » les communautés d'action, de savoir et de foi (les intellectuels collectifs qu'étaient les académies, les Églises et les partis)[1]. Et ce, en accroissant les inégalités planétaires entre les *know how* et les autres.

Quelles que soient les objections qu'on puisse (et doive) faire, d'un point de vue historique, à ces taxonimies idéaltypiques, – logo, grapho, vidéo –, nous tenons au suffixe *-sphère*. Il connote l'enveloppement, non le face-à-face, et se distingue en cela du *champ*. A cette notion bidimensionnelle et optique, s'oppose le caractère tridimensionnel, synergique, immergeant des médiasphères. Nous y évoluons « comme poisson dans l'eau ». Et toute la difficulté est là. « H_2O n'est pas la découverte d'un poisson ». Sauf, peut-être, s'il se retrouve sur le sable. On commence à faire attention à sa médiasphère lorsque celle-ci est endommagée (quand un myope s'avise qu'il porte des lunettes, c'est qu'il les a perdues ou cassées). De même quand un pieux lecteur de la Bible se demande soudain dans quelle langue parlait Dieu lorsqu'il créa

1. Bernard Stiegler, « Le droit, la technique, l'illettrisme », in *Actions et recherches sociales*, juin 1988, n° 2. Voir aussi « Mémoires gauches », in *La revue philosophique*, PUF, juin 1990.

le monde par la parole – les auteurs de l'Ancien Testament n'ayant pas senti le besoin de préciser ce détail –, il peut commencer à douter. La découverte médiologique se fait toujours en retour, et cette réflexivité est souffrante, voire déploratrice. « La douleur, disait Valéry, c'est tout ce à quoi on porte une attention extrême ». C'est quand notre milieu (naturel ou culturel) commence à nous faire mal qu'on s'avise de son existence, et plus il nous découvrira ses fragilités, plus nous y aurons mal. Ainsi découvre-t-on sa langue quand, à l'étranger, on ne peut plus la parler – ou qu'on avait une patrie, quand on est exilé. Conséquence : le médiologue (comme l'écologiste) arrive régulièrement en retard – et la hantise de perte obère sa prise de conscience. Le meilleur exemple en est encore une fois Platon dans son célèbre décri de l'écrit – premier essai de médiologie appliquée. L'analyse est teintée, et déviée, de nostalgie pour le règne déjà bien compromis de l'oralité aristocratique. C'est la rançon morale de l'après-coup épistémologique. Comme l'étonnement chez le philosophe (« pourquoi y a-t-il de l'être plutôt que rien ? »), l'anxiété suscitée par les dégradations d'une médiasphère (ou biosphère) qu'on croyait naturelle, donc peu ou prou immortelle, déclenche l'enquête interrogative sur un socle matériel jugé jusqu'alors anodin. Au pathos écolo – l'espèce humaine peut-elle survivre à la couche d'ozone ? – fait écho l'angoisse médio – la transmission des (vraies) valeurs sera-t-elle encore possible après le remplacement des sages par le papyrus (Platon), de la peinture par la photo (Baudelaire), de la littérature par le cinéma (Georges Duhamel), du vrai livre par le livre de poche jetable, du grand écran par le petit, etc. ? Refrain connu : qu'adviendra-t-il de l'humanisme après les chemins de fer barbares, l'aéroplane icarien, la radio si légère, la télé si vulgaire, le virtuel si dangereux *(passim)*... ? Si le fantasme de perte tourne à l'obsession réactionnaire de la décadence, le discours d'élucidation glissera vers l'annonce d'Apocalypse et les rhétoriques du crépusculaire (la fin de ceci, la fin de cela). De motrice, l'anxiété devient alors obnubilante. L'observation médiologique devient plus lucide quand on a laissé passer le temps du deuil et de la réparation. Le médiologue se dope à la rétrospection comparative mais doit lutter contre la mélancolie. Car rien ne se perd, tout se métamorphose. Et recommence autrement...

Les tableaux en symétrie par colonnes et rubriques n'ont d'autre valeur que d'exposition. Ils servent à mettre en relief des idéal-types et à rendre visible une logique d'écarts significatifs où chaque élément isolé prenant sens par ses différences, aucune « sphère » ne peut être considérée séparément des autres. Ces vis-à-vis de commodité ont un prix : un système d'oppositions délibérément outrancier, faisant fi des nuances, dégradés et transitions que l'observation historique repère inévitablement et à bon escient. L'histoire travaille à même les lignes (de passage, et non de séparation) ; la métahistoire, dans les colonnes (de cohérence, sinon d'autonomie). Simplifier pour clarifier : le jeu en vaut-il la chandelle ? Non, dit le chercheur (historien), car « ça ne marche pas aux frontières ». Oui, dit le pédagogue (philosophe), car mieux vaut encore savoir d'où l'on part et où l'on arrive. Vieux dilemme...

	Logosphère (écriture)	Graphosphère (imprimerie)	Vidéosphère (audiovisuel)
ILIEU STRATÉGIQUE (PROJECTION DE PUISSANCE)	**La terre**	**La mer**	**L'espace**
ÉAL DE GROUPE (ET DÉRIVE POLITIQUE)	**L'un** (cité, empire, royaume) Absolutisme	**Tous** (nation, peuple, État). Nationalisme et totalitarisme	**Chacun** (population, société, monde). Individualisme et anomie
GURE DU TEMPS (ET VECTEUR)	**Cercle** (Éternel, répétition). Archéocentré	**Ligne** (histoire, Progrès). Futurocentré	**Point** (actualité, événement). Autocentré : culte du présent
GE CANONIQUE	**L'ancien**	**L'adulte**	**Le jeune**
ARADIGME 'ATTRACTION	**Mythos** (mystères, dogmes, épopées)	**Logos** (utopies, systèmes, programmes)	**Imago** (affects et fantasmes)
RGANON SYMBOLIQUE	**Religions** (théologie)	**Systèmes** (idéologies)	**Modèles** (iconologie)
LASSE SPIRITUELLE (DÉTENTRICE DU SACRÉ SOCIAL)	**Église** (prophètes et clercs). Sacro-saint : **Le Dogme**	**Intelligentsia** laïque (professeurs et docteurs). Sacro-saint : **La connaissance**	**Médias** laïques (diffuseurs et producteurs). Sacro-saint : **L'information**
ÉFÉRENCE LÉGITIME	**Le divin** (il le faut, c'est sacré)	**L'idéal** (il le faut, c'est vrai)	**Le performant** (il le faut, ça marche)
OTEUR D'OBÉDIENCE	**La foi** (fanatisme)	**La loi** (dogmatisme)	**L'opinion** (relativisme)
OYEN NORMAL D'INFLUENCE	**La prédication**	**La publication**	**L'apparition**
ONTRÔLE DES FLUX	**Ecclésiastique direct** (sur les émetteurs)	**Politique, indirect** (sur les moyens d'émission)	**Économique, direct** (sur les messages)
TATUT DE L'INDIVIDU	**Sujet** (à commander)	**Citoyen** (à convaincre)	**Consommateur** (à séduire)
YTHE D'IDENTIFICATION	**Le Saint**	**Le Héros**	**La Star**
ICTON D'AUTORITÉ PERSONNELLE	**Dieu me l'a dit** (vrai comme parole d'évangile)	**Je l'ai lu dans le livre** (vrai comme un mot imprimé)	**Je l'ai vu à la télé** (vrai comme une image en direct)
ÉGIME D'AUTORITÉ SYMBOLIQUE	**L'invisible** (l'Origine) ou l'invérifiable	**Le lisible** (le Fondement) ou le vrai logique	**Le visible** (l'Événement) ou le vraisemblable
NITÉ DE DIRECTION SOCIALE	**L'Un symbolique : le Roi** (principe dynastique)	**L'Un théorique : le Chef** (principe idéologique)	**L'Un arithmétique : le Leader** (principe statistique, sondage, cote, audience)
ENTRE DE GRAVITÉ SUBJECTIF	**L'âme** (anima)	**La conscience** (animus)	**Le corps** (sensorium)

Technique et/ou culture : comment s'y reconnaître ?

On nous accusera peut-être de dévaluer le culturel et de négliger le politique, à trop vouloir réhabiliter la technique, dont la sous-estimation et le mépris sont constitutifs de notre héritage – plus en pays latin catholique qu'en pays protestant. Mépris inscrit, il est vrai, dans notre génome mental au point qu'une société aussi formidablement appareillée que la nôtre – et adepte de la « technoscience » – continue de mettre au plus bas de sa hiérarchie enseignante les filières technologiques. Ce qu'on appelle « culture technique » n'a pas encore sa place dans la Culture.

Tel est le poids des mentalités que le discrédit (ancestral) de la technique résiste à toutes les réussites, et le prestige (grec) de la politique à toutes les déceptions. La fusée spatiale, le génie génétique, les antibiotiques, le cyberspace et les calculatrices occupent finalement moins de place dans nos conversations que la révolution d'Octobre, l'assassinat de Kennedy et les prochaines élections. Que la chose politique fasse à présent l'objet de préjugés défavorables ne l'empêche pas de meubler l'espace public et de tenir l'affiche comme par-devant, avec plus de relief que la recherche scientifique et technique. Nous avons beau savoir que les pouvoirs politiques n'ont guère de prise sur le cours des choses (où ils canalisent *volens nolens* les retombées de l'évolution technique), ils continuent de fasciner – sans doute parce que cette sphère d'activités mobilise des affects et des émotions (« du sang à la une ») incomparablement plus fortes. Par opposition à la technique, définissable au total (malgré ratés et dévoiements) comme « l'action humaine qui réussit » (Haudricourt), la politique pourrait se définir cavalièrement comme l'action humaine qui foire. L'émotionnel demeurant plus vendeur que l'opérationnel, la passion inutile du pouvoir obnubile néanmoins, les média aidant, l'esprit public.

Le médiologue a pour destin, contraint qu'il est d'utiliser le vocabulaire établi, d'utiliser les termes de la tradition au moment même où il s'efforce d'en secouer le joug. A la base de notre tradition philosophique, on trouve l'opposition technique/culture, que l'on se gardera de prendre pour argent comptant. La notion de médiasphère ne constitue-t-elle pas l'exemple même de l'entre-croisement entre facteurs techniques et valeurs culturelles ? C'est une certaine technoculture, qu'on pourrait à la limite traduire par civilisation (en réunissant sous ce terme son acception allemande, qui insiste sur la base matérielle, et son acception française, qui privilégie les œuvres de l'esprit). Il nous faut pourtant rendre compte de cette antithèse classique, avant de la remettre en question. Comment refuser les cadres classificatoires établis sans tomber dans un nihilisme culturel qui nierait l'évidence, à savoir qu'une machine à écrire Underwood est une chose, et un roman de Dashell Hammett en est une autre ? Prenons le problème à sa source, en termes de genèse, et en commençant par le commencement.

D'un point de vue paléontologique, l'acte technicien est matriciel. C'est de lui que tout part, si l'on admet, avec Leroi-Gourhan, que l'anthropogenèse est une technogenèse. Tout et d'abord la libération du dedans par le dehors, – du silex au silicium, de la clepsydre à la montre à quartz –, grâce à « cette propriété unique que l'homme possède de placer sa mémoire en dehors de lui-même, dans l'organisme social ». Or cette mémoire est déjà une accumulation de programmes de comportement, de gestes en puissance, et donc une information symbolique matérialisée. L'outil en main est un objet technique, mais la main qui le manipule est un sujet culturel (et l'outil sans la main est une abstraction muséale). Cette « synergie opératoire de l'outil et du geste » est d'emblée « technoculture ». Grand continuiste s'il en fut (contrairement à la tradition du logocentrisme qui instaure entre animalité et humanité une division soudaine et absolue), Leroi-Gourhan articule les montées conjointes du squelette (la station debout), du cortex (le volume crânien) et du silex (l'outil manuel). Par un rigoureux couplage dont l'observateur contemporain fera bien de s'inspirer, il n'isole à aucun moment les conquêtes techniques des avancées symboliques, la faculté de fabriquer et celle de parler, qui se supposent l'une l'autre, – contrairement au logocentrisme qui, à travers le langage, affirme le symbole comme valeur et monde en soi.

Jusqu'à un stade assez tardif de la coévolution homme-outil, culture et technique forment un bloc indissociable, constitué par tous les *suppléments de bagage* que le bipède omnivore a ajoutés à son *patrimoine génétique.* Ou si l'on préfère, tout ce par quoi le Proto-cro-Magnon (– 100 000 ans) a dû passer pour devenir *sapiens sapiens numericus* (+ 2 000). L'acquis en sus de l'inné se désignait jadis du nom d' « art » *(« L'art est l'homme ajouté à la nature »).* Fourre-tout prometteur. On peut y mettre de la conquête du feu jusqu'à celle de l'ubiquité, de la céramique à la photonique en passant par l'écriture et la pénicilline. La compétence de parole, en revanche, était dans le stock génétique, et certains supposent qu'*Homo erectus* parlait il y a un million d'années (ce qui serait neurologiquement possible chez le primate au-delà d'un volume crânien de 700-800 cm^3, qui sépare le chimpanzé de l'australopithèque). *Sapiens sapiens* n'écrit que depuis sept ou six mille ans : l'écriture serait donc « art » ou technique, non pas la parole articulée.

Puis vient le moment où les séries divergent assez pour que l' *« ars »* latin donne naissance à deux mots distincts. Ce sera au départ une division de commodité. On rejettera du côté de la « technique » les activités manuelles et matérielles nécessaires à notre vie physique (fabriquer, chasser, cueillir, consommer), quitte à hisser dans la culture le *produit fini* résultat de ce travail d'*élaboration.* Le panier, la robe et le livre seront dits des objets culturels, la vannerie, le tissage et l'imprimerie des techniques. On pourrait encore imputer, à ce stade, une certaine mauvaise foi terminologique, héritée des vieilles divisions de classe et de valeurs entre les producteurs – serviles ou serfs – et les consommateurs – hommes libres ou libéraux. Mais c'est un fait que, en s'en tenant, bien sûr, au sens descriptif et non normatif des mots – la culture comme us et coutumes d'un groupe humain (sans jugement de valeur) – on voit se dessiner sans peine de substantielles différences à l'intérieur des acquis qu'accumule et se transmet l'humanité depuis le Néolithique, entre deux domaines bien distincts. A partir de la Révolution industrielle notamment, s'opère un croissant divorce, par désajustement des rythmes d'évolution, entre des ensembles culturels bien ancrés (langue, cuisine, mœurs, religion) et relativement stabilisés, et des appareillages mobiles en renouvellement accéléré (machines à vapeur, électricité, électronique, etc.). Nos systèmes techniques marquent une tendance à occuper un espace de plus en plus vaste (ils diffusent tous azimuts), avec une durée de vie de plus en plus courte ; alors que nos cultures – soit les répertoires de formes, de gestes et de souvenirs mis par chaque société à la disposition de ses membres – constituent des réalités de longue durée (variabilité faible dans le temps), tout en restant circonscrites, pour l'essentiel, à un même territoire (forte diversité dans l'espace). A Pékin, au Cap ou à Lima, on trouvera en l'an 2000 les mêmes escalators, les mêmes tubes cathodiques, automobiles et téléphones qu'à Paris. En revanche, le Parisien se sentira intimement dépaysé à Pékin par les *caractères chinois* et le maniement des *baguettes*, au Cap par le chaloupement *dansé* des Noirs assistant et chantant le *gospel* à la messe, ainsi qu'à Lima par le *hochement de tête* de l'Indien péruvien qu'il prend pour un acquiescement et qui veut dire « non ». Notre voyageur se serait rendu à Pékin, à Lima ou au Cap en 1900 qu'il n'aurait trouvé aucune des innovations banales et sans prestige qui nous sont devenues si familières (tellement que l'on n'en voit plus le caractère d'artefact), mais il aurait buté, hier comme aujourd'hui, sur les mêmes idéogrammes, la même cuisine, et la même gestuelle, lesquelles lui auraient inspiré le même sentiment d'étrangeté. Les mnémotechniques que sont nos types d'écriture sont plus stables que nos machines. Le système logosyllabique chinois (notation holiste et non atomiste) est le même qu'il y a trente-cinq siècles. Là est la vraie muraille de Chine, face au monde occidental et son alphabet latin. C'est très précisément sa fonction : maintenir une identité collective distincte (quitte à freiner la modernisation). Et on a vu les Coréens manifester en sens inverse dans la rue, à Séoul (1999), contre le projet de réintroduire les idéogrammes chinois dans les documents officiels, et pour maintenir le *hangul*, leur propre système d'écriture, rempart de leur identité nationale face au monde chinois et japonais.

Par où l'on voit que contrairement aux pieux clichés, la culture fractionne l'espèce en personnalités non superposables – ethnies, peuples et civilisations ; alors que la technique l'unit, en homogénéisant nos savoir-faire. L'adhérence à la mémoire des lieux est un facteur d'ethnocentrisme ; l'adoption du « dernier modèle », un facteur d'œcuménisme. Le code barres traverse toutes les cultures, non l'horoscope. Et on unifie plus facilement les aires économiques que les ères chronologiques (le temps résiste). L'espace où diffuse le « dernier cri » est de type *isotrope* : en sorte qu'un ustensile peut se contrefaire ou s'exporter tous azimuts (sans nécessité de conquête ou d'occupation par les inventeurs).

Tous les territoires auront à cet égard, passé un certain seuil de compétence, les mêmes propriétés. Il n'y a pas pour l'ingénieur ou l'informaticien de lieu saint, ni de frontière sacrée, ni d'ombilic du monde – automobiles, ordinateurs et centrales électriques sont partout chez eux ; leur fonctionnement n'étant pas liés à une terre, langue, ou religion particulière, ils peuvent se frayer leur voie aux quatre coins du monde. L'espace des mœurs, des langues et des mythes, lui, est hétérogène et polarisé, ancré au sol et par nature stabilisant – de même nature, quoiqu'à un moindre degré de cristallisation, que l'espace religieux. Avec sa capitale irradiante (Jérusalem, Rome, La Mecque), ses sites sacramentels (les sanctuaires), ses confins (les terres de mission), ses enfers ou ses limbes (les périphéries d'infidèles).

Apparaissent ainsi deux propriétés propres à l'univers technique, qui l'opposent à première vu aux mondes des cultures, comme le global s'oppose au local, et le dynamique (ou l'instable) à l'identique (ou au stabilisé).

1 / La technique est sans frontières. Elle peut rayonner partout parce qu'il est dans sa logique de simplifier, et d'unifier selon le plus petit commun dénominateur. Elle homogénéise toujours plus les procédures et les espaces, par étapes. Jalons d'un vieux travail de rationalisation. Toute activité technique, passé un certain stade, réclame une standardisation ; et l'histoire d'une branche technique (qu'il s'agisse des chemins de fer ou de la diffusion hertzienne) est l'histoire d'une normalisation progressive. L'horloge mécanique du Moyen Age finissant faisait déjà sonner la même heure aux quatre coins du pays, après quoi vinrent le temps standard (Greenwich Time) et le fuseau horaire planétaire. Pour l'organisation de l'espace, l'activité ferroviaire a été la pionnière de ce consensus obligé à l'âge industriel. Le télégraphe électrique, qui a permis l'extension du transport sur rail en résolvant le problème du trafic sur voie unique, a produit le premier code international de signaux qu'est l'alphabet morse (les technologies des objets et des signes s'entredéterminent). Sécurité, coopération, certification, spécification sont ici les mots clés. La télévision, hier, a produit un standard de diffusion (Pal ou Secam), et le codage numérique fait converger tous les canaux sur le fil téléphonique, en intégrant télécoms, micro-ordinateur, audiovisuel, films, CD et photos dans l'*unimedia* (le monde dit à tort multimédia est techno-uniformisé). Internet

par exemple n'est que l'aboutissement d'un protocole d'*interopérabilité*. Le faisceau en extension des réseaux montre ainsi une marche tendancielle à la « perfection », augurant d'une humanité comme un seul tout interconnecté, village global et normalisé, aux isolats raccordés par une même métrique primant (ou brimant) les particularismes. Il y a trois mille langues parlées dans le monde, et seulement trois écartements de rail pour les voies ferrées, deux voltages électriques pour nos appareils, et une seule Organisation de l'aviation civile internationale (OACI) téléguidant dans un même code technique, l'anglais, tous les aéronefs.

La ressemblance des lignées évolutives de l'objet technique, dans des cultures sans contacts entre elles, traduit l'universalité objective des lois de la nature : elle a son socle ultime dans la science. Toutes les haches tendent à se doter d'un manche, toutes les coques de navire à se faire fusiformes (Alain : « C'est la mer qui façonne les bateaux, choisit ceux qui conviennent et détruit les autres »). En ce domaine, les propriétés physiques du bois, de l'air, de l'eau, etc., auront le dernier mot. « Tout semble se passer comme si un prototype idéal de poisson ou de silex taillé se développait suivant des lignes préconcevables du poisson à l'amphibien, au reptile, au mammifère ou à l'oiseau, du silex indifférencié dans sa forme aux lames finement retouchées, au couteau de cuivre, au sabre d'acier. Qu'on ne s'y trompe pas, ces lignes rendent simplement un aspect de la vie, celui du choix inévitable et limité que le milieu propose à la matière vivante »[1]. On a vu des traits culturels bloquer ou retarder les maturations techniques dans certaines civilisations (la roue dans l'Amérique précolombienne, par exemple) mais, une fois apparus, les outils, dans chaque lignée (chopper, biface, racloir, pointe, lame, couteaux, etc.), suivent ici et là un ordre de succession analogue. Telle culture aura beau donner au bouclier, à l'hameçon, à la houe ou à la machine à écrire un certain style décoratif singulier, la formule fonctionnelle s'imposera inexorablement à toutes, lois de la matière obligent. En ce sens, la mondialisation d'aujourd'hui a commencé dès le premier galet taillé, car la convergence est inhérente à une logique qui tend au meilleur ratio coût-rendement, et cela, depuis la sarbacane jusqu'au lanceur spatial.

1. Leroi-Gourhan, *L'Homme et la matière*, Éd. Albin Michel, 1943, p. 14.

Bien sûr, la normalisation technique n'est pas neutre. Elle recouvre des rapports de force économiques et politiques, avec pour théâtres des organismes internationaux apparemment apolitiques (comme l'ISO, l'International Standardization Organization, qui normalise le livre, le disque, ainsi que l'immatriculation des œuvres audiovisuelles). Les grandes batailles politiques aujourd'hui sont des batailles de normes, qui se déroulent dans l'ombre et l'indifférence du public. Qui impose sa norme promeut son local en universel. La domination/normalisation du monde se chiffre ainsi dans des sigles anodins et décisifs (tels la norme MPEG 2, pour l'image animée, ou JPEG pour l'image fixe).

2 / La technique est le lieu du progrès. A l'universalité tendancielle de sa propagation, répond l'amélioration de ses performances, avec des cliquets d'irréversibilité (de non-retour en arrière) sans équivalent dans le temps culturel. Après l'invention de l'artillerie, aucune armée ne s'est dotée d'arbalètes ; après le chemin de fer, cochers et diligences disparaissent ; après les antibiotiques, les décoctions passent de l'hôpital au salon. En histoire de l'art, en revanche, Picasso peut recycler « l'art nègre » et il m'est loisible de préférer Cimabué à Dubuffet. Toutes les époques, toutes les écoles jouent ici à égalité. L'histoire culturelle n'est pas fléchée. Nous ferait rire celui qui prétendrait que Rawls est un philosophe politique plus pertinent que Rousseau parce qu'il est né après, ou que le bon docteur Schweitzer a eu une plus haute moralité que saint Vincent de Paul, pour avoir pu engranger trois siècles supplémentaires d'expériences spirituelles.

Le progrès technique a beau être aléatoire, inégalement distribué (selon les latitudes), irrégulier (bifurcations soudaines ou arrêts prolongés), et parfois effrayant (Hiroshima et Tchernobyl), il n'en reste pas moins que la *dynamique évolutive* du monde technique est une réalité. En prendre acte n'implique aucun parti pris « évolutionniste » (qui fait de tout stade de développement *postérieur* un stade *supérieur* au précédent) ; ni d'ailleurs, anti-évolutionniste (soit la même mythologie inversée), pour lequel l'antérieur est *ipso facto* supérieur – la « course au progrès » se traduisant ici par « course à la catastrophe », écologique, spirituelle, ou les deux. La croissance de nos capacités machiniques est *mesurable*, en termes de rendement, volume, longévité, vitesse, etc. Autre chose est l'*évaluation* qualitative de ces gains quantitatifs. On peut fort bien préférer, pour soi-même, la marche à pied au vol en Concorde, si on se fait une autre idée du temps, de la nature et de la liberté que les hommes d'affaires pressés. Mais c'est là une *autre* question, éthique (pourquoi faire, ces progrès ?), qui ne saurait empiéter sur la première, physique (comment ça marche, ces avancées ?). La meilleure réponse au positivisme (l'escamotage du sens au nom des faits) ne nous semble pas être l'exorcisme (la disqualification des faits au nom du sens).

Il y a bien, à l'arrivée, deux régions, deux modes d'existence de l'objet, dont l'usure n'a pas ici et là la même portée. La clepsydre, la lampe à pétrole, ou le moulin à café me font retourner vers le passé, et suscitent une curiosité informative : ils me racontent le monde d'hier et la vie de mes aïeux. Le mythe de Prométhée, les *Voyelles* de Rimbaud ou les pommes de Cézanne suscitent mon intérêt existentiel : ils me racontent ma propre vie, et m'aident à m'orienter dans l'univers du sens. Culturellement, nous restons les contemporains de Platon (ou pouvons le devenir, en apprenant sa langue) ; techniquement, rien ne pourra nous en rapprocher. D'un côté, le temps est réversible, il unit ; de l'autre, il sépare. Un ingénieur contemporain n'a pas grand-chose à apprendre d'une *machine à vapeur* (sinon la confirmation de principes physiques comme la thermodynamique des processus irréversibles) et la visite du Conservatoire des arts et métiers n'est pas un *must* pour l'informaticien ; un artiste a toujours du nouveau à apprendre d'une *œuvre* ancienne, et un peintre qui se jurerait de ne pas mettre les pieds au Louvre pourrait légitimement nous inquiéter. L'homme échappe à la chronologie par ses œuvres, il y replonge par ses machines.

Résumons. Un *système technique* traduit les compatibilités internes, pour chaque époque, à l'équipement des sociétés – sans considération de frontières ; un *système culturel* assure, à l'intérieur d'une société donnée, les solidarités existantes entre son passé et son présent. On peut éclaircir l'opposition par un tableau succinct, à des fins didactiques, sans oublier qu'il ne s'agit pas de catégories à enrôler dans un inexpiable et vain conflit de registres. Preuve en est que chaque dispositif technique revêt une dimension symbolique différente selon la culture où il prend place. La logique des choses (pluraliste) brouille heureusement les choses de la logique (ici, simpliste), mais celle-ci nous aidera à mieux comprendre celle-là. Un pense-bête comparatif, répétons-le, est une aide et non un substitut à l'intelligence des situations concrètes.

	« Technique »	« Culture »
CONCERNE	**Les choses** (systèmes d'objets)	**Les gens** (systèmes de comportements)
DANS LE TEMPS HISTORIQUE	**Variabilité forte** « ça bouge tout le temps ! »	**Variabilité faible** « c'est toujours pareil ! »
DANS L'ESPACE GÉOGRAPHIQUE	**Forte uniformité** « partout idem ! »	**Forte diversité** « quel dépaysement ! »
MARCHE	**À l'innovation** dynamique	**À la répétition** statique
IDÉAL FONCTIONNEL	**La compatibilité** ou le standard (modèle, pièce, échange...)	**L'incompatibilité** ou le réfractaire (idiosyncrasies, autochtonies...)
IDÉAL PRATIQUE	**La globalisation** « abattre les vieilles barrières » temps fléché	**La démarcation** « notre exception culturelle » temps intériorisé
COULEUR POLITIQUE	**Progressiste** (l'Encyclopédie, les Lumières, le cosmopolitisme) penche à gauche	**Conservatrice** (nationalisme, traditionalisme, ethnicisme) penche à droite
ASSOCIÉ À DES VALEURS	**rationalistes** d'ouverture, transparence, vitesse, communication, circulation...	**romantiques** de secret, d'intensité, d'ineffable, d'originalité...

Observation : telle était, à peu près, la grille des XIXe et XXe siècles. Si « les voies du changement ont elles-mêmes changé » (Bruno Latour), il se peut que le XXIe siècle intervertisse les cases de gauche et de droite. Nous passerions alors d'un monde où accélérer les innovations, facteurs supposés de paix et d'harmonisation, était bon en soi (et « progressiste ») à un monde où faire cœxister les incommensurables et se croiser les différences sera jugé meilleur (et « progressiste »).

La première objection qui vient à l'esprit, devant un vis-à-vis de cette sorte, est qu'on ne peut identifier technique et universel d'une part, culture et local d'autre part. C'est une évidence, aujourd'hui plus que jamais, que les idées voyagent partout, comme les formes et les goûts. Personne n'est rivé comme une plante à son terreau, ni enfermé dans sa lignée, et la mobilité générale a singulièrement accru les chances du syncrétisme et des fécondations interculturelles. Le catholicisme romain est à présent plus africain et latino qu'européen ; il y a des monastères bouddhistes en Occident (de plus en plus) et des Occidentaux dans les ashrams hindous (de plus en plus). Des ceps de Bordeaux poussent en Californie et le Taï-chi se pratique dans le square d'à-côté. Toutes les musiques du monde se mélangent dans nos bacs à disques. Les flux migratoires et les télécoms non seulement modifient la composition des rameaux culturels (le transport transforme, le milieu imprègne) mais permettent toutes sortes de boutures, hybridations et résurgences.

Nous verrons en effet qu'il existe bien une nouvelle donne à cet égard. Cependant, même si les industries culturelles fabriquent et vendent directement des contenus de conscience ou des sensations fortes partageables et reproductibles aux quatre coins de la planète, en faisant fi des singularités locales, la « mondialisation culturelle » ne peut en aucun cas se réduire, malgré les apparences, à ce mouvement d'uniformisation via des échanges accrus (voir chap. 6). Une distinction catégoriale entre les deux ordres, toute abstraite qu'elle soit, se révélera utile pour évaluer les tensions d'aujourd'hui, et surtout de demain.

La preuve par l'art

Un médiologue se sent une affinité toute particulière avec les choses de l'art, pour la raison qu'elles mettent à la fête culturelle les médiations techniques. Par nature, l'art est bricolage. Il tend vers l'objet, et aime la bricole (les chaussures de Van Gogh, les pichets de Chardin). Spontanément hylémorphique, fondant le suprasensible dans le sensible (Hegel), extériorisant l'intérieur (l'émotion, le sentiment du créateur) ou intériorisant l'extérieur (l'âme d'un paysage, la mélancolie d'une cafetière), il est bien placé pour éprouver l'arbitraire des démarcations idéalistes (âme/corps, sujet/objet, forme/matière, etc.). C'est le domaine où le partage médium/message ou technique/symbolique est le plus incertain (la gravure sur cuivre est un médium technique, une gravure de Dürer est un message esthétique). Ici, le trait d'union reste un casse-tête après avoir été pour le plasticien, l'animal technicien par excellence, brimé pendant des siècles par les arts du langage, une douleur.

Nous tenons aujourd'hui pour une évidence que s'il n'y a pas d'art sans métier, l'activité artistique est irréductible à une opération mécanique (et notamment, ajoute-t-on parfois, aux techniques industrielles, destructrices d'aura). Il y a œuvre d'art (chez le violoniste comme le dessinateur) quand l'instrument est oublié, dépassé, quasiment escamoté par le geste inspiré, imprévisible, venu des tréfonds d'une nature ou d'un tempérament. On dira alors qu'il y a loin de la facture au style. Que la technique est intéressée, qu'elle vise à l'utile, alors que l'art est gratuit, et sa finalité, sans fin pratique. Ou encore, que la technique est stéréotypée et anonyme (la manufacture, l'usine), quand l'art est original et singulier, etc. Ces oppositions rebattues ont fait loi tout au long des temps d'académie, mais à l'époque de la musique techno et du techno-art (aussi suspect aux moralistes de l'art que la technoscience aux puristes de la science), elles ont fini par faire long feu. Et pour cause, si l'art contemporain peut se définir comme celui qui assume sa technicité, mieux, qui l'exhibe (même au cinéma, art réaliste s'il en est, l'effet de machine s'affiche désormais sans complexe, par-dessus l'effet de réalité).

Le rapport de l'esprit à la main a longtemps été occulté, réprimé ou expulsé comme servitude plus ou moins dégradante, notamment par la philosophie de l'art. On peut dire que l'esthétique comme genre est née de cette dénégation même. Le médiologue est l'ami des artistes, et l'adversaire des esthéticiens (kantiens en particulier). En effet, dans les arts plastiques comme en poésie (là où le mot, disait Hugo, « est la chair de l'idée »), tout ce qui touche aux matériaux, formats, couleurs, supports, cadres, espacements, lieux, etc., n'est pas en aval mais en amont de l'idée. « L'intendance » précède, car *le message est indétachable du médium.* Il fait corps avec l'œuvre – alors que le code, dans la langue, est détachable de l'énoncé, et le sens littéral d'un énoncé, de son énonciation. C'est l'inverse en art, où l'énoncé est enchâssé dans ses conditions d'énonciation, comme le sens d'un vers dans son rythme et ses assonances, ou celui d'un tableau dans ses couleurs et proportions. Telle est, plus largement, la différence entre l'image et le texte. Le sens d'un texte est indépendant du papier et des lettres utilisées ; il ne se dégrade pas à la reproduction ; mais la qualité d'une image change avec son support, et « perd » à chaque génération : « La Joconde », original sur toile, est une autre image que « La Joconde » sur carte postale, alors qu'Anna Karénine en livre de poche reste Anna Karénine. Rien d'étonnant que les poètes et les plasticiens ont été et demeurent, sur le mode intuitif, les pionniers de la sensibilité médiologique (qui court-circuite les hiérarchies et coupe à travers champs) ; et le précurseur de la méthode, sur le mode réflexif, un philosophe historien, se tenant au plus près des matérialités évolutives de l'art, Walter Benjamin.

Faut-il rappeler que l'art a été porté par les Grecs sur nos fonts baptismaux sous le nom très modeste de *techné* (qu'a traduit le latin *« ars »*) ? Pour un contemporain de Phidias, l'expression de « techno-art » serait un pléonasme. Nulle transgression, nul dérèglement. Pas un honneur, certes, mais pas un déshonneur non plus : un statut non infâme, mais moyen. L'artiste est un manuel, un artisan qui travaille un matériau avec des outils, disons un artisan supérieur (il peut signer, ou plutôt estampiller sa production, tel le potier ou le céramiste). Platon met peintres et sculpteurs au sixième rang dans la Cité, avec les poètes, avant les artisans, ouvriers et artisans qui sont au septième. Aristote les met au niveau des médecins et des architectes. Ce sont des professionnels parmi d'autres (étant bien entendu, dira Plutarque, qu' « aucun homme libre n'accepterait d'être sculpteur »). La diététique, l'équitation, la médecine, la décoration scénique sont des *techné* – métiers supposant un talent particulier et qui se transmettent par un apprentissage spécialisé. C'est dire que notre définition de l'art, le *beau fait exprès,* n'a pas de répondant dans la Grèce archaïque et classique (sur les neuf Muses, aucune pour ce que nous nommons beaux-arts). Parler d' « art grec » relève de l'extrapolation naïve, projection rétroactive d'une catégorie moderne (par ceci qu'elle suppose séparées les fonctions religieuse, politique et esthétique) sur une civilisation où elle n'était pas pensable[1]. La même observation, *a fortiori*, valant pour l'« art » préhistorique, scythe, byzantin, médiéval, etc. Les « ymagiers » du XIIe siècle partagent le statut des chapeliers, teinturiers et vitriers. Les formes que nous disons « artistiques » parce que nous les détachons de leurs fonctions originaires s'inscrivaient en sous-traitance dans des pratiques religieuses ou cultuelles (l'icône est un support de dévotion, comme interface entre le fidèle et le devin), civique (la statuaire), monétaire (la numismatique), domestique (le céramique). Rien n'est moins médiologique (ni plus controuvé, historiquement) que l'idée d'Art éternel sommeillant au fond de l'homme, sous-jacent à toutes les cultures, et affleurant ici ou là, de loin en loin, identique à lui-même (sauf à confondre l'extase religieuse et le ravissement esthétique). De même encore l'idée, déjà plus vraisemblable, d'une trajectoire parabolique – où les grottes ornées du Paléolithique marqueraient le point de départ, l'âge moderne, l'acmé ou la maturité, la sénescence ou la retombée, notre « n'importe quoi » postmoderne – doit-elle être révoquée en doute.

L'émergence de la notion d'art est solidaire d'une configuration médiologique de transmission faite simultanément, et solidairement, d'un ensemble de *représentations* et d'un ensemble d'*institutions*. Système où les mots et les lieux se relaient les uns les autres. On ne produit pas d'art sans produire des *outils de codification* (soit des savoirs critiques autonomes, manuels, traités, histoire, biographies d'artistes) et des *outils de capitalisation* (soit des lieux autonomes de conservation, collections et musées). Le musée, comme fabrique de visibilité, étant à l'Art ce que la Bibliothèque, fabrique de lisibilité, est à la culture du livre : plus qu'un entrepôt de traces, le lieu alchimique où la vision relance la création, comme la lecture, l'écriture. Le savoir transmissible s'enchaîne à la construction en -*thèque* (pinaco, glypto, cinéma, et à présent vidéothèque), comme le montre encore aujourd'hui la promotion en art de la bande dessinée, ou de la télévision en culture (la recherche théorique sur l'audiovisuel, fonction des moyens de consultation et de stockage,

1. On se reportera ici à Régis Debray, *Vie et mort de l'image, une histoire du regard en Occident*, chap. VI : « Anatomie d'un fantôme : l'art antique », Éd. Gallimard, « Folio », 1993, p. 261.

prenant son plein essor avec la création d'institutions idoines). Cette conjonction de facteurs, aléatoire et rare, a commencé de s'esquisser à l'époque hellénistique et romaine, avant de tourner court avec l'avènement du christianisme[1]. Elle s'est opérée au grand jour en Occident (Italie centrale) pour coaguler au Quattrocento (naissance simultanée de la signature personnelle, du paysage, de l'autoportrait, de la biographie d'artiste, collections, académies d'art, etc.). Elle trouve au XIVe siècle une préfiguration emblématique dans la rencontre du fresquiste Giotto, célébré et recherché par ses contemporains, du poète Pétrarque, collectionneur de livres et de tableaux, et du critique Cennino Cennini, l'auteur du premier traité technique sur la peinture. C'est alors que débute la laborieuse libération du labeur manuel, par la libéralisation de l'artisan (qui avait incorporé le mépris du manuel) ; que l'art, et d'abord l'artiste, ont, pour s'anoblir, changé d'élément. La peinture devenant « cosa mentale » – passant du statut d'art « mécanique » à celui d'art « libéral » (comme les arts du langage) ; et le peintre, quittant la *corporation* des métiers manuels, pour les prestiges michelangelesques de l'*Académie* (1562, Florence l'Academia del Disegno ; 1648, Paris, Académie royale de peinture et de sculpture)[2].

L'esthétique, qui naît comme discipline au XVIIIe siècle, parachève ce mouvement de sublimation, au prix d'un méthodique effacement de tout ce qui relie la création à la fabrication – poussé à la caricature par Kant dans sa *Critique du jugement*, dont l'intellectualisme exclut toute allusion tant à la forme qu'aux matériaux des objets du jugement de goût. Les religions romantiques du Beau (vocation, révélation, génialité maudite et asociale) ont continué d'enfouir le matériel de l'art sous son spirituel. Comme l'objet livre a été l'impensé de la théorie littéraire, l'objet d'art, dans sa matérialité, a été l'impensé des esthétiques classiques (celle de Hegel méritant une place à part). Or, quiconque ouvre la cachette des médiations ne peut pas ne pas voir que c'est

1. Sur la question très discutée de cette « première naissance de l'art », on se reportera à « Naissances de l'art » de Michel Costantini, in *EIDOS,* 1996, *Bulletin international de sémiotique de l'image.*

2. Lire, de Nathalie Heinich, *Du peintre à l'artiste. Artisans et académiciens à l'âge classique,* Éditions de Minuit, 1993.

en fuyant la dimension objectale et matérielle que l'Art va finalement aboutir à se définir par elle, avec une mauvaise foi très sûre. Par quel détour ? L'œuvre d'art, nous dit-on, vaut par son originalité, laquelle a deux critères : l'unicité et l'authenticité. Sa qualité propre tient à ce qu'elle n'est pas quantité – comme le produit de série, banalement industriel. C'est ce qui fait sa valeur marchande. Autant dire que la quantité est le critère ultime du qualitatif, et que « la qualité d'œuvre d'art est indépendante de la qualité de l'œuvre d'art » (Michel Melot). C'est le bien rare que l'on achète, ou plutôt que *j*'achète (le tableau de chevalet se destine à l'appropriation privée). A l'heure de la « reproduction technique » (dès le milieu du XVIIIe siècle), on va alors procéder à une raréfaction artificielle des multiples, visant celle des acquéreurs potentiels (tirage limité pour l'estampe en 1860, limitation à sept des sculptures originales, bolduc en tapisserie, et maintenant, le vintage et l'épreuve signée en photographie). Les critères censitaires du marché déterminent en amont la rareté de l'objet[1]. La production sociale de l'artiste, comme être d'exception échappant à la condition commune, s'avère inséparable des modalités techniques de production de l'objet d'art, comme chose singulière échappant à l'utilité – modalités répondant aux règles de sélection sociale du marché (= le milieu fait le médium qui fait l'énonciateur, ou l'artiste, lequel fait lui-même partie du milieu qui, etc.). L'objet d'art peut être qualifié d'objet de mauvaise foi. Il n'est pas ce qu'il est (désintéressé, fin en soi, gracieux) et il est ce qu'il n'est pas (homogène au marché, objet de transaction et moyen de mise en valeur). Et quand Marcel Duchamp, avec son urinoir, veut défier l'académisme de l'unicité, il prend certes un objet de série, mais sans oublier de lui conférer l'unicité symbolique en personnalisant l'envoi sous la signature « R. Mutt » (raison pour laquelle il n'a pas été exclu mais simplement refusé par le Salon de Philadelphie). La loi du milieu était formellement respectée. Telle était sans doute la malice : démontrer que la valeur d'objet d'art n'est pas dans l'objet mais dans la signature qui lui confère ce que Benjamin appelait sa « valeur d'exposition »

1. Michel Melot, « La notion d'originalité et son importance dans la définition des objets d'art », in *Sociologie de l'art* (sous la direction de Raymonde Moulin), La Documentation française, 1986.

(l'argument esthétique n'étant qu'un paravent). D'autres, comme Michel Melot, ont pu voir dans le geste fameux de 1913 une vaccination prémonitoire du monde de l'art contre l'épidémie à venir des objets de série.

Les enfants de Marcel Duchamp – lignée prolifique s'il en fût (l'homme avait la vue perçante) – ont continué de retourner les cartes. L'« art contemporain » travaille sur la matérialité même de l'œuvre, la toile (Fontana), le volume (Stella), le châssis (support-surface). Il met les tripes à l'air. Il n'a plus honte de ses médiations, et les affiche. Il se fait gloire de ses accessoires – tel le gratte-ciel qui « sort » son ascenseur en façade, panoramique et transparent, au lieu de l'enfermer dans sa cage. La machine guide, voire remplace ouvertement la main. Médiations techniques, d'abord : les nouveaux matériaux, il les compresse, étire, ironise, mélange, panache, « installe ». Médiations institutionnelles, ensuite : le centre d'art contemporain (CAC), le FRAC, la commande publique, la revue, la critique, la galerie, le conservateur, le « curator », tous ces relais qui font le « milieu » ou le « paysage » de l'art deviennent plus que des faire-valoir, les ressorts de sa production. Il les montre du doigt, les provoque, s'en gausse mais s'en sert, sans complexe. Avec la création contemporaine, les « périphéries » de l'art deviennent son centre de gravité. L'accompagnement muséal, médiatique ou marchand – la partition elle-même. Le Musée n'expose pas. Il ne consacre plus : il fait exister (des formats géants, des installations, des environnements faits pour et finalement par lui). C'est le triomphe de l'enveloppe sur la lettre. Plus l'art est en crise, plus les musées prospèrent. A la limite, c'est le musée qui devient l'œuvre d'art (Gerhy à Bilbao), c'est lui qu'on visite, et non ce qu'il enchâsse. Le Musée *est* l'art[1]. Il avale usines, hôpitaux, docks, gares, entrepôts (le CAPC de Bordeaux, Le Reina Sofia à Madrid, etc.), mais aussi les fagots de Muz, les chevaux vivants de Kounellis, la merde en boîte de Manzoni, le Spiral Jetty de Smithson – tout ce qui entendait échapper au musée pour rejoindre la vie. Mais las, l'institution cannibalise jusqu'à ses cannibales. Le *off* devient le *in* du *in*, et l'*ex situ*, lieu commun. On peut lire l'histoire de l'art

1. Catherine Millet, « L'art moderne est un musée » Art Press, n° 82, juin 1984.

contemporain, depuis Duchamp, comme une *course-poursuite tragi-comique entre le message et son médium.* L'œuvre fait des pieds et des mains pour sortir du cadre (au sens propre et figuré), se nier comme œuvre (dans le désœuvrement du *conceptuel*, du *corporel*, ou l'*arte povera*), descendre dans la rue, se fondre dans les flux *(fluxus)* – bref échapper à la mise en boîte esthétique, « asphyxiante culture ». L'artiste se nie comme artiste en s'affirmant même, suprême sacrilège, non plus pasticheur ou détourneur, mais carrément plagiaire – on dit : « appropriationniste » (Sherrie Levine copie Schiele, Sturtevant, Jasper Johns). En vain : les médiations le rattrapent au tournant. *Challenge and response.* L'art brut est finalement coté, catalogué, exposé, vitrifié, retiré de la circulation. Entre la profanation (le trivial) et la sacralisation (la vitrine), la dissémination (la vie) et la concentration (la collection), la radicalité et la promo, s'opère une suite d'aller-retour où le dernier mot restera au Médium, qui fait de toute anti-culture, culture, et du crachat, une eau bénite. Le Musée, vainqueur aux points. *The show must go on.*

L'art contemporain, ou *la subversion subvertie par ses médias*, *même.* Là où les boudeurs voient une capitulation et les intégrés une *success-story* – soit le glissement, dans les plans de carrière, d'une logique de rébellion à une logique d'adaptation, d'une morale du risque (l'artiste suicidaire, à la de Staël) à une gestion d'entreprise (l'artiste *business-man*, à la Christo) –, le médiologue verra plutôt un banal effet de milieu. Les moyens de la visibilité, tant matériels qu'institutionnels, deviennent ce qui est à regarder ? Cette provocation continuée force à la réflexion, en révélant par l'outrance (l'invention plastique radiographie le *Zeitgeist*) le retournement fond/forme de l'époque. Nous prévenant ainsi, CQFD, contre deux illusions de la suffisance idéaliste : supposer que notre rapport au milieu ambiant puisse opérer seulement en extériorité (comme si le milieu n'était qu'un environnement) ; et supposer que notre rapport au médium puisse être de simple manipulation (comme si le médium n'était qu'un moyen quelconque).

Chapitre III - « Ceci tuera cela »

L'OBJET : DES RAPPORTS, NON DES OBJETS

Entre ceci et cela : les ouvertures de compas (du vélo au bon Dieu)

La médiologie ne concerne *pas un domaine d'objets mais un domaine de relations*. Ce point est capital. Pris en eux-mêmes, les médias, au sens large ou étroit, ne l'intéressent pas ès qualités ; et pas plus qu'on ne fait de l'histoire symbolique en retraçant l'historique d'un symbole (le drapeau tricolore ou Liberté-Égalité-Fraternité), on ne fait œuvre de médiologue en recomposant la trajectoire de l'écriture, du livre ou de la télévision. Ces enquêtes « en interne » sont indispensables, mais encore hors domaine. On sort déjà des préliminaires quand on dégage les valeurs symboliques attachées à tel ou tel « récipient » (le *codex*, temple de la Parole, image de la Maison, achèvement et fixité) ou support (le mésopotamien qui écrit sur l'argile répète un geste divin lié à la Genèse). On deviendra un médiologue de plein exercice en interfaçant l'interne et l'externe, lorsqu'on reliera positivement un ceci, « matériel », et un cela, « spirituel ». C'est pourquoi le chapitre II du Livre Cinquième de *Notre-Dame de Paris* a, pour notre propos, valeur d'emblème. Sa thèse (« Le livre tuera l'édifice », doublée d'une deuxième, « L'imprimerie tuera le sacerdoce ») a été mille fois réfutée par plus malin, plus instruit, plus rigoureux, mieux documenté que Victor Hugo. Aussi savons-nous tous que ceci n'a pas tué cela, que l'imprimerie n'a pas anéanti l'architecture, qui refleurit comme jamais sous nos yeux, et que la presse n'a pas tué l'Église, qui fête avec pompe le Jubilé. Reste que l'archidiacre Frollo, à qui le poète prête ces réflexions (en 1476, à Paris), mérite une statue indéboulonnable dans notre Panthéon (entre Platon et Walter Benjamin). La rêverie hugolienne, solidement étayée, reste *méthodiquement géniale*, bien au-delà des formules et des virages sur l'aile (et malgré les apparences, les événements intervenus depuis n'infirment nullement l'idée centrale). L'enquête médiologique, on s'en doute, a accouché d'effets-retour (de l'outil sur l'outillé) moins rudimentaires que la relation biunivoque imaginée par un clerc gothique inquiet et méditant sur l'avenir des cathédrales, un incunable tout frais en main. Le « ceci tuera cela », tout décrié qu'il soit, demeure néanmoins le paradigme du tableau à double entrée, où *ceci*, en abscisse, désigne une machine ou un médium, et *cela*, en ordonnée, un trait culturel ou une institution. Le *ceci* est généralement en bas de l'échelle des valeurs, et le *cela* en haut. Le *ceci* sert de médiation à *cela*, qui s'offre pourtant au regard comme sans rapport avec *cela*, – car ils ne sont pas du même monde (la papauté et la papeterie). A peine s'ils ont entendu parler l'un de l'autre. Où se croiseraient-ils ? L'ingénieur et le professeur ? Conservatoire des Arts et métiers et École des Hautes Études ? L'interface n'est jamais donnée, elle est chaque fois à *construire* par l'observation, en dépit des convenances et des vraisemblances. L'émule de Frollo aurait tort de postuler à l'Académie. Il a pris le parti d'ignorer l'ordre protocolaire et les plans de table. La politesse des partitions ou le tableau des facultés. Il fait de mauvais esprit système, comme quiconque, mis en présence d'un énoncé, éblouissant ou rassurant, se demande aussitôt quel rapport existe entre ce qui est dit, la façon de le dire et qui tient à le dire. Plus une œuvre, plus une institution affichent un caractère d'immédiateté et d'évidence, mieux ils s'imposent à nous et nous en imposent. C'est alors que le soupçon s'impose (Walter Benjamin : « dans le monde du film, la réalité n'apparaît dépouillée des appareils que par le plus grand des artifices... »). Plus contraignantes les médiations, plus hautaine l'immédiateté. Faire apparaître des médiations, côté « technique », là où on n'en voit pas ou plus, côté « culture », sera donc le premier moment de la démarche, parfois déconcertant ou scandaleux.

« Je ne crois pas aux choses, disait Braque, je ne crois qu'en leurs relations. » C'est bien le propos ici : établir des corrélations entre nos « fonctions sociales supérieures » (science, religion, art,

Nos lectrices nous pardonneront de nous arrêter un moment pour chercher quelle pouvait être la pensée qui se dérobait sous ces paroles énigmatiques de l'archidiacre : Ceci tuera cela. Le Livre tuera l'édifice.

A notre sens, cette pensée avait deux faces. C'était d'abord une pensée de prêtre. C'était l'effroi du sacerdoce devant un agent nouveau, l'imprimerie. C'était l'épouvante et l'éblouissement de l'homme du sanctuaire devant la presse lumineuse de Gutenterg. C'était la chaire et le manuscrit, la parole parlée et la parole écrite, s'alarmant de la parole imprimée ; quelque chose de pareil à la stupeur d'un passereau qui verrait l'ange Légion ouvrir ses six millions d'ailes. C'était le cri du prophète qui entend déjà bruire et fourmiller l'humanité émancipée, qui voit dans l'avenir l'intelligence saper la foi, l'opinion détrôner la croyance, le monde secouer Rome. Pronostic du philosophe qui voit la pensée humaine, volatilisée par la presse, s'évaporer du récipient théocratique. Terreur du soldat qui examine le bélier d'airain et qui dit : « La tour croulera. » Cela signifiait qu'une puissance allait succéder à une autre puissance. Cela voulait dire : La presse tuera l'Église.

Mais sous cette pensée, la première et la plus simple sans doute, il y en avait à notre avis une autre, plus neuve, un corollaire de la première moins facile à apercevoir et plus facile à contester, une vue, tout aussi philosophique, non plus du prêtre seulement, mais du savant et de l'artiste. C'était pressentiment que la pensée humaine en changeant de forme allait changer de mode d'expression, que l'idée capitale de chaque génération ne s'écrirait plus avec la même matière et de la même façon, que le livre de pierre, si solide et si durable, allait faire place au livre de papier, plus solide et plus durable encore. Sous ce rapport, la vague formule de l'archidiacre avait un second sens ; elle signifiait qu'un art allait détrôner un autre art. Elle voulait dire : « L'imprimerie tuera l'architecture. »

(Victor HUGO, « Ceci tuera cela », Notre-Dame de Paris 1831.)

idéologie, politique) et nos procédés de mémorisation, représentation et déplacement. Explorer les intersections entre « le noble » et « le trivial » – ce qui se traduit souvent par : raccorder un macro- à un microphénomène, quitte à dévaler l'échelle (petites causes, grands effets). Le nez de Cléopatre a de nombreuses déclinaisons. Ainsi peut-on aller d'une rive à l'autre, de la gravure sur cuivre, au XVe siècle, à l'émergence des sciences naturelles d'observation (botanique, minéralogie, etc.). Du système de la casse, au XVIe siècle, dans les ateliers d'imprimerie (où les graveurs de poinçons suppriment les ligatures entre les lettres pour normaliser et accélérer le travail de composition), aux procédures et à l'esprit d'analyse comme nouvelle norme de raison. De la page de garde du texte imprimé à la naissance de l'auteur, comme sujet d'attribution unique d'une œuvre originale. De la trouvaille typographique du tiret, au XVIIIe, permettant l'emploi du style direct sans avoir à hiérarchiser les interlocuteurs, à l'essor de la forme « roman ». Du télégraphe électrique, au XIXe, à la naissance du fait divers, ou encore de la télégraphie sans fil au grand reportage comme genre littéraire autonome. Du satellite d'observation, qui répand l'image de la petite boule isolée dans le système solaire, la Terre, à l'expansion écologiste (ou le passage d'une science ésotérique à une idéologie vulgarisée).

Pour sortir de l'illustration ponctuelle, disons, plus généralement, qu'il s'agit d'évaluer l'impact des nouvelles techniques sur les sociétés humaines. Cet impact n'est pas une action simple et unilatérale. Il donne lieu chaque fois à une transaction (ceci *négocie* avec cela). Aussi préférons-nous parler d'*interactions* (complexes). C'est pourquoi notre champ d'études a deux portes d'entrée : par les effets symboliques des techniques *(bottom-up)*, ou par les conditions techniques du symbolique *(top-down)*. Soit on piste les effets liés à un nouveau procédé – l'écriture, l'imprimerie, la télévision ou à présent le digital. Maints anthropologues et historiens s'y sont exercés – en procédant de « bas » en « haut ». Soit on exhume les conditionnements sociotechniques d'une émergence culturelle ou spirituelle. On procédera alors de « haut » en « bas ».

Quand Balzac, au début des *Illusions perdues*, retrace le chemin qui va aller de la pâte de bois à la démocratie d'opinion (avec le papier de chiffon, pas de manuels scolaires ni de journaux à fort tirage), ou quand Lefebvre des Nouettes, historien, relie le remplacement du collier de gorge par le collier d'épaule sur le cheval de trait à la disparition de l'esclavage dans l'Europe médiévale (moins besoin de main-d'œuvre servile dans les champs à partir du XIe siècle), ils procèdent *bottom-up*. Les médiologues ont illustré et systématisé cette démarche en prenant pour objet « le vélo, entre culture et technique » (Catherine Bertho-Lavenir). Vu de prés, ce drôle d'objet, sans cesse recyclé, ne révèle pas seulement « la complexité du simple » (Monique Sicard) – pourquoi la bicyclette fut-elle inventée après et non avant le chemin de fer ? Il a aussi participé à l'essor du féminisme, de l'art cinétique, du tourisme. Il a individualisé les conquêtes démocratiques. Il a fait naître, comme le dit Pierre Sansot, un nouveau « patriotisme géographique » (le Tour de France). Comment une aussi modeste machine, la petite reine, a-t-elle pu servir ainsi de révélateur social et d'accélérateur politique ?[1]

Autre cas de figure : l'examen des « pouvoirs du papier ». Le papier échappe au regard. Il est partout. « Comme Dieu dans la Création ou l'auteur dans un roman de Flaubert ». Cette matière à la fois diffuse et invisible est « la matière même des monuments de mémoire sur lesquels reposent la langue et la nation » (Pierre-Marc de Biasi). On croyait son temps fini, à l'âge du silicium. Il resurgit de plus belle. Ce n'est pas seulement un médium de secours, mais « l'interface par excellence entre la puissance, la vitesse, la mémoire presque infinie des machines informatiques et la fragilité, la lenteur, les facultés d'oubli des hommes » (Marc Guillaume). Papier-mémoire, papier-croyance, papier-pouvoir, papier-art : comment un matériau aussi « anodin » peut-il remplir des fonctions de médiation culturelle et politique aussi décisives[2] ?

Risquons-nous maintenant à illustrer le chemin inverse *top-down*, avec Dieu le Père (l'étude du milieu et du médium ne doit pas empêcher de penser aux extrêmes, selon le conseil machiavélien). On résumera ici très schématiquement (outrageusement) une réflexion plus fouillée (à paraître dans un prochain *Cahiers de médiologie*). Dans l'économie du spirituel, notre Dieu unique et personnel est une « trouvaille » dont personne ne saurait minimiser les incidences, ni la noblesse. La trouvaille fut tardive. Le Créateur du ciel et de la Terre n'est rien moins qu'un point de départ, et on ne saurait voir en lui le plus petit dénominateur commun des croyances religieuses de l'humanité. L'Éternel est un sujet très jeune, qui n'a guère plus que trois mille ans d'âge. Le Très-Haut continue de trôner au sommet des croyances symboliques, et ses abords sont réservés au théologien, au métaphysicien, à l'historien des religions. Le médiologue peut ajouter son mot à ces acquis considérables, sans remettre en cause, loin s'en faut,

1. Les *Cahiers de médiologie*, n° 5, coordonné par Catherine Bertho-Lavenir, répond à la question ; Éd. Gallimard.

2. Les prodigieux enjeux du support sont examinés par les *Cahiers de médiologie*, n° 4, coordinateurs : Pierre-Marc de Biasi et Marc Guillaume.

leur validité. Comment ? En se tournant vers la logistique du monothéisme, cette prodigieuse échappée que fut la « naissance de Dieu ».

Le « miracle juif » (comme on dit le miracle grec) : on s'en émerveille, quand on croit au surnaturel. On s'en étonne, quand on n'a que sa raison et qu'on cherche à comprendre. On peut, certes, refuser de rendre raison et penser que l'Infini outrepassant l'entendement, Dieu s'explique par une intervention divine dans le cours de l'histoire, point final – c'est la tautologie du croyant. Mais encore faudrait-il s'expliquer pourquoi le surnaturel se manifeste à ce moment-là (VIIIe siècle av. J.-C.), le moment où s'invente l'écriture, et non, disons, au début du néolithique ; et pourquoi dans cette zone (le bassin mésopotamien et les déserts proche-orientaux), et non au bord du Yang-Tsé ou du grand Rift africain. Certes, l'Absolu n'étant par définition relatif qu'à lui-même, s'interroger sur les variations concomitantes de la Révélation, extérieures à elle, a quelque chose d'odieusement profanateur. D'autant qu'il s'agit du Dieu de Moïse, sans image et par essence extérieur au monde sensible – le contraire, donc, d'une idole païenne. Or tel est le pari de l'étonnement rationaliste : rien ne doit ni ne peut échapper à la description, même l'Indescriptible. Un médiologue ajoute : « Rien n'est immédiat, ni donné. Tout est *devenu.* » Jésus n'était pas « Christ » naturellement ni immédiatement. Fils de Dieu, il l'est *devenu.* Par quelles médiations ? Le mouvement chrétien des Ier et IIe siècles n'était pas une religion. Il l'est *devenu* (le mot « christianismos » fut inventé par Ignace d'Antioche). Par quelles médiations ? Dieu n'est pas tombé du ciel sur le Sinaï, *motu proprio, ex nihilo,* sans rime ni raison. Les dieux, lourdes figures plastiques taillées dans le roc, images fixées au sol sous forme de statues, d'autels ou d'acropoles, qui contraignent à l'arrêt, en un lieu stable, et retiennent de partir, sont *devenus* une Personne unique accessible de partout, l'en-tous-lieux universel, l'ami du déporté et l'aubaine du nomade. Par quelles médiations ?

Par la rencontre improbable (là est le « miracle ») d'un procédé mnémotechnique, la notation consonantique, et d'un mode de déplacement, l'itinérance grand-pastorale en milieu désertique. L'Alliance du cunéiforme et du camélidé – embardée déflagrante, pas de côté inattendu – a engendré cette suprême abstraction, l'Eternel.

L'écriture est pourtant liée à l'agriculture, et donc à la sédentarisation. Elle apparaît dans les premiers Empires hydrauliques, occupant les vallées fertiles (Euphrate, Tigre, Nil) favorables à l'irrigation. On l'utilise à des fins cardinales (quadriller le territoire) et calendaires (se repérer dans le temps). C'est un procédé d'enregistrement de biens rendu nécessaire par la levée des tributs, la notation des crues, le décomptage des stocks de grain, le dénombrement du butin, aussi bien que par la prévision astronomique et le racontage généalogique. La symbolisation graphique, répondant à un besoin de mise en ordre et de rangement (d'un trop-plein de choses), fait partie des techniques de compactage. Ses supports sont au départ lourds et volumineux : briques et tablettes d'argile. L'apparition du support végétal permet de réduire l'encombrement de ces réservoirs de traces. L'alliage du papyrus et de l'alphabet incite à une croissante miniaturisation du monde par *abréviation*. Le Dieu personnel unique – dont on remarquera qu'il a toujours été étranger aux civilisations orales – s'inscrit dans cette dynamique d'allégement du sensible. Voyons-y l'intersection optimale entre deux mouvements de sens contraire, matérialisant, l'un, le symbolique et symbolisant, l'autre, le matériel. Tendance miniaturisante et allégeante, partout à l'œuvre, qui concerne l'objet comme le signe. L'ingénierie spirituelle en a tiré parti aussi bien que l'invention pécuniaire (où l'on est passé du *pécus*, le bétail, au métal, puis à la monnaie, au papier-monnaie, au jeu d'écriture, etc.), comme le montre sur la durée l'économie du sacrifice religieux (l'homme remplacé par l'animal vivant, ce dernier par sa statue, la statue par l'effigie, le modèle réduit par le signe, etc.) ou encore le repas totémique (la chair et le sang du Christ compactés dans une lamelle de pain azyme et une gorgée de vin). Le Dieu graphique dématérialisé dans le caractère d'alphabet est une magnifique abréviation du Panthéon, abstraction mobile et mobilière susceptible d'occuper la Terre par perte de volume : en se réduisant à trois fois rien (un rouleau de papyrus dans une armoire de bois, l'Arche sainte, transportable à dos d'âne et de chameau), ce Dieu pouvait devenir tout – portant à son comble la règle du « plus par le moins ».

Magnifique, et surtout commode. L'hyper-réduction graphique résout la quadrature du cercle, qui est d'échapper à l'idolâtrie sans tomber dans la négligence (le fait de ne pas lire, de ne pas recueillir ni relier – l'opposé du religieux). Ou d'abandonner ses lieux de mémoire sans perdre la mémoire. L'écriture réduit pour stocker, et condense pour conserver. Quand on veut conserver un corps, il faut en retirer l'eau. Le dessèchement du sensible (l'abstraction signifiante) le réduit à l'intelligible – qui peut s'entreposer, se garder et se déplacer. Le Dieu d'Abraham est du divin lyophilisé, ensaché en rouleaux fermés, mis en réserve dans un coffre. Theothèque compacte (comme on dit bibliothèque ou cinémathèque) médiatisée par un testament ou *diathêkè* (du grec *thêkè*, réceptacle ou armoire). Plus qu'une commodité de bagagerie, c'est une réassurance identitaire. Car un Dieu portatif permet de se déplacer sans se déboussoler, ou d'émigrer sans se perdre. L'Antiquité était un monde où celui qui était banni de sa Cité perdait ses dieux tutélaires, partant son identité, et sa sécurité. Car, citadins, nationaux ou impériaux, les dieux étaient du sol. Ils verrouillaient par le haut une appartenance et sacralisaient une enceinte. Quitter ses dieux-lares, ses tombes et ses urnes, c'était couper ses liens de filiation et de protection. Avec l'invention de l'arche mobile, le peuple juif a trouvé le moyen d'emmener sa mémoire partout où il va – l'Alliance ne sera pas rompue. On peut s'exiler en restant soudé (fonction unificatrice du dieu Un), parce qu'on a son « territoire » avec soi, matérialisé dans un texte « mort » mais que la lecture en assemblée, dans l'homélie, fait revivre rituellement. La fusion entre culte et lecture, permise par l'inscription de la Parole révélée, permet de surmonter la fatale malédiction de l'exode et de l'exil (Œdipe en meurt), en réunissant ces deux choses jusqu'alors incompatibles, mobilité et cardinalité. La décentration forcée n'est plus un désastre quand le Centre est un Texte. On peut naviguer dans l'espace avec son garde-corps sans se perdre dans le temps. Ou plutôt, on fait glisser la référence organisatrice de l'espace dans le temps, par un report de charge du géographique à l'historique. Ce n'est plus la localité d'origine qui est sainte, mais l'Histoire. Progrès considérable, qui suppose qu'on puisse coucher du long sur papyrus ce qui était jusqu'alors fiché en terre à la verticale, et linéariser l'épais éparpillé. C'est l'encrage, sécurisation des insécures, qui libère de l'ancrage, en substituant au périmètre de terre en dur un souple rouleau de signes.

Bien plus. L'écriture, cette homéopathie dessiccative qui va triompher de l'aride par l'aride, transforme le moment d'opprobre en fontaine de grâce, et l'arrachement en retrouvailles. C'est dans le Sinaï que la charte du monothéisme fut expédiée aux hébreux. Le désert originel, stigmate de punition après la sortie d'Eden, devient, via l'écriture, l'espace de vocation. Le peuple hébreu retrouve son Dieu à chaque exil au désert, – ce Dieu qui toujours préfère Abel le berger à son frére Caïn, le cultivateur. Moïse ou David, le Sauveur a figure de pasteur. Et il le perd à chaque fois qu'il s'arrête pour s'engluer en ville, siège de l'immobilière idolâtrie, avec l'autel et la statue *fixes*. Même s'il y a une constante dialectique entre le nomade et le sédentaire, l'homme de Dieu, de la promesse et de l'alliance, est l'homme du désert, et les athlètes chrétiens du désert, d'Orient et d'Occident, n'auront de cesse, à partir du IVe siècle, de reprendre cette marche ininterrompue, comme le feront, plus tard, en la transposant, cisterciens et chartreux. Qui « s'installe » dans le monde en perd ses charismes. D'où cette morale du cheminement opposée à l'enracinement, qui dramatise le pèlerinage, le grand Départ, la *montée* au Désert, la Croisade. *Homo viator*. « Dieu est un chemin à vivre » – interminable. Il n'est pas au bout du chemin, il est la marche. « Dieu est mon horizon, il n'est jamais ma proie » – dit un père dominicain. Et Huysmans intitule *En route* le récit de sa conversion. La circulation spiritualise, la spiritualité elle-même délocalise. Et « la palme du désert », au-dessus des trois clous de la croix et des chameaux, pérennise l'originaire mise en route qui fait le plein par le vide – le plus par le moins. Ce qui sépare répare. « Abraham ne cesse de changer de sandales » – et chaque déménagement est un ressourcement. Qui réduit le monothéisme à « une sublime trouvaille de l'esprit humain » fait bien peu de cas du corps, vraiment, le médium premier et baptismal, et des jambes, et des pieds. L'esprit, le pauvre, suit comme il peut, il s'adapte. Il s'invente vaille que vaille une foi, « réponse adaptative à un milieu ». Un sacré déshydraté et amovible fut la réponse trouvée par une tribu semi-nomade de caravaniers pillards, éleveurs de menu bétail, pour s'adapter à un milieu hostile, selon la loi du moindre effort qui préside aux inventions techniques – matérialisée ici par le signe d'alphabet, à encombrement minimal, son vrai signe d'élection. Maxime Rodinson a eu la bonne idée d'« observer Allah avec les pieds de Mahomet »[1]. *A fortiori* doit-on faire de même avec le premier du titre, Iahveh. On ne pourrait en faire autant avec l'idole païenne en pierre ou en bois, que les idolâtres ont inventées avec leurs mains, et qu'Abraham a détruit avec ses pieds. Différence des déserts absolutistes avec nos cités fétichistes d'Occident. « L'homme commence par les pieds », dit, et établit, le paléontologue[2]. Dieu aussi, pourrait dire, en complément, le médiologue, que les noces contre-nature du signe et du sable ne laisse pas d'émouvoir (la très modeste généalogie de Dieu n'altérant nullement sa grandeur métaphysique). Le désert sera un échec, il est vrai, mais de lui est sortie la moitié Jérusalem de notre culture – la moitié Athènes permettant, par bonheur, de faire rationnellement retour sur les mythes issus de Jérusalem[3]. L'idéalisme larmoyant sacrifie le réel à l'idée quand il veut nous convaincre, avec Lamartine, que « l'homme est un dieu tombé qui se souvient des cieux ». On reste plus près des données historiques en suggérant l'inverse : Dieu est un nomade exhaussé au Ciel qui se souvient de ses dunes.

Jeter l'Absolu dans le cratère des médiations ne condamne pas à l'y faire fondre. Un croyant, pour ainsi dire, peut le retrouver intact à la sortie. L'interaction peut du reste se répéter en aval, dans une typologie des différents visages qu'a pris ce Dieu unique dans notre civilisation, selon les sociétés qui en ont fait, tour à tour, leur médiateur central. Un Dieu de Toute-Puissance (le Dieu des Armées, le Roi des rois, le Très-Haut) est une bonne « réponse adaptative » pour faire face à un considérable déficit de puissance : plus on est faible (banni, traqué, minoritaire), plus on aura besoin de faire alliance avec un fort. Le Dieu de justice et de consolation renvoie sans doute à des communautés croyantes sécurisées, assurées de leur minimum vital, qui n'ont plus de vengeance à poursuivre ou de revanche à prendre. Quant au Dieu d'intimité et de tendresse, qu'on peut dire à présent le nôtre en Occident, c'est assurément un luxe de sédentaires bien à l'abri.

1. Maxime Rodinson, *Mahomet,* Le Seuil, 1968.

2. Leroi-Gourhan, *Le geste et la parole,* Éd. Albin Michel, 1964.

3. Car la ville l'a emporté, à la fin. Le retour à l'ordre fétichiste (le catholicisme) succède inévitablement à la folie du désert, ou l'Absolu par le vide. Dans l'Occident chrétien, les clercs ont eu raison des ermites, comme les ogives, des oasis. Cela n'est pas une autre histoire, mais la suite de la première.

Top-down : devant la sublimité « culturelle » – le Dieu de la Bible –, comme elle n'a que trop tendance à « planer » dans les hauteurs, on soulignera les facteurs « bassement » matériels. *Bottom-up* : devant le machin « technique » – le vélocipède –, comme on n'est que trop enclin à le rabaisser au niveau des accessoires, on braquera le projecteur sur ses amplifications esthétiques et politiques. Pondérations inverses, tactique délibérée, pour rétablir le juste équilibre des facteurs stratégiques. Et pour soigner l'arthrose disciplinaire en faisant travailler les articulations. Cette gymnastique est recommandée à quiconque entend déjouer aussi bien la superstition culturaliste (la culture commande seule) que la superstition techniciste (l'inverse). C'est dans cet esprit que nous avons essayé (dans *Vie et Mort de l'image*) de croiser une *histoire matérielle des images fabriquées* (gravure rupestre, fresque, peinture, photo, etc.) avec une *histoire religieuse du regard intérieur*. Celui-ci configure un milieu culturel qui dose et filtre, en interne, les propositions du milieu technique extérieur. (Rappelons-nous qu'en pleine vidéosphère, l'islamisme, seul mouvement de masses moderne dans ce cas, se passe de récits en images – ce qui aurait bien étonné Lénine ou Mussolini...).

Ce que l'étalonnage en abcisse (le trivial et le sublime) tend à dramatiser en termes de valeurs, peut aussi s'exposer en ordonnée, en termes de champ, par simple balayage optique. On distinguera plusieurs degrés dans l'ouverture de compas, selon l'écart séparant les domaines de réalité que l'enjambement médio vise à corréler. Plus ouvert sera l'angle, plus grand le risque (l'invérifiable), mais plus saisissant le résultat (et plus violent le plaisir de connaissance).

L'arc premier d'observation concerne *l'interaction intra-système*. C'est celui des études « serrées », ou spécialisées. Quel effet a eu, hier, dans la culture écrite, le mode de reproduction typographique sur l'organisation, l'attribution et l'indexation des textes ? Quel effet, aujourd'hui, le e-mail sur l'art épistolaire ? Quel effet, dans le monde des images fabriquées, l'apparition de la photogravure sur la lithographie, du portrait photographique sur le portrait peint, et dans la filière photo, quel effet l'ordinateur sur la tradition argentique ? Est-il vrai que la photocopie tue le livre (de sciences humaines) ? Et le numérique, le disque – qui avait déjà modifié le style des interprètes (Glenn Gould) ? Nombreuses et déjà familières sont les enquêtes de ce premier genre (qui exigent beaucoup de subtilité). Signalons la très remarquable étude de Dominique Païni, directeur de la Cinémathèque française, examinant les étonnants effets-retour du magnétoscope sur la cinéphilie et la mise en histoire du cinéma[1].

On peut continuer d'écarter les branches pour examiner *l'interaction inter-systèmes* (entre univers différents mais voisins). C'est l'exercice qu'a pour ainsi dire intronisé Walter Benjamin avec son *L'œuvre d'art à l'époque de sa reproduction mécanisée* (quand la photo jouissait d'un statut esthétique très mineur) : « On s'est dépensé en vaines subtilités pour savoir si la photographie est ou non un art, sans se demander au préalable si l'invention même de la photographie n'avait pas, du tout au tout, renversé le caractère fondamental de l'art. »[2] Une branche du compas pointe alors un « accident » chimique, une invention artisanale ; l'autre, une « essence » intemporelle, le Beau. En changeant de terrain, la télévision relève d'un autre système technique que la bicyclette, mais le tube cathodique a des incidences très remarquables (bonnes ou mauvaises) sur le cyclisme. La retransmission en direct a modifié l'éthique, stimulé le dopage, et bouleversé le déroulement du Tour de France, course cycliste conçue et organisée au début du siècle, en pleine graphosphère, pour doper les ventes d'un journal (la presse écrite, qui rapporte en différé, a moins besoin d'exploits que de récit). On constate les modifications apportées par la vidéosphère à d'autres et très vénérables règles du jeu (le rugby ou la tauromachie), au moment où l'impératif de visibilité transforme la hiérarchie des sports (tennis et foot au sommet). C'est à un écart du même type qu'on assiste avec l'examen des effets juridiques d'Internet sur le droit d'auteur issu de l'imprimerie. Ou avec les historiens du patrimoine qui examinent ce que le chemin de fer a modifié au début de ce siècle dans la conception et la sélection du « monument historique ». Hier encore, l'automobile, ou aujourd'hui l'aviation civile (sans laquelle l'idée de patrimoine de l'humanité serait restée une idée, non une politique et une économie).

1. Dominique Païni, « Faire violence, à propos du "trafic" des cassettes vidéo », *Cahiers du cinéma*, n° 524, mai 1998.

2. Walter Benjamin, *Essais, 1935-1940*, Paris, Éd. Denoël-Gonthier, 1983.

Et puis, il y a *l'interaction trans-systèmes,* l'enjambement maximal. Relève de cette audace, dont sont friands les médiologues, la thèse (chère au signataire) de la dépendance des utopies socialistes aux anciens métiers du Livre, via l'aristocratie du plomb que fut « l'avant-garde ouvrière » – composée principalement d'archivistes (Babeuf), de correcteurs d'imprimerie (Proudhon, Pablo Iglesias), de protes et d'éditeurs (comme Pierre Leroux, inventeur du mot « socialisme » et aussi du pianotype), de journalistes (Jaurès, Lénine) et de bibliothécaires (Lucien Herr, Mao Tsé-Toung). Ou bien l'idée qu'il existe un entraînement mutuel, au XXe siècle, entre la projection d'image et les projets nationaux (Jean-Michel Frodon, *La projection nationale*). Ou encore, que les modes populaires de figuration (peinture, photo, cinéma, télévision) ont progressivement dévalué l'héroïsme guerrier en Occident (Hélène Puiseux, *Les Figures de la guerre*). Et comment, à la limite, ne pas mettre en rapport l'évanescence des « grands récits » (mythes et idéologies) avec la miniaturisation des salles de projection (le multiplex) ?

Ces divers écartements ou empattements ne s'excluent pas l'un l'autre. Certaines études se plaisent à les enchaîner – l'historiographe pouvant se faire essayiste et à la fin poète. La rêveuse médiologie n'est pas brouillée avec la recherche locale et positive : elle s'en nourrit.

Prenons l'actuelle révolution digitale. La généralisation en cours du traitement numérique des images et des sons, associée aux nouvelles techniques de compression du signal, modifie sous nos yeux l'économie de l'audiovisuel (production, diffusion et transport). La numérisation du réseau terrestre hertzien, parachevant la première phase des bouquets numériques par satellite, va élargir l'offre d'images, accroître la concurrence, démassifier la réception, désynchroniser l'horloge centrale : passage d'une télé généraliste de flux, unidirectionnelle, à une télé thématique de stock, à terme interactive et pourvoyeuse de services (non plus seulement de programmes). Niveau 1 : Au-delà de l'audiovisuel, on peut prévoir (ou craindre) une babélisation accrue de l'espace social (selon des clivages de type communautaire) avec un morcellement des cadres sociaux de la mémoire (le temps à plusieurs vitesses). Niveau 2 : Et ce sera vraisemblablement, à travers l'exercice des réseaux, l'affirmation d'un nouvel individualisme (l'ego mondialisé). Niveau 3 : Ces trois paliers d'interaction sont cohérents entre eux[1].

Observons encore, dans le cas du droit, comment les propriétés physiques d'un médium modifient nos conduites sociales et mentales. Le codage numérique, à la différence de l'ancien écrit, par essence statique (fixé sur une surface stable), peut utiliser des supports dynamiques (électriques) autant que statiques (telle la vidéo numérisée stockée sur une disquette et convertie en flux sur mon écran). Numériser les textes juridiques, c'est donc multiplier les possibilités d'affichage et de consultation via l'ordinateur, mais c'est aussi diminuer l'ascendant du droit. La dématérialisation du support, effaçable et réinscriptible, facilitera les « téléprocédures » (les actes juridiques conclus à distance), mais le « cybercode » aura perdu en majesté (avec la prolifération des textes et des normes, déjà induite par le support papier). Le Dieu de l'Ancien Testament avait fait le choix de tablettes de pierre pour inscrire ses Commandements. Et le Code d'Hammourabi, à Babylone, fut gravé dans la diorite. Ces supports fixes et pérennes rendent le contrat indélébile. Après la fin des théocraties, le droit écrit, sur parchemin et sur papier, restait physiquement isolé de ses sources et des circonstances de son énonciation. Ainsi existe-t-il pour lui-même, indépendamment de qui l'a prononcé, décidé ou voté. Le code était une permanence, non un événement. Immobilité, objectivité, autonomie sont des facteurs de transcendance (l'autorité tenant pour beaucoup à l'escamotage de l'édiction comme événement par l'édit comme état). Sur un support électronique interactif, le texte devient malléable et labile, immédiatement accessible, amendable en ligne. On est passé de la Loi (majuscule) aux « données législatives ».

Qu'on examine des écarts de conduite (en focale courte) ou des écarts d'évolution (en focale longue), le ressort de la recherche sera constitué par des comparaisons bien conduites (comme c'est le cas pour les sciences d'observation). Méthode comparative qu'il s'agirait d'introduire sciemment, effrontément, méticuleusement, dans les « sciences de la culture », après que Darwin, si l'on ose, l'a fait en son temps dans les sciences du comportement. Pour

1. On l'a montré dans *Révolution numérique et reconstruction de l'individu,* rapport des *Cahiers de médiologie* à l'IMCA (International Medias consultants associés), Paris, 1999.

cerner ses variations concomitantes, le médiologue doit traverser des milieux ou des époques différentes (comme le naturaliste embarqué dans le Pacifique comparait des flores et des faunes variant au gré des latitudes). « En art, disait Malraux, sentir, c'est comparer. » En médiologie aussi (un certain goût esthétique ne nuit pas). D'où le tableau comparatif comme mise en intelligibilité d'un problème. Sont notées en raccourci les déclinaisons empiriques d'une idéalité, d'une institution, d'un sentiment, d'une disposition supposé permanente – selon les machines, les réseaux et les supports. Comment les variations techniques du milieu affectent-elles un invariant culturel ou anthropologique ? Milan Kundera pose une question typiquement médiologique dans *L'Immortalité*, où il imagine la rencontre en public de Napoléon et de Goethe, à Erfurt, le 2 octobre 1808, comparée aux comportements, dans des cas semblables, d'un Mitterrand, Giscard d'Estaing ou Carter. « Cette image éveille en moi une question : à l'époque des caméras, l'immortalité a-t-elle changé de caractère ? Je n'hésite pas à répondre non. Car l'objectif photographique, avant d'être inventé, était déjà là en tant que sa propre essence immatérialisée. Sans qu'aucun objectif réel n'ait été braqué sur eux, les gens se comportaient déjà comme s'ils étaient photographiés. Autour de Goethe, aucun troupeau de photographes ne courait jamais, mais couraient des ombres de photographes projetés vers lui depuis la profondeur de l'avenir. »[1] C'est une question fort pertinente que de savoir si un procédé technique vient actualiser une virtualité préexistante dans l'être humain (comme l'aspiration à se rendre inoubliable et à vivre posthume dans l'œil et la pensée des autres), ou si elle en modifie non seulement les conditions d'exercice mais la nature même. Kundera fait l'hypothèse que non, et nous, que oui. Ou plus exactement, le but serait de se servir de la variable « innovation » – ici, l'instantané photographique substitué à la pose devant le peintre – comme d'un microscope pour examiner, de l'intérieur, la nature de cette aspiration supposée pérenne à une postérité. C'est la déclinaison des « artifices » qui circonscrit le « naturel ». Et l'histoire des techniques (ici, de représentation) actualise *in vivo*, à l'échelle 1, les variations imaginaires que le phénoménologue

1. Milan Kundera, *L'Immortalité*, Éd. Gallimard, 1990, p. 69.

	Monument-trace	Monument-message	Monument-forme
REGISTRE	**La mémoire** (tradition et patrimoine)	**L'Histoire** (mythe et projet)	**L'espace** (urbanisme et perspective)
A VALEUR...	**... de culture** (empêcher une déshérence)	**... de culte** (affirmer une sacralité)	**... d'exposition** (présenter une œuvre)
« LIEU DE MÉMOIRE » ENTENDU COMME...	**lieu d'identité** (ethnologique et généalogique)	**lieu de fidélité** (religieuse ou civique)	**lieu de pouvoir** (politique, économique ou médiatique)
FONCTION PREMIÈRE	**témoigner** (cela a été)	**transmettre** (cela doit rester)	**communiquer** (dans le moment même)
CADRE DE PRÉDILECTION	**le terroir** (girondin) (mémoires vernaculaires)	**la nation** (jacobine ou monarchique) (mémoire axiale)	**le supranational** (global village) (mémoire cosmopolite)
FLÈCHE TEMPORELLE	**rétroactive** présent → passé	**prospective** passé → avenir	**contemporaine** présent → avenir
SE REGARDE...	**à l'imparfait de l'indicatif** (il était une fois)	**à l'optatif ou à l'impératif** (souviens-toi)	**au présent de l'indicatif** (je suis ainsi)
USAGE RECOMMANDÉ	**la visite** prêter attention	**la cérémonie** se recueillir	**le coup d'œil** sans s'installer
CULMINE EN EMBLÈME...	**d'une époque** (Hôtel du Nord = cinéma d'avant-guerre)	**d'une permanence** (Arc de Triomphe = Nation)	**d'une exception** (tour Eiffel = Paris)
MILIEU PORTEUR	**société civile**	**officialité**	**entreprise**
L'OBJET DOIT ÊTRE...	**constitutif** (d'une physionomie)	**démonstratif** (d'une morale)	**superlatif** (d'un savoir-faire)
FONCTIONNE...	**au savoir** (il faut connaître)	**au croire** (il faut avoir la foi)	**au voir** (il faut bien regarder)
PARADIGME HISTORIQUE	**moderne** (romantisme)	**romain** (colonne de Trajan)	**égyptien** (la pyramide)
COMMENT Y ALLER	**en car** (de tourisme)	**en corps** (constitué)	**en promeneur** (solitaire)

Exemple : au cœur de Paris, le Pont des arts sera un monument-trace ; la pyramide du Louvre, un monument-forme ; et l'arc du Carrousel, un monument-message.

	Monument-trace	Monument-message	Monument-forme
STATUT DU SIGNE (À L'ORIGINE)	**« indiciel », la présence** (partie de la chose même)	**« iconique », la représentation** (figure ou allégorie)	**« symbolique », l'arbitraire** (code architectural)
CE QU'IL LUI FAUT	**faire vrai** (la bonne information)	**faire sens** (le ton juste)	**faire de l'effet** (le geste et le chic)
PRINCIPAL RESPONSABLE	**le fonctionnaire** (qui classe ou inscrit)	**le politique** (qui passe commande)	**l'architecte** (qui remporte le concours)
QUALIFICATIF DE RECONNAISSANCE	**« émouvant »**	**« édifiant »**	**« impressionnant »**
COURT LE RISQUE DE	**la banalité**	**l'emphase**	**la démesure**
RÉGIME DE PROPRIÉTÉ	**public/privé** = privata aedificia	**public** = publica aedificia	**privé/public** = publica opera
RÉPLICATION OU CONTREFAÇON	**permise** (échantillon)	**tolérable** (support de rituel)	**illégale** (droits d'auteur)
SUSPENDU À UN JUGEMENT	**d'expertise historique** (est-ce bien authentique ?)	**de convenance éthique** (est-ce bien nécessaire ?)	**de goût esthétique** (est-ce plaisant ou satisfaisant ?)
DOUBLE EMPLOI DE L'ÉDIFICE ?	**oui** (symbolique/utilitaire)	**non** (seulement symbolique)	**oui** (utilitaire/symbolique)
CARACTÈRE « HISTORIQUE »	**accidentel** (à la réception, après coup)	**intentionnel** (dès l'émission et par projet)	**hasardeux** (durée incertaine)
MARQUE DISTINCTIVE	**le démodé** (l'édifice comme document)	**l'épigraphie** (l'édifice comme texte)	**la signature** (l'édifice comme œuvre)
SI TOUT LUI RESSEMBLAIT, LA CITÉ SERAIT	**un grenier de grand-mère** ou une banque de données	**une salle de classe** ou un lieu de culte	**un décor d'opéra** ou une superproduction
APPARENTEMENT DU MAÎTRE D'ŒUVRE	**entre artisan d'art et ethnographe**	**entre prêtre et prof**	**entre ingénieur et sculpteur**
PROMOTION TOURISTIQUE	**impérative** (visite guidée)	**impie** (ou malvenue)	**souhaitable** (attraction)

demande à son esprit. De même que le disciple de Husserl, pour acquérir l'intuition d'une essence, soumet tel ou tel objet empirique à une suite de modifications imaginaires (pour en faire ressortir l'invariant qui le fait être ce qu'il est), on peut mettre les comportements culturels à l'épreuve d'une séquence de milieux techniques. Les modulations instrumentales d'un « trait de nature », jouant comme modélisation, tiendraient alors dans nos analyses le rôle dévolu par la phénoménologie aux « variations eidétiques » pour les horizons de conscience.

Voyons, à ce propos, comment nos monuments varient, puisque nous avons commencé par cette mnémotechnique inaugurale (chap. I). La pulsion monumentale – « l'instinct » qui pousse à « éterniser les choses mémorables » par des érections de bronze, fonte, plomb ou pierre – ces « marques publiques destinées à transmettre à la postérité la mémoire de quelque personne illustre ou de quelque action célèbre » (Dictionnaire de l'Académie Française, 1814) – n'a pas traversé indemne les médiasphères. Qu'est-ce que la vidéosphère, avec ses supports de mémoire légers et maniables mais aussi plus incertains et labiles que le bâti ou le sculpté, a modifié quant à nos pratiques monumentales (érection et classement) ? Un début de réponse a été apporté lors des *Entretiens du patrimoine* consacrés à *L'abus monumental*, sous l'égide du ministère de la Culture[1]. On la résumera succinctement ainsi : la vidéosphère a produit dans l'idéologie monumentale un changement de portage, marqué par une dépression des *significations* et un gonflement des *volumes* (la rupture d'échelle). Soit un déplacement de la signalétique minérale du message vers la forme, et la naissance d'une nouvelle catégorie de monuments, le témoin quasi photographique du passé, le monument-trace, gage d'authenticité. Le devenir document du monument est à la fois absorbé et porté par l'inflation patrimoniale (la société de commémoration). En découle une nouvelle ventilation des panoplies de mémoire, tant à l'échelle nationale que de l'humanité (UNESCO), dont on ne peut rendre raison que par comparaison, par le biais d'une typologie (voir p. 84-85). Tant il est vrai que repérer une identité consiste à faire travailler des différences.

1. Actes publiés dans *L'abus monumental,* Paris, Éd. du Patrimoine, Fayard, 1999.

On comprend mieux maintenant qu'il n'y a pas d'objet disciplinaire en soi, mais un traitement disciplinaire applicable à une grande variété de phénomènes. Pas à tous, bien sûr. Le médiologue n'est concerné ès qualités que par les dispositifs susceptibles de modifier la perception, la cognition et la locomotion, soit nos pratiques du temps et de l'espace. Tout ce qui sert à acheminer, coder ou stocker une information, et non tout système de corps transformant un travail en un autre (qui est d'ordre purement mécanique). Disons, en mode allégorique, la machine à écrire, non la machine à coudre.

Pour paraphraser le mot de Lévi-Strauss sur l'ethnologie, on serait tenté de dire que la médiologie est « un mode original de connaissance plus qu'une source particulière de connaissances ».

La question du déterminisme : le médium et le milieu

Quiconque fait l'hypothèse d'un rapport (sinon constant, récurrent) entre ceci et cela (définition minimale d'une loi objective) s'exposera à l'accusation de déterminisme (primaire) et de réductionnisme (simpliste). Parce qu'ils souhaitaient que « les sociétés cessent d'apparaître comme une sorte de matière indéfiniment malléable et plastique », les sociologues du début de ce siècle ont subi maints assauts et sarcasmes sous prétexte que « leur manière de voir impliquait une sorte de fatalisme et que le déterminisme sociologique est inconciliable avec le libre arbitre » (Durkheim, *De la méthode dans les sciences*). Parce qu'il tient que la vie culturelle d'une société ne dépend pas de la volonté ni de l'imagination de ses membres, le médiologue fera figure d'un Sancho Pança obtus aux yeux des Don Quichotte de l'Esprit : nous serions donc les jouets de nos machines, otages d'un *fatum* technologique inexorable, à la dérive de nos supports. Tout vain qu'il soit de rompre des lances sur ce moulin à vent (les faux débats font les bonnes polémiques), mettons les points sur les *i*. L'espace des circulations dont nous traitons n'est pas à régime *mécaniste* (une cause, un effet) mais *systémique* (circularité cause/effet/cause). Pour blasonner la boucle cybernétique : il ne pleut pas dans le Sahara parce qu'il n'y a pas de végétation et il n'y a pas de végétation parce qu'il ne pleut pas. Les causalités systémiques sont négatives. « A ne produit pas B, mais si non A, pas de B » (Daniel Bougnoux). L'étrier n'a pas « produit » la féodalité, mais sans étrier, pas de chevalerie. Le lien causal entre une technique et une culture n'est ni automatique ni unilatéral. On ne peut être sûr des types de comportement que va développer ou non l'écriture linéaire dans une culture orale. On est sûr, en revanche, qu'une culture qui ignore ce procédé de mémorisation n'aura pas tel ou tel comportement : elle ignorera le syllogisme, la liste des événements, la règle de syntaxe, etc. (et partant la logique, l'histoire, la grammaire, etc.). Le christianisme aide à la disparition du *volumen* (ou rouleau), impropre à la lecture liturgique et à faible emport, et la suprématie du *codex* aide à celle du christianisme sur les cultes païens. Les deux phénomènes se coproduisent. Sans imprimerie, pas de Réforme. Sans Réforme, pas d'imprimerie à grande échelle.

Pierre Lévy a fait excellemment le point sur cette question moins épineuse qu'on ne veut le croire : « En écologie cognitive, il n'y a pas de causes ni d'effets mécaniques, mais des occasions et des acteurs. Des innovations techniques *rendent possibles ou conditionnent* l'apparition de telle ou telle forme culturelle (pas de science moderne sans imprimerie, pas d'ordinateurs personnels sans microprocesseurs) mais elles ne les *déterminent* pas nécessairement. C'est un peu comme dans le domaine biologique : une espèce ne se déduit pas d'un milieu. Il n'y aurait évidemment pas de poisson sans eau, mais la mer ne devait pas obligatoirement être peuplée de vertébrés, elle aurait pu ne contenir que des algues ou des mollusques. »[1] Le facteur technique sera alors dit condition nécessaire mais non suffisante. C'est la moitié de l'efficace, le milieu faisant l'autre, en sorte qu'on peut dire d'une innovation ce qu'un auteur disait de l'herbe : « elle pousse par le milieu ». La géométrie n'est pas née spontanément d'une surface d'inscription, ni la mécanique céleste de la simple superposition de listes et de graphiques.

1. Pierre Lévy, *Les technologies intellectuelles*, Éd. La Découverte, 1990, p. 169.

L'exemple de l'imprimerie est banal (et il a donné lieu à un ouvrage classique d'Élizabeth Eisenstein). Le monde chinois a découvert le principe de l'imprimerie (comme le secret de fabrication du papier) cinq siècles avant l'Europe. Mais l'idéographie chinoise a des milliers de caractères (et non vingt-six) ; l'économie ignore la presse à vis (celle des vignerons, que réutilisera Gutenberg comme presse à bras), et n'a pas de métallurgie significative ; mais surtout, un régime despotique enclin au monopole d'État, qui se méfie du commerce et se borne à reproduire quelques classiques (religieux ou dynastiques) n'a pas besoin d'un tel multiplicateur de pensée. Aussi l'imprimerie a-t-elle modifié la mentalité médiévale, non la culture chinoise. De même que la variabilité du virus est fonction du terrain d'accueil (le même qui provoque le sida chez l'homme s'avérant inoffensif chez le chimpanzé), la variabilité d'un effet culturel s'explique par le degré d'appétence ou de résistance du milieu (lequel a aussi ses défenses immunitaires). La technique autorise, le milieu filtre, et l'homme dispose, en sorte que la même proposition d'équipement se révélera ici épidémique et là sans conséquences. Le terrain chinois du XIe siècle n'a pu fertiliser ni « faire pousser » les caractères mobiles, qui sont allés faire irruption au XIVe, à l'autre bout du monde, passant, il est vrai, du bois au plomb. La xylographie (impression de figures et de textes avec des planches de bois gravées en relief) suffisait en Chine à une demande modeste d'imprimés, car elle n'exigeait pas d'investissement lourd et maintenait tout naturellement la filiation calligraphique. Dans le même ordre d'idées, les hellénistes ont pu observer que le milieu mycénien du XIIe siècle avant J.-C. n'avait pas fait « grandir » la notation linéaire phonétique de la pensée. Il a confiné l'invention dans le clos royal, aux mains d'une caste de scribes, à des fins de contrôle bureaucratique. Le milieu athénien l'a recueilli, quelques siècles plus tard, et transformé le procédé d'archivage des secrets dans l'enceinte palatiale en moyen de publicité des lois et d'égalité civique sur l'agora. Les historiens tendent souvent à minorer les contraintes physiques, pour majorer les marges de manœuvre des sociétés, et les leurs propres, mais la notation de l'historien du temps, l'anglais David Landes, sonne juste : « Ce n'est pas l'horloge qui a provoqué un intérêt pour la mesure du temps ; c'est l'intérêt pour la mesure du temps qui a conduit à l'invention de l'horloge. »[1] La demande était celle du milieu monastique qui, stimulé par les réformes bénédictine et cistercienne, avait besoin d'un instrument proprement disciplinaire permettant chaque jour une célébration ponctuelle et régulière des offices canoniques. Les théologiens opposent à bon escient la *grâce suffisante*, qui donne la possibilité de faire le bien, à la *grâce efficace*, qui permet de réaliser le bien. Horloge à poids, moulin à vent, microprocesseur relèvent de la première.

Un exemple plus actuel : le Web. Le milieu américain et notamment californien, imprégné par les idéaux et les traditions de la *self-reliance* (Emerson) et du *grass-roots* (le groupe activiste local), s'accordait on ne peut mieux à l'efflorescence des *self-medias*. Un pays décentralisé, habitué à la *Civil desobedience* et où l'individu se vit comme seul responsable de lui-même, est mieux armé qu'un pays de tradition étatiste et jacobine (ne parlons pas des sociétés totalitaires) pour contourner les contraintes de l'aliénation pyramidale, pour inventer et adopter le réseau tous-tous (Internet), contre le modèle jugé autoritaire du *broadcast* (un-tous). La niche « appelle » l'innovation – besoin économique, onirique et moral – qui, en retour, confortera et amplifiera ses plis particuliers (boucle de rétroaction).

L'émergence du « septième art » témoigne d'un jeu analogue. L'invention des frères Lumière (le défilement d'images animées sur un support celluloïd) n'a pas « fait » le cinéma. Ce qui fera sourdre un art d'un amusement de foire, et d'une simple curiosité une culture de plein droit (la cinéphilie), c'est l'addition d'un nouveau *mécanisme* couplant un mouvement de rotation (la manivelle) avec un mouvement de translation (l'avancée de la pellicule), et d'une *aspiration* ancienne aux spectacles édifiants. Le chemin menant du cinématographe (1895) à la cinémathèque (1936) passait par le ciné-club (1920). Soit une création du prosélytisme social-chrétien (les premières revues, les premiers critiques de cinéma sont cathos) et ensuite du progressisme laïc Front-popu (les deux rameaux se rejoignant). L'idéologie, qui précédait l'invention, l'a aussitôt utilisée, encadrée et « haussée » à la dignité de culture[2].

1. David Landes, *L'heure qu'il est,* Éd. Gallimard, 1987, p. 98.

2. Monique Sicard, *L'année 1895, l'image écartelée entre voie et savoir,* Éd. Les Empêcheurs de tourner en rond, 1994.

Le mythe de la communication visible voile l'invisible facteur des mentalités. Nos écrans font écran au milieu, comme McLuhan à Taine – lequel s'en faisait une idée certes trop physique et naturaliste[1]. Le temps social, on le sait, détermine le temps technologique, et notre milieu mental, le tri et l'usage des médias. Chaque milieu prélève celle des inventions qui sera pour lui pertinente et qui le déstabilisera le moins. Rien d'automatique. Outre qu'un individu peut toujours se faire une niche à part dans une médiasphère (et même choisir de « décommuniquer »), le sens d'une technique de pointe n'est jamais donné à l'origine, ni son efficacité garantie. Elle n'emporte pas avec elle ses connexions déclencheuses. Le microprocesseur a été inventé pour guider les missiles, et faire la guerre, et non pour des PC « conviviaux » et des californiens « peace and love ». Le Minitel ne fut pas conçu (par l'austère Direction générale des télécommunications) pour la messagerie rose, et Edison fut bien dépité de voir son phonographe, destiné à immortaliser la haute culture (opéras, théâtres et grands hommes), diffuser de la musique légère. Infinis les exemples montrant combien « la logique de l'usage » (Jacques Perriault) prévaut sur le mode d'emploi des programmateurs[2]. N'imaginons pas un affrontement terme à terme (Technique *versus* Société), qui supposerait une autonomie totale du développement technicien, quand on n'observe que des ajustements mutuels aléatoires et tâtonnants[3]. Du reste, l'offre innovante ne

1. Voir Françoise Gaillard, in *Cahiers de médiologie*, n° 6, p. 261, Éd. Gallimard.

2. Jacques Perriault, *La logique de l'usage. Essai sur les machines à communiquer*, Éd. Flammarion, 1989.

3. « Les premiers mois, voire les premières années du développement d'un média nouveau représentent en général une période d'incertitude où se négocie l'inscription de la technique nouvelle dans son environnement. Ses promoteurs doivent tenir compte des technologies concurrentes de l'environnement réglementaire. Une technologie n'apparaît, en effet, que très rarement dans un paysage vierge. Il est rare qu'elle fasse totalement disparaître des solutions techniques antérieures (cela arrive néanmoins : le télégraphe Chappe a radicalement disparu, tout comme les diligences). Les médias, en outre, doivent négocier avec des pratiques de communication intimement ancrées dans les sociétés. Le téléphone, à ses débuts, doit s'inscrire dans la "civilisation des mœurs" de la fin du XIXe siècle, où les relations interindividuelles sont réglées par une étiquette rigide. Il faudra que ses promoteurs inventent la nouvelle étiquette rendant son usage acceptable. Ce n'est pas un hasard si le basculement du réseau Internet d'un usage majoritairement universitaire à un usage commercial passe, aujourd'hui, par la constitution d'une nouvelle "netiquette". Le

naît pas *ex nihilo.* Elle est elle-même le produit d'un milieu social, et nous arrive lestée d'imaginaire et de mythes[1]. C'est la greffe en retour jamais assurée par avance sur le milieu culturel, qui décidera du sort, viable ou non viable, de l'invention. Et quand le milieu est trop hétérogène, il peut aller jusqu'à se fermer complètement (le Japon des Togukawa interdisant l'usage et la fabrication des armes à feu au début du XVIIIe siècle).

Rejet, reprise, détournement, rééquilibre, désamorçage, bricolage : les hommes se défendent mieux contre « l'agression technique » que ne le pensent les hypnotisés, en bien ou en mal, de la puissance industrielle. De la prose technicienne, ils font poésie. Car ils ne sont pas seuls, mentalement, devant leur écran, leur poste, leur clavier ; ils appréhendent et traitent l'ustensile inédit à travers un milieu collectif, réactif, sélectif, et non immédiatement, naïvement (comme le pensait McLuhan pour lequel le média modèle directement le *sensorium* individuel à son image, le caractère d'imprimerie visuel et séquentiel façonnant par décalque une culture visuelle et séquentielle, etc.). Ensuite, le personnel est vieux, incomparablement plus vieux que ses matériels, et de plus en plus sénescent, avec la loi de Moore quasiment élargie à toute la technosphère (la densité des transistors intégrés dans les processus doublerait tous les dix-huit mois, pronostic d'un ingénieur d'Intel, vérifié depuis). Cette « dyschronie », c'est notre chance. Notre cerveau a cent mille ans, nos yeux dix mille, et nos gestes pas moins. Dire : le médium pousse par le milieu, c'est dire : le nouveau prend effet dans, par et à travers de l'ancien. Nous nous sommes acculturés au cinéma via la photo, aux photos via la peinture, et à la télé comme à une radio parasitée par des pixels. La dernière vague d'images et de signes reflue sur l'avant-dernière, et les deux se recouvrent, nous recouvrent en rouleau. D'où des usages effectifs régulièrement en deçà des potentialités de l'outil, et des attentes des planificateurs. D'où la viscosité têtue des dérobades, le renversement ou contournement humoristique

visiophone, en son temps, a dû négocier – sans succès – avec les enjeux de pouvoir dans les firmes et sociétés », Catherine Bertho-Lavenir, « L'histoire des médias au risque de la technologie », in *La question médiatique,* Éd. Arslan, 1997.

1. Voir Alain Gras, « La technique, le milieu et la question du progrès : hypothèses sur un non-sens », *Revue européenne des sciences sociales,* n° 108, 1997.

des appareils, et parfois les bonnes surprises nées d'un « bidouillage » saugrenu qui transformera un usager mécontent ou bougon en innovateur involontaire.

Le défaut des techno-utopistes et les déboires des technocrates ne proviennent-ils pas en définitive d'une *surestimation du médium par sous-estimation du milieu* ? Ce qui n'a rien d'étonnant puisque la loi du milieu stipule que nous n'en avons pas (le milieu étant précisément ce à quoi nous sommes aveugles, tant qu'un travail d'objectivation ne l'a pas transformé en un « champ » extérieur et visible). Victor Hugo attendait du très sidérant chemin de fer Paris-Berlin qu'il rende la guerre impossible entre Gaulois et Prussiens ; la Prusse a gagné la guerre de 1870 en se servant de la ligne pour concentrer ses troupes. En règle générale, l'emploi est plus archaïque que le matériel et son mode d'emploi. Si le médium est dynamique, le milieu est rétrograde, incoerciblement. C'est un palimpseste à trames lourdes de pulsions et de narrations, de frayeurs et d'espoirs en nous déposés par tous les âges techniques, un florilège décousu de rythmes et d'attirances. Je suis un feuilleté de papyrus, parchemin, papier et écrans. J'ai empilé sans vergogne mon tube cathodique par-dessus ma rame de papier, et mon souple cahier d'écolier sur les Tables en pierre de la Loi. Je suis psaumes et rock, rampant et volant, pictogramme et hypertexte. Chaque contemporain est un tohu-bohu chronologique, un capharnaüm de médiasphères tournantes qui négocient entre elles, et en lui-même, sans protocole, la place à prendre, selon l'heure qu'il est, la compagnie et ses urgences. Airbus a transformé la France en un hexagone d'une heure trente de côté ; et les autoroutes gomment les frontières d'Europe ; mais ma plaque minéralogique dit mon département – circonscription chevaline fixée il y a deux siècles (de façon qu'on puisse gagner le chef-lieu de n'importe où en une journée de cheval). Nous jouons à chat perché avec nos équipements, nous les jouons les uns contre les autres, comme avec les espaces et les temps, sans y penser. Mais le joueur n'est pas hors-jeu, en surplomb. Nous n'évoluons pas seulement dans une sémiosphère plus ou moins ingrate, celle-ci évolue en nous. Je ne suis pas en face, avec ou contre, comme le capitaine sur son navire. Mon habitat m'habite. Ne disons pas : « J'*ai*, mais je *suis* mon milieu. » Par bonheur, il emboîte plusieurs médiasphères en une (je suis bicyclette, auto, avion, je suis plume d'oie et téléphone, CNN et CD-ROM) – ce qui accroît mes degrés de liberté relative. Mais ce dehors me traverse par-dedans.

C'est ici que l'écologie théorique peut nous servir d'incitation (sinon encore de paradigme), comme nous y invite très précisément Monique Sicard[1]. Bien que nous n'ayons pas les mêmes facilités expérimentales, la science de la maison (*oikos* en grec) n'invite pas seulement à penser le milieu comme un système (évolutif) ; à ne pas voir en lui « seulement un vecteur transportant mais un façonnement intime des cultures, des géographies, des institutions, des politiques, des techniques » (Monique Sicard). Elle nous enseigne aussi à faire parler les traces en réconciliant surface et profondeur, simplicité et complexité. « Pour l'écologie contemporaine, la surface de la planète se présente comme une série de tableaux de signes qu'il convient de comprendre comme une étape découpée dans une série évolutive. Chaque plante est à la mesure des conditions sous lesquelles elle croît. En retour, elle est un index du sol et des climats (macro et micro), indicateur du comportement d'autres plantes et animaux aux mêmes endroits. » Outil magnifique ! Traduisez : point n'est utile d'étudier en détail les climats généraux ou locaux, de dresser un catalogue complet de communautés animales et végétales pour comprendre un système naturel. Repérez les végétaux caractéristiques : ils vous donneront le reste. Presque tout le reste. Non seulement le passé, mais aussi – acquis immense – les avenirs d'une communauté vivante. « Une pensée de la complexité est aussi, par force, une pratique de la simplicité. »[2] Une médiasphère est un système dynamique d'écosystèmes (complexes) réorganisés par et autour d'un média dominant (simple), généralement le dernier en date.

Quand on étudie les rapports – de congruence ou d'incompatibilité – entre telle ou telle population de valeurs (christianisme, existentialisme, communisme, etc.) et tel vecteur de diffusion (la sphère audiovisuelle est inhospitalière au rationalisme critique, qui efflore sur l'imprimé, lequel défavorise le charismatique et le fusionnel), il appert qu'un milieu est beaucoup plus

1. Monique Sicard, « Éco-médio, la paire imparable », *Cahiers de médiologie,* n° 6, p. 83-93, Éd. Gallimard.

2. *Ibid.,* p. 89.

qu'un espace inerte, un fond de scène ou un environnement d'objets. Non que l'objet soit jamais réductible à sa matérialité. La psychanalyse nous a appris combien il peut supporter d'investissements affectifs, jusqu'à être vécu « comme partie constitutive du sujet ». « Enlevez brutalement à quelqu'un ses vêtements, sa maison et tous les objets qu'elle contient, observe Serge Tisseron, et vous produirez probablement chez lui des troubles de l'identité (s'il décide de s'en séparer volontairement, c'est différent, car il a alors pris le temps de retirer progressivement ses investissements psychiques). L'être humain sait que son existence physique est inséparable de son environnement naturel. Il lui reste à prendre conscience que son existence psychique est inséparable de son environnement d'objets, autrement dit son technosystème. »[1] Cela dit, la globalité compréhensive d'un milieu vécu oblige à se situer décidément en deçà de l'opposition sujet/objet, personnel/impersonnel, singulier/commun. Nous sommes encore trop pris en otage par les philosophies du sujet pour pouvoir concilier *cogito* et coexistence, et admettre que nous ne sommes pas seuls à bord (à faire ce que nous faisons, ni à être qui nous sommes). Échappe à nos outils descriptifs, ce fonds d'immanence très ordinaire, de quotidienne connivence où nous baignons bon gré mal gré. La linéarité sujet-verbe-complément qui structure notre grammaire n'y prédispose pas. Telle est la latence en nous du milieu pratique, d'autant mieux caché qu'étalé, que pour pouvoir interroger ce à partir de quoi nous nous interrogeons, comprendre ce qui nous comprend « sur un mode évanescent/envahissant » (François Jullien), il nous faudrait à la limite penser technologie comme on pensait cosmologie. Pensée encore impensable pour notre orgueil d'occidental et dont la sagesse chinoise, en son insaisissable étrangeté, nous donne peut-être un avant-goût (si elle n'est pas déjà un achèvement)[2]. Il se pourrait bien que le « retard » jadis pris par l'Orient sur l'Occident en matière de pensée causale et analytique lui donne

1. Serge Tisseron, *Comment l'esprit vient aux objets,* Augier, 1999. Voir également *Abécédaire médiologique,* son article « Environnements », in *Cahiers de médiologie,* n° 6, Éd. Gallimard.

2. François Jullien, *Procès ou création, une introduction à la pensée chinoise,* Éd. du Seuil, 1989.

une certaine avance pour comprendre la dépendance aux lieux et milieux. Et qu'il vaille mieux n'avoir jamais célébré l'ego mesure de toutes choses, démiurge créateur d'œuvres et d'événements, maître et possesseur de la nature, pour pénétrer l'univers des connexions subtiles et saisir (par-delà les notions convenues d'influence et de prolongement) la régulation d'un dedans par un dehors quasi-atmosphérique qu'il intériorise comme par osmose. A *L'Empire des signes*, la référence exotique du sémiologue, son pays de cocagne, son bain de jouvence, le médiologue substituerait volontiers un autre « lointain », plus instructif car encore plus ambigu, avec ses stratégies indirectes, ses incitations obliques, ses « sinuosités concertées » : *L'Empire du Milieu*. La Chine plutôt que le Japon...

La commande de l'intellectuel par son milieu, il ne la sent pas – tant qu'il reste au diapason (sans fausse note). Cette commande n'est pas externe, à partir d'une salle de contrôle – rien à voir avec le système de guidage et d'atterrissage des aéronefs, qui contrôle, par radio, la route, l'approche et le parking. Le monde où l'on est reconnu (comme appartenant à ce monde) n'a pas intérêt à se faire reconnaître comme distinct par ceux auxquels il apporte la reconnaissance. Un milieu intellectuel est un système d'allégeances et d'homologations inconscientes (en général, pas d'appartenance sans allégeance), qui fixe à chaque membre les conditions qui peuvent rendre recevables ses messages éventuels. C'est autant une certaine économie des idées (les prénotions propres à tel microcosme) qu'une ergonomie partagée, apportant sûreté et facilité d'emploi dans le maniement des mots socialement performants et des tonalités accréditantes (dans l'auditoire considéré). L'intellectuel public contemporain est deux fois *médiodépendant,* dans la mesure où, dans son cas, les médias constituent le milieu. Les valeurs suivent les vecteurs (la réduction drastique du nombre des journaux d'opinion se traduisant par un rétrécissement du champ des opinions légitimes dans le milieu). Mais il en a toujours été ainsi dans l'histoire des productions symboliques, sauf que le milieu intellectuel n'était pas contraint par des moyens industriels. Plus on remonte dans le temps, pour considérer « les messages fondateurs de notre culture » – par exemple celui de Jésus devenu Christ et ensuite christianisme – plus il nous faut traduire « médias » par « outillages mentaux » (étant donné le rudimentaire des supports physiques d'information, et la pauvreté, en logosphère, des réseaux techniques). Une vision trop idéaliste de la vie des idées voilerait le fait qu'un milieu discursif est constitué par des organisations « matérialisées », mais légères, voire transparentes à ceux dont elles structurent le discours logique. C'est l'opératoire d'un partage implicite (la communauté des sous-entendus) qui rend prescriptif le milieu conjonctif, par une connivence naturelle entre les membres – le « cela va sans dire » de ceux qui savent toujours quoi dire, à quel moment, dans quel ordre et dans quel lieu. Retraçant la genèse du christianisme au cours des trois premiers siècles, Maurice Sachot a reconstitué chacun des trois milieux vecteurs qui a informé de l'intérieur (et non seulement influencé) le mouvement chrétien – à savoir le judaïque, l'hellénistique et le romain[1]. Le message chrétien n'a pas traversé les premiers siècles comme une balle traverse l'espace. Il fut élaboré et structuré – médiatisé – par les milieux culturels qu'il a traversés et qui l'ont traversé – chacun imposant à la diction évangélique ses présupposés, concepts et formulations comme conditions de reconnaissance : l'institution synagogale, pour la proclamation scripturaire du Sabbat ; l'institution de la *scholè* (sur le modèle de l'Académie et du Lycée), pour la formation des sectes ou hérésies chrétiennes à caractère philosophique ; la *civitas* romaine enfin, pour la transformation décisive, au début du IIIe siècle, après Tertullien, d'une *superstitio* en *vera religio romanaque*, qui rendit quasi synonymes, finalement, *Respublica* et *Ecclesia*. Les émissions chrétiennes des trois premiers siècles ont syntonisé sur ces trois bandes moyennes – sans quoi l'acculturation de l'Empire n'aurait pas eu lieu, mais c'est le milieu qui, ce faisant, acculturait le message. La formation du Credo porte l'empreinte de ses médiations internes, dispositifs fonctionnant, à travers des rituels communs, en organisateurs grammaticaux – emportant lexique, syntaxe et espace de sens. Ces milieux à la fois externes et internes – réseau éducatif des synagogues, puis des scholaï, puis des assemblées dominicales – ont joué leur rôle comme matrices de formation du « kérygme » (la révélation), qui se sont, au cours du processus de fixation de la foi, superposées et imbriquées en lui. Et finalement, comme pour attester au grand jour la commande institutionnelle sous-jacente depuis le

1. Maurice Sachot, *L'invention du Christ, genèse d'une religion*, Éd. Odile Jacob, 1998.

Iᵉʳ siècle, la « vérité » du dogme sera officiellement rabattue sur l'autorité politique. Au IVᵉ siècle, « l'élaboration de la doctrine chrétienne sera réservée à l'autorité épiscopale, l'école de formation à cette philosophie supérieure prendra la forme du catéchuménat, sous la présidence directe du chef de la communauté, l'*épiscopos* »[1].

On notera que si le transport transforme, le véhicule peut lui-même être transformé par ce qu'il transporte. Une langue est un véhicule qui sert de vecteur *interne* d'une doctrine, philosophique ou religieuse. Mais ce vecteur, parce qu'intériorisé, n'est plus extérieur au message qu'il informe. Maurice Sachot a pu montrer, en médiologue, dans l'ouvrage indiqué, comment la philosophie inhérente à la langue grecque fut retournée par le message néo-judaïque de la diaspora « chrétienne », avant d'être elle-même transportée dans (et modifiée par) les canalisations romaines. Ainsi le vecteur de traduction (le grec des Septante) n'a-t-il pas eu le dernier mot. La commande par le médium langagier peut elle-même changer de commandement. L'hellénisation d'une théologie judaïque passe, au IIIᵉ siècle, sous la commande centrale du latin et d'une philosophie de l'institution typiquement romaine. C'est la « subversion fondatrice originaire ».

Les précurseurs en perspective

La médiologie vise à formaliser et synthétiser des observations déjà anciennes, sous forme d'intuitions et d'aperçus épars chez les « grands auteurs » – à commencer, nous l'avons vu, par Platon. En réalité, ses précurseurs, ses éclaireurs sont à chercher bien plus dans le champ littéraire et artistique que dans le champ philosophique (et assez peu dans les travaux des théoriciens de la culture). Cette bizarrerie, d'ailleurs valable pour la plupart des registres couverts par les sciences humaines, est encore plus signalée dans notre domaine. Ici, poètes et écrivains *président*, à la

1. Maurice Sachot, *Christianisme et philosophie,* Société angevine de philosophie, avril 1999.

fois par droit d'aînesse, sûreté du coup d'œil et talent d'exposition. « Notre littérature, remarquait Barthes en commentant les planches de l'Encyclopédie, a mis très longtemps à découvrir l'objet. » Toujours moins, en tout cas, que notre philosophie. La découverte se fait au siècle des Lumières (et les planches de l'Encyclopédie fournissent la première iconographie réflexive d'objets manufacturés). Des noms ? Au XVIIIe, Diderot, l'initiateur de l'Entreprise, héraut des artisanats et machines, car refusant la distribution classique des arts en « libéraux » et en « mécaniques », mais aussi Montesquieu et Malesherbes. Au XIXe, Hugo, bien sûr, mais aussi Chateaubriand (curieusement alerté par le bateau à vapeur et l' « électrification » de la parole publique dans le journal à grand tirage), Balzac (l'imprimeur, passionné par tous les maillons de la chaîne littéraire, de la fabrication du papier au commerce de librairie, et dont la longue ouverture des *Illusions perdues* constitue à cet égard un classique), sans oublier Vallès (le cœur copieur du livre). Au XXe, Valéry, l'ouvrier matiériste du « poïétique », jugeant les doctrines d'après leur méthode *(Introduction à la méthode de Léonard de Vinci)*, observant de près « l'égalisation technique croissante des peuples » ainsi que « l'accroissement rapide et fantastique des moyens de communication et de transmission ». Ce bon prévisionniste, dès 1930, dans *La conquête de l'ubiquité*, annonce notamment la future naissance de « sociétés de distribution de réalité sensible à domicile », que nous appellerons plus tard de télévision. Mais aussi Proust (le merveilleux téléphonique), Claudel (par maintes diagonales) et bien sûr Malraux (celui de la *Psychologie du cinéma* et du *Musée imaginaire*). Pour citer quelques références parmi d'autres : nous devons faire court[1]. Ces médiologues avant la lettre procèdent *cavalièrement*. C'est leur force – audace et vitesse. Du lyrisme comme méthode d'analyse... Ils fendent à travers champs, décèlent d'étranges cousinages, sans savoir que c'est interdit par l'École (ils datent d'avant les sciences humaines). Pour n'avoir pas travaillé en équipe, sur des objets dûment répertoriés, en soumettant leurs travaux à des *referees* avant publication en revue (de langue

1. Une anthologie sectorielle figure à la fin de chaque *Cahiers de médiologie*, où l'on trouvera, pour chaque sujet, une gamme de références souvent inattendues. Une anthologie générale est en préparation.

anglaise), avec la batterie nécessaire de citations et cautions en bas de page – doit-on faire comme s'ils n'avaient rien pensé, observé, découvert ? Ces indisciplinés joignent l'humilité (ils cueillent au vol le significatif sans le système du sens) à l'acuité, dans le repérage du « détail qui change tout ». Ils pensent à cru, sans précaution. Plus tournés vers le contemporain que les universitaires, et vers le trivial que les idéologues, ces faux ingénus ne sont pas téléguidés par les œillères et les rails du bien-penser. Comparer des incomparables ne leur fait pas souci (devant la peinture et la photo, Baudelaire s'en fait gloire). Pour la plupart, leur sagacité vient de ce qu'ils ignorent les régimes d'incompatibilité en vigueur. Ainsi Claudel le métisseur, matérialiste religieux, sensuellement spiritualiste, l'œil toujours à l'écoute (« la Hollande est un corps qui respire »), condensé de contradictions éminemment médiologique. Diplomate et donc grand voyageur, à une époque où la navigation donnait le temps qu'il faut pour rêver et réfléchir, allant et venant entre Extrême-Orient (Chine et Japon) et Extrême-Occident (Brésil), il utilise spontanément la méthode par invariant et variations, qui permet de comprendre *l'un par l'autre.* L'alphabet par l'idéogramme *(La philosophie du Livre),* entre autres choses. Poète attentif, comme son maître Mallarmé, aux graphismes, supports et autres effets d'énonciation *(Les mots ont une âme),* il paie tribut aux instruments d'écriture, que ce soit l'encre, « le noir liquide dont la pensée est altérée », le « véhicule de l'âme », ou la plume métallique, ce « doigt aigu de l'esprit » *(Figures et paraboles).* Il croise allègrement les registres, comme dans son essai intitulé *Le téléphone* (1936) : « C'est alors que pour la première fois, mêlant ses appels et ses sonneries au tic-tac du morse, intervient dans la confection des événements humains un nouvel et terrible instrument, dont l'action immédiate et imperceptible, accentuant le rôle des nerfs et diminuant celui de la volonté, de l'étude et de la réflexion, ne va plus cesser de s'accroître. » Ou mieux encore, dans *Poèmes mécaniques*, la même année, *L'avion et la diplomatie*, croisement d'une savoureuse lucidité : « L'avion, notre professeur de géographie [...] s'est constitué notre répétiteur de droit international. » Et l'on n'oubliera pas l'éloge lyrique, exact et musculaire, de *La motocyclette* (cette force qui fait corps avec nous, c'est l'ouverture sur l'infini de la route ; l'avion nous délivre de la terre, la moto nous la livre).

Claudel préférait le titre d'auteur comique à celui d'auteur cosmique. Poètes et dramaturges ont un flair particulier pour la cocasserie (l'écrivain médiologue est drôle ou n'est pas), sixième sens rafraîchissant qui rend sensible au déroutement technique en ce qu'il a de rigolo. Avec ses effets d'amplification, ses courts-circuits, ses surprises (au contraire de l'histoire politique, programmée, répétitive et assez linéaire), le cours des inventions est assez souvent jubilatoire, déluré, avec quelque chose en lui de surréaliste. Par delà la filiation magicienne, qui raccorde cette louche activité à la *métis* grecque, et donna longtemps au technicien de la tribu son côté farces et attrapes, prestidigitateur aux mille tours ; par-delà la façon qu'a le nouvel engin ou bidule de retourner l'obstacle en moyen, en devançant même la marche du savoir (les premiers avions ont volé avant que naisse l'aérodynamique), il y a là une drôlerie essentielle qui tient, comme on l'a vu, à certaine imprévisibilité des usages. Indétermination des sources : personne n'a « inventé » Internet, dont l'emballement a entièrement échappé aux « décideurs ». Indécidabilité des retombées. Facétie des spirales chronologiques et retours de générations, qui fait sortir la première de la dernière (le CD ressuscitant des enregistrements vétustes en 78 tours, Cortot ou Toscanini, que le microsillon reléguait aux oubliettes). Enjambement satirique des chaînes causales (le four à micro-ondes et la baisse de la nuptialité, le rayon hertzien et l'écroulement du communisme). Hiroshima, Tchernobyl, marées noires, effets pervers, dépendances, dangers non maîtrisés : l'époque des « technosciences » a d'évidence de quoi nourrir l'incoercible technophobie des âmes. Le galopant progrès des outillages peut bien inquiéter, il est vrai. Ce qui ne devrait pas empêcher de vivre et penser avec deux idées contradictoires : la tragédie, aujourd'hui, c'est la technique (et non plus la politique, comme le soutenait Napoléon), car elle oriente nos décisions en échappant à notre pouvoir de décision. Et la seconde : si fatalité il y a, ses péripéties sont assez farfelues. Se jouer des intentions et déjouer les attentes faisant partie depuis les Grecs des attributs de la méchanceté divine, ces idées opposées feront bon ménage. Une raison de plus pour placer « l'horreur technologique » sous le signe du rire : celui de Dionysos jouant aux dés.

Toute création étant d'abord fabrication, rien d'étonnant que les artistes s'interrogent sur la fabrique – outils et matériaux –

avec un temps d'avance sur les théoriciens. Ils sont payés pour savoir que l'émotion spirituelle tient à des bricoles très matérielles, et qu'on ne peut réfléchir son message sans réfléchir d'abord son médium. Une familiarité quotidienne avec le peindre, le sculpter, le représenter, le tourner, les confronte sur le tas aux moyens du bord. En littérature, c'est la veine des poètes, les plasticiens de la langue (Mallarmé, dans sa quête du Grand Œuvre, travaille les blancs et les polices, mise en page et format). Plus que le prosateur, le poète bénéficie du court-circuit illuminant de l'image, branché sur l'inconscient (personnel et collectif), et donc moins exposé à « l'incurable retard des mots ». D'où, en médiologie, la supérieure lucidité des lyriques, leurs dons prémonitoires pour « sentir » la technologie émergente et ses possibles. On l'a bien vu avec le cinéma, « l'art du ruisseau ». En France, ce sont les poètes qui ont compris les premiers son avenir, quand aucun esprit sérieux n'y prêtait attention – Reverdy, Desnos, Cocteau, Aragon. Puis, vingt ans après, les écrivains – Malraux, Benjamin pour commencer. Et enfin, encore vingt ans plus tard, les philosophes – derrière Merleau-Ponty. On vient de voir la même procession, ou succession, face à l'informatique, mais avec un net raccourcissement des délais de distraction (Roubaud, l'Oulipo, Jouffroy et Butor disant d'emblée leur intérêt).

Ce n'est pas à dire – loin de là, qu'il n'y ait rien à puiser dans la philosophie classique. Y compris chez Descartes, qui exhorte à « parcourir avec méthode tous les arts ou métiers des hommes, même les moins importants, et surtout ceux qui manifestent ou supposent de l'ordre » (Règle X des *Règles pour la direction de l'esprit*), et qui ne dédaigne pas le détour par l'objet pour sortir de l'espace formel des raisons ; et même chez Kant, à qui on doit un bel éloge de l'agenda comme mnémotechnique *(Anthropologie du point de vue pragmatique)*. Remarquons, cependant, que les apports les plus significatifs proviennent des inclassables francs-tireurs de la pensée, personnes déplacées en philosophie, hors des voies balisées, comme Hobbes, le voyageur hérétique, condamné pour athéisme, Pascal (l'inventeur de la machine à calculer et le créateur de la première société de carrosses publics), ou Vico (si longtemps méconnu). Leroi-Gourhan n'est pas passé par les écoles. Et Benjamin fut un essayiste marginal que personne en son temps ne prenait vraiment au sérieux (ni à l'Université ni à la NRF). Il s'occupait trop du « petit effet » (comme la sonnerie du Panorama impérial de Berlin, quelques secondes avant que l'image ne se retire, le passage couvert à éclairage diurne, le « truc » de Daguerre, le perchman en studio, etc.) et pas assez des grandes causes.

Pour revenir à l'actualité, il nous faut saluer, bien sûr, du côté communication, « l'école de Toronto » (Harold Innis, McLuhan et Derrick de Kerkove), ainsi que les anthropologues anglo-saxons – Walter Ong, Jack Goody et Neil Postman –, souvent en avance sur leurs homologues latins dans l'analyse de la culture matérielle. La revue américaine *Technology and Culture* n'a pas (à notre connaissance) son équivalent en Europe, où nombreux ont pourtant été les pionniers, trop peu écoutés et reconnus, de l'intersection séminale. Saluons en France les défricheurs de la revue *Culture technique* (1979-1995), les noms-repères de Simondon, Bertrand Gille, Jocelyn de Noblet, Yves Stourdzé, Thierry Gaudin, Jacques Perriault et d'autres. En 1981, fut publié un *Manifeste pour le développement de la culture technique*, préfacé par André Leroi-Gourhan. Il ne semble pas hélas avoir marqué le milieu intellectuel hexagonal.

Dans le domaine philosophique contemporain, de langue française, nous devons une reconnaissance toute particulière aux travaux de Michel Serres (notamment les quatre volumes d'*Hermès*), de Jacques Derrida *(De la grammatologie, L'écriture et la différence)* et, bien sûr, de François Dagognet, dont l'œuvre entière peut être qualifiée d'inspiration médiologique. Les limites de cette introduction ne permettent pas de détailler ce que l'on doit à ces grands aînés[2].

Nous arrivons bien tard ? C'est ainsi : « La chouette de Minerve s'envole à la tombée du jour. » Les hommes ont produit et échangé des biens pendant des millénaires sans avoir eu besoin

1. Walter Benjamin, « Mais à mes yeux un petit effet, authentiquement troublant, me semble supérieur à tous les sortilèges mensongers dont les pastorales entourent les marches funèbres », *Enfance berlinoise, 1932-1935*.

2. On trouvera plus amples commentaires dans « Pourquoi des médiologues ? », *Cahiers de médiologie*, n° 6, Éd. Gallimard.

d'une économie politique. La valeur-travail existait dans les faits avant Ricardo. Mais les notions abstraites de travail social moyen, de valeur d'usage, et de valeur d'échange, etc. requéraient pour éclore sur le papier la prolifération des travaux concrets et l'extension de la marchandise, sans quoi la décantation théorique n'eut pas été possible. De même, la catégorie abstraite de *médium* supposait la multiplication des médias ainsi que leur montée en puissance. Elle ne pouvait apparaître dans sa *simplicité* tant que son développement réel n'avait pas atteint une suffisante *complexité*. C'est seulement au seuil du XXIe siècle, avec l'épaississement médiatique et la prodigieuse variété des vecteurs, qu'il devenait possible de décanter les rudiments logiques d'une transmission. Les catégories les plus simples (celles qui sont au départ d'un processus réel : le caillou gravé, l'entaille sur l'os de renne) sont les plus invisibles et donc les plus tardives à apparaître en surface. La sociologie n'a pas échappé à la règle du retard, dont Durkheim a fort bien rendu compte en son temps[1].

« L'anatomie de l'homme est une clé pour l'anatomie du singe », notait Marx, qui précisait, en bon darwinien : « Les virtualités qui annoncent dans les espèces animales inférieures une forme supérieure ne peuvent être comprises que lorsque la forme supérieure est déjà connue. »[2] Le *broadcast* unilatéral de la télé hertzienne révèle ses propriétés rétrospectivement, avec le réseau interactif de l'ordinateur, et l'écran à domicile nous a révélé ce qu'avait de singulier la congrégation du grand écran. Tel est « le

1. « La sociologie ne pouvait apparaître avant qu'on n'eût acquis le sentiment que les sociétés, comme le reste du monde, sont soumises à des lois qui dérivent nécessairement de leur nature et qui l'expriment. Or cette conception a été très lente à se former. Pendant des siècles, les hommes ont cru que même les minéraux n'étaient pas régis par des lois définies, mais pouvaient prendre toutes les formes et toutes les propriétés possibles pourvu qu'une volonté suffisamment puissante s'y appliquât. On croyait que certaines formules ou certains gestes avaient la vertu de transformer un corps brut en un être vivant, un homme en un animal ou une plante, et inversement. Cette illusion, pour laquelle nous avons une sorte de penchant instinctif, devait naturellement persister beaucoup plus longtemps dans le domaine des faits sociaux. En effet, comme ils sont beaucoup plus complexes, l'ordre qu'ils présentent est bien plus difficile à apercevoir et, par suite, on est porté à croire que tout s'y passe d'une manière contingente et plus ou moins désordonnée » (« De la méthode dans les sciences », F. Alcan, 1909).

2. Marx, *Introduction générale à la critique de l'économie politique,* 1857.

mouvement rétrograde du vrai » (Bergson) : les propriétés du médium suivant découvrent celles du précédent (qu'il détrône). L'ordinateur individualisant (parmi et avec d'autres « gadgets » propices à l'autonomie : le répondeur, le mobile, le baladeur) nous met en garde contre ce qu'il y avait de massifiant dans le bombardement unilatéral du dispositif « diffusion ».

L'historien des sciences Alexandre Koyré observait jadis qu' « ayant nous-mêmes vécu deux ou trois crises profondes de notre manière de pensée [...], nous sommes plus aptes que nos prédécesseurs à comprendre les crises et les problèmes de jadis ». Les récentes mutations de nos cadres d'intelligence nous rendent de fait plus sensibles aux discontinuités, aux changements de milieux et de technologies intellectuelles que nous ne l'aurions été au temps de Comte et de Durkheim – y compris aux changements intervenus dans un lointain passé et dont on ne pouvait encore mesurer l'importance. De même les bouleversements actuels nous ouvrent-ils les yeux sur les mutations logistiques d'hier et d'avant-hier, certes moins spectaculaires, plus lentes, mais presque aussi décisives que les nôtres aujourd'hui. Elles ne pouvaient qu'échapper à l'attention de nos prédécesseurs, ou ne leur apparaître qu'incidemment. A quelque chose retard est bon : avec la désorientation ou la déstabilisation qu'il provoque, l'actuel changement de phase (1960-2000) permet de transformer les réponses d'hier en questions, et faire lever une problématique en lieu et place d'une évidence.

Les précurseurs, comme chacun sait, sont ceux qui viennent après. Nous ne les eussions peut-être pas aussi bien aperçus, ces devanciers, avant de nous lancer dans cette aventure formalisante et synthétique. En un sens, ils ont fait le travail, et nous venons cueillir les fruits (qui ne passeront sans doute pas la promesse des fleurs). Comment payer sa dette sans trahir tant et de si bons créanciers ? Il faudrait pouvoir réussir cette gageure : théoriser le réel sans le brutaliser, réduire à l'essence sans dessécher l'existant, – discipliner les intuitions sans perdre l'indiscipline des intuitifs. Marier l'ordre et l'aventure – vœu plus facile à formuler qu'à exécuter... On veillera à garder, en tout cas, le goût des interstices, des zigzags et des traverses, sans oublier de tenir l'hostilité des collèges et des académies pour une récompense.

Chapitre IV - L'efficacité symbolique

LE TRAJET : DU MÉDIUM À LA MÉDIATION

« Puissance de la parole » : une boîte noire encore fermée

Nous avons parlé *technè* (l'action de l'homme sur les choses) avant de parler *praxis* (l'action de l'homme sur l'homme). L'ordre d'exposition a inversé l'ordre de la recherche. Nous sommes en effet venus aux procédés, matériaux et instruments par une interrogation éminemment pragmatique sur le pouvoir des mots, des sons et des images. Comment faire bouger les hommes, la société, l'histoire ? Faire penser pour faire faire ? Le but était de repérer les voies et moyens de l'*efficacité symbolique*, ou comment opère l'abstrait dans le concret. Soit dans l'histoire des idées une généalogie à l'envers qui substitue au souci des sources celui des embouchures. Non pas : « De quoi cette pensée est-elle le produit », mais « Qu'a-t-elle effectivement produit ? ». Non pas : « D'où vient cette information et que veut-elle dire ? » mais « Qu'est-ce que cette information nouvelle a transformé dans le territoire mental de ce collectif et ses dispositifs d'autorité ? » Car il ne s'agit pas, pour un médiologue, de déchiffrer le monde des signes mais de comprendre le devenir-monde des signes, le devenir-Église d'une parole de prophète, le devenir-École d'un séminaire, le devenir-Parti d'un Manifeste, le devenir-Réforme d'un placard imprimé, le devenir-Révolution des Lumières – aussi bien que le devenir-panique nationale d'une émission radio d'Orson Welles en 1939, ou le devenir-don d'argent ou de riz d'un reportage humanitaire à la télévision. Pourquoi une représentation du monde (sonore, visuelle, ou les deux) devient-elle, dans certaines circonstances, une action sur le monde ?

Le souci pragmatique qui se dit ici de l'histoire des idées peut s'étendre au registre de l'histoire des formes. Comment émouvoir un public, faire pleurer Margot, ébranler les cœurs avec des images ou des sons ? L'effet artistique est à ranger dans l'effet symbolique en général. Et ici ou là, ces effets, qu'ils soient politiques ou plastiques, visuels ou musicaux, varieront avec le mode de production ou de diffusion. Une « affaire » en politique (de corruption, de mœurs ou de parjure) n'aura pas les mêmes répercussions si elle est transmise de bouche à oreille ou par satellite. Orale, la rumeur ne dépassera pas la ville ou la région ; imprimée, elle peut prendre une envergure nationale ; audiovisuelle, via satellite, des proportions planétaires. De même, chaque nouvelle façon de transmettre la musique modifie la musique elle-même. Le Bach du XVIIIe qu'on écoutait à l'église Saint-Thomas, à Leipzig, pour l'office du dimanche, n'est pas celui qu'on écoute en intégrale sur un CD, seul chez soi. « Chaque fois qu'il y a eu une nouvelle étape (le développement du jeu instrumental privé, la sécularisation des œuvres, l'idée même de développer un espace et un temps propres à l'écoute de la musique), chaque fois on a repris les œuvres précédentes, on a modifié la façon de les comprendre et on a créé un nouveau Bach, qui garde la trace des précédents, en même temps que ce nouvel usage de Bach modifiant en retour l'écoute et le goût musical. »[1] Les supports du goût redéfinissent les œuvres du répertoire classique et les façons d'interpréter.

Il naît de là un changement de perspective qui peut se traduire, en matière littéraire, par un transport d'accent sur l'énonciation plutôt que les énoncés. Ou par un surcroît d'attention à ce qui n'en méritait pas, ou peu : l'adverbe plutôt que le verbe, l'« emballage », la « découpe », l'expédition. Le *modus operandi* semblera plus révélateur que l'*opus,* mais le deuxième, en fait, ne prend effet que par le premier. Sous cet éclairage, le long et le court, par exemple, ne sont pas des modalités stylistiques (insubstantielles : plus ou moins) mais des options qui emportent le fond (le plus par le moins). Dans la balistique littéraire, l'abréviation optimise l'expédition. La rhétorique du bref permet d'allonger la portée des messages. Rousseau, dans l'*Émile* (1762), note, sur

1. Antoine Hennion, « Le pouvoir de la musique : de la création, du goût et de la sociologie », *Cahiers du CECEDEM,* Lyon, La Médiation, 1997, p. 15.

l'éloquence des Anciens, que « jamais elle n'eut plus d'effet que quand l'orateur parlait le moins ». S'occuper d'efficacité symbolique oblige à prendre le « moins » au sérieux. Le style sec, disait Valéry, « traverse le temps comme une momie incorruptible ». Le « ramassé », comme le « coloré » ou le « vif », relève d'une *stratégie*, et on peut voir dans certains stratagèmes d'expression ou de présentation (l'ellipse, l'anacoluthe, l'énigme) visant à vaincre l'inertie d'un milieu et son bruit ambiant, afin de trouver « le moyen le plus efficace de secouer les sociétés » (François Dagognet), des procédés de *recherche de puissance*. Électriser le message, c'est le profiler pour le rendre aérodynamique, accroître sa capacité de pénétration, de rentrée dans l'atmosphère (physiquement résistante). Les considérations de forme (ou de style) pointent souvent des effets statiques coupés de leur dynamique explicative. Rappelons-nous que le projectile – tel ou tel message – est comm sculpté par sa trajectoire, et que « l'esprit des formes » s'éclaire par une économie des forces. Invention, disposition, élocution – les diverses rubriques de la rhétorique – sont à inscrire autant parmi les arts de la mémoire (comme procédés mnémotechniques pour l'orateur et son public) que parmi les arts de combat (le compact *pour* l'impact, le cursif *pour* l'offensif, etc.), où ont excellé les intellectuels des Lumières, et Voltaire en particulier.

On dit – cliché sagace : « Lancer une bouteille à la mer. » Or les propriétés d'une bouteille (contenant fermé, matériau isolant, goulot étroit) ne sont pas indifférentes. Elles sont esthétiques si l'on veut (la verrerie est un métier d'art) ; mais le choix de la bouteille est fait pour optimiser les chances de survie, non pour faire beau (même si le plus élégant s'avère le plus fonctionnel). La forme-bouteille plutôt que la forme-jeroboam, container, ou bonbonne : la préconisation est d'abord pragmatique. Le flacon ici fera l'ivresse là-bas. Le *small is beautiful* se déduit d'un *small is efficient*. Ce *moins* minimaliste est le résultat d'une tension ascétique, d'un effort logistique autant que d'un besoin esthétique. Qui veut voyager loin abrège sa mouture. Le croquis, plus pertinent que le dessin, la planche botanique que la photo, le graphe que le relevé. C'est le *labeur* incessant, et toujours à reprendre, de l'assèchement (le bréviaire, le précis, le manifeste, l'abstract ou l'abrégé), du resserrement pour mieux faire trace. Le succinct en tant qu'ascèse et performance.

Un illustre exemple de diminution expansive nous est fourni par le christianisme primitif. On s'étonnera peut-être de nous voir revenir avec insistance sur notre archétype. Nous avons deux raisons pour ce faire. D'abord, le christianisme constitue en Occident la plus saillante et marquante expérience de transmission symbolique : à ce titre, c'est un *objet* d'étude pour nous impératif, le premier par son rôle de matrice culturelle. Ensuite, fondé comme il est sur une eschatologie universaliste, le christianisme est la religion missionnaire par excellence (elle s'adresse à tous les hommes), qui a pour but la propagation de la foi. L'action apostolique est son origine, la pastorale, sa finalité, et la catéchèse, son quotidien. Cette *cura animarum* (le soin des âmes) qui lui est consubstantielle l'a amenée à rechercher et expérimenter tous les vecteurs permettant de « gagner les âmes à Dieu ». Comme opérateur de conversion, l'Église est à ce titre un *acteur* médiologique toujours sous tension.

Les méthodes d'évangélisation témoignent d'un génie précoce de la compression, graphique et littéraire. Ou comment, sur un marché du salut hautement concurrentiel, transmuer un handicap doctrinal de départ, à savoir l'absence d'une Physique, d'une Logique, et de toute mise en forme systématique, en « avantage comparatif » (par rapport aux écoles rivales, néoplatonisme, épicurisme, stoïcisme qui n'avaient que mépris pour le simplisme chrétien). Le génie consista (jusqu'à Origène, au début du IIIe siècle) à inverser une disette en diététique, un logos déficient en pathos performant. La pastorale allège la teneur logique du message pour étendre ses zones de réception à des couches sociales dominées ou périphériques. La Croix, le chrisme, les monogrammes, le JHS (Jésus Hominum Salvator), le poisson, l'agneau : cette emblématique (le publicitaire dirait : ces « visuels »), assure, tel un espéranto optique, une dynamique maximale dans l'expédition translinguistique et transnationale du message et sa divulgation en vulgate (chez le *vulgum* illettré). Autre « plus par le moins » : la légèreté maniable et facilement mémorisable du Nouveau Testament (au regard de l'Ancien), avec ses paraboles, ses « petites phrases » percutantes et voyageuses. Dynamique réductionniste qui trouvera son véhicule idoine avec le *codex*, à partir du IIIe siècle, gain d'espace, compactage agilisant des contenus par le contenant. Autre trait de génie « propagatif » *(De propaganda fide)* : la transsubstantiation. Le dogme de la présence réelle permet de miniaturiser le corps entier du dieu dans une minuscule rondelle de pain. La Sainte Communion (le plus grand dans le plus petit, le plus crucial dans le plus familier) est une « compression » eucharistique (au sens César du mot). On pourrait de même aborder les théologies orthodoxes de l'icône sous l'angle des « ratios » véhiculaires. L'icône des liturgies orientales qui déchosifie sans déréaliser, qui spiritualise les corps, désencombre la chair pour laisser passer la lumière de l'Esprit, recèle d'extraordinaires vertus *pneumatiques*. L'Esprit saint *(pneuma)* actionnant une sorte d'air comprimé pour délivrer aux pécheurs empêtrés dans leur corps la Bonne Nouvelle. La « théologie de la beauté » (Evdokimov) facilitant une cure d'amaigrissement par abréviation récapitulative du message de salut. Dans *L'art des Emblèmes* (1662), le jésuite Claude Menestrier a systématisé, pour faciliter la Contre-Réforme, ces signes ornementaux et distinctifs : le blason, la devise, le monogramme, l'écusson, le sceau, la vignette, soit la « note » en général (la plus expressive étant la plus condensée) et ce, dans un souci non dissimulé de prosélytisme. Dans les tâches d'évangélisation, « l'elliptique l'emporte », selon un principe proprement médiologique d'économie (l'acronyme INRI des cartouches et tableaux).

Dans ce Morse d'avant le télégraphe, qui veut éliminer le « littéraire » au sein même de la littérature (comble de l'art littéraire), il y a, au-delà d'une structure formelle d'expression, une héroïcité morale à résonance romaine, associée en particulier aux espagnols de la latinité (Sénèque, Lucain, Marcial) dont l'exemple hante le plus éloquent champion de la pointe, de l'acuité et du trait d'esprit, l'espagnol Baltasar Gracián. L'auteur de *Agudeza y arte de ingenio* (1648) fut aussi celui de *El Heroe* (1637). Il prône la synecdoque (« la moitié est plus que le tout, car la moitié mise en évidence, avec l'autre en réserve, vaut plus qu'un tout déclaré ») pour subjuguer le vulgaire. « Avec cet habile procédé, le peu paraîtra beaucoup, le beaucoup paraîtra infini, et l'infini plus infini encore. » La maître ne se découvre pas, il fulgure par l'énigme. « La force, la promptitude et la subtilité de l'Esprit sont les soleils raccourcis de ce monde : ce sont comme des étincelles, pour ne point dire des rayons de la divinité : tous les héros ont participé aux excès de l'Esprit. Les paroles sentencieuses d'Alexandre ont fait éclater ses hauts faits ; César fut prompt dans la pensée comme dans l'exécution... On met en doute lequel des deux a excédé en Augustin, ou l'auguste majesté de son raisonnement, ou la pointe de sa pensée. »[1]

Laconisme, densité du trait, brièveté ingénieuse, fulgurance manifestent, aux yeux du stratège jésuite, la supériorité du sang royal et catholique, ainsi que les meilleurs moyens de la reconduire. Ces tropes sont les ruses de l'autorité. Une généalogie historique de la concision nous ferait remonter jusqu'à la sévère *mise en ordre* latine. L'Empire du sec et du dur dictant sa loi synthétique au flou laxiste des diasporas. *Compendium*, *agenda*, *vade-mecum* – autant d'héritages romains (les Romains étant les Américains de l'Antiquité : efficacité d'abord). Raymond Aron imputait à la société industrielle l'actuel « procès de technicisation », soit « la transformation des conduites humaines selon la seule loi de l'efficacité ». La rhétorique gréco-latine (avec sa recherche d'efficacité maximale) n'avait-elle pas déjà « technicisé » la parole ?

C'est un phénomène bien mystérieux que ce « faire des choses avec des mots » (Austin, *Doing things with words*), et d'autant plus opaque qu'il se cache en pleine lumière, dans une tranquille et douce clarté. Le philosophe du langage l'a baptisé « énonciation performative », et la tradition judéo-chrétienne, Genèse. « Dieu dit que la lumière soit, et la lumière fut. » Dieu est la seule source d'émission réputée parfaitement performative (il ne parle jamais pour ne rien faire, chacune de ses paroles est un acte, et il fait tout ce qu'il dit). Le cosmos fut son « acte de langage ». Au fond, spontanément, nous raisonnons encore comme un croyant trop crédule (dans les pouvoirs du Tout-Puissant symbolique), lorsque nous évoquons comme des choses allant de soi, parfaitement naturelles, les « paroles qui ébranlèrent le monde », les « idées qui ont changé l'époque », les « livres qui ont fait la Révolution ». Ou encore « l'impact » d'une idée (qui n'est pas une balle), le « rayonnement » d'une doctrine (qui n'est pas une lampe), le « retentissement » d'une œuvre (non musicale). Ce sont des métaphores qui occultent en le banalisant le mystère performatif. C'est-à-dire, par exemple, le fait que la parole de Jésus ait pu transformer, trois siècles après son émission, la face de l'Empire romain, et donner naissance à la Chrétienté. Ou encore le fait que Luther, moine augustin alle-

1. Voir *La pointe ou l'art de génie*, traduction Michèle Gendreau-Massaloux et Pierre Laurens, préface de Marc Fumaroli, L'Age d'homme, 1983, p. 21.

mand, affichant quinze thèses en latin sur une porte d'église, ait fini par mettre l'Europe à feu et à sang. Comment un *placard imprimé* devient-il guerre de religion, et Protestantisme ? Comment quelques feuillets reliés, intitulés *manifeste du parti communiste*, publiés en 1848 à Londres – nombre de lecteurs : entre 200 et 300 –, ont-ils pu se transformer, cinquante ou cent ans après, dans un « système communiste international » (un milliard de sujets) ?

Ce sont là des phénomènes de transmission longue et à forte amplitude, tout inégaux qu'ils soient. La « puissance matérielle des paroles » (comme dit Edgar Poe dans l'une de ses *Histoires extraordinaires,* intitulée précisément « Puissance de la parole ») a beaucoup d'autres effets manifestes, à plus petite échelle[1]. Citons, pour mémoire (et sans s'étendre) « la séance est ouverte » du président de séance – et tout ce qui relève de ce qu'on pourrait appeler l'*effet-skeptron* (l'insigne d'autorité qu'on remet dans Homère à l'orateur au moment de parler), où prennent place les formules sacramentelles (« je vous absous » ou bien « je vous déclare unis par les liens du mariage »). Il y a ce qu'un positiviste appellerait l'*effet-placebo* de la guérison miraculeuse, par apposition d'une image ou imposition des mains, de la *talking-cure* chez le psychanalyste ou du *chaman* facilitant par ses chants l'accouchement de la parturiente. Il y a ce qu'un sociologue a appelé l'*effet British Museum,* par analogie avec cette théorie de la lutte des classes inventée dans la salle de lecture du British Museum par un économiste philosophe et qui fera bientôt exister dans la rue et les têtes un « prolétariat » pareil à son découpage sur le papier. Fondées ou non, les théories ont des effets de réalité et contribuent à faire advenir ce qu'elles annoncent, dans la mesure où la représentation fausse qu'un acteur social se fait de lui-même ou de la société peut vraiment modifier sa personnalité comme la société elle-même. La psychanalyse est peut-être un conte de fées mais elle a levé des tabous, soulagé des souffrances, modifié les comportements sexuels. Le marxisme est peut-être une mythologie, mais il a, indépendamment d'autres effets plus saumâtres, réellement élevé le niveau de justice et de solidarité en Europe. Amphigouris pseudo ou résultats expérimentaux, peu importe ici, les sciences sociales répercutent sur le social (naïve ou pas, la sociologie américaine des « cols blancs » a donné une certaine consistance et conscience de groupe

1. Edgar Poe, Éd. Gallimard, coll. « La Pléiade », p. 456.

aux cadres moyens). Et qui publie une évaluation chiffrée des établissements scolaires (affichage de classements et de palmarès selon certains indicateurs élaborés par le ministère), fiable ou non, modifie en retour ce même système scolaire.

Dans un cas, l'*effet-skeptron*, le pouvoir des mots, sera en réalité un effet d'institution (faites-vous d'abord élire président, ou maire, on verra après). Dans un autre, l'*effet-placebo*, ce sera un effet de croyance (soyez d'abord convaincu, transi de foi, et vous serez guéri). Dans le dernier, un *effet de savoir* (croyez dans les statistiques et suivez le guide). La liste n'est pas exhaustive (et les classifications d'Austin évidemment plus subtiles). Chercher dans le langage le principe de l'efficacité du langage, à quoi peut conduire une focalisation excessive sur les énoncés « autovalidants » (« je vous félicite »), les « jussifs » (« je vous commande ») et les « prohibitifs » (« je vous interdis »), la force illocutoire des messages, etc., ne serait-ce pas finalement remettre en selle, par voie savante, la très ancienne « magie des mots » ?

Revenons à l'histoire des sociétés. Le fait avéré qu'à plus ou moins longue échéance une nouvelle représentation du monde puisse modifier l'état du monde, et pas seulement l'idée que nous en avions : voilà l'objet ultime du questionnement médiologique, et sa première raison d'être. Pourquoi Jésus s'est-il « emparé des masses » *urbi et orbi*, devenant par là même force matérielle, et non pas Mithra ou Mani, cultes concurrents et même dominants aux Ier et IIe siècles ? Ou encore, pourquoi Karl Marx et non Auguste Comte ou Proudhon a-t-il organisé le champ politique et social du XXe siècle ? Et, plus près de nous, quel parcours faut-il suivre pour se rendre du premier congrès sioniste (Bâle, 1897) à la création d'Israël (Palestine, 1948) ? Comment passe-t-on d'un auteur dramatique et critique littéraire viennois, Théodor Herzl, à l'État juif de Ben Gourion, ou d'un projet intellectuel à un foyer national ? Conversion d'une théorie en pratique, passage de la rubrique « Idées » au chapitre grande politique, mystérieuse « alchimie » qui peut se traduire en termes cybernétiques de *black box*. A l'entrée de cette boîte : des discours, des brochures, des mots ; à la sortie, des églises, des armées, des États. Démonter cette boîte noire, c'est analyser un fait de transmission, soit produire les règles de transformation d'un état dans un autre. D'un état fugitif, vaporeux et ponctuel – les paroles rétrospectivement prêtées par les évangélistes à Jésus de Nazareth à la fin du Ier siècle – à l'état tangible, démographique et culturel, d'une communauté d'un milliard de chrétiens sur la planète.

Les doctrines sont les moins bien placées pour ouvrir leur « boîte noire » car en général elles récusent leurs propres médiations. Le support de diffusion est toujours raturé par le diffuseur qui n'en n'a plus conscience. Il ne faut pas demander aux chrétiens l'histoire du christianisme, ni aux marxistes celle du marxisme. Meilleure la transmission, plus inexistante ; bonne est la route qu'on ne sent pas sous ses pneus. Le propre d'une doctrine est de se projeter en termes tautologiques, de penser son destin comme l'accomplissement inéluctable d'un contenu virtuellement donné au départ. Le devenir-force d'une doctrine, aux yeux de ses partisans, n'est que l'effectuation, la réalisation de quelque chose qui était déjà là, la mise au jour d'un noyau de sens présent dès l'origine. Finalement, la forme même de la doctrine, de l'idéologie ou de la religion est la forme finale prise par la dénégation des médiations. Au fond, les idéologies s'appréhendent elles-mêmes comme des épiphanies, interventions de Dieu ou de la Vérité dans l'Histoire. C'est pourquoi l'ensemble des moyens à mettre en œuvre pour rendre une pensée efficace échappe généralement aux penseurs « de haut vol ». On ne trouve pas, dans l'Évangile, les mots de hiérarchie, église, évêque, cardinal ou Sacré Collège. Pas plus qu'on ne trouve, dans le *Manifeste communiste*, mention d'un organe dirigeant, d'une police, d'un esprit de parti, ni même de l'État. Les performances symboliques sont des effets sans cause ni théorie, dont l'examen après coup oblige à ramasser les détritus des systèmes philosophiques, les résidus, les laissés-pour-compte du rationalisme critique et des sciences humaines. Diffusion, divulgation, propagation : le mou de l'intendance est abandonné en contrebas par les « durs » du concept aux ilotes de l'histoire des techniques, ou des mentalités ; ou bien à une vague psychologie des foules, entre Le Bon et Jung, qui parle hypnose, contagion, influence, suggestibilité – mais non acoustique, enceinte, micro, ondes, cordes vocales. Vulgarisation, vulgate, restent des mots vulgaires : on ne parle pas médias dans la Maison du Père. Quel marxiste s'est demandé comment la main de Marx (encrant dans une chambre du papier) a pu produire, à la sortie, des têtes marxistes et des mains à drapeau rouge ? Et les théologiens voient dans la propagation de la foi un *mystère* de plus, prouvant le bien-fondé de la

Révélation. Les moyens de sa prise de corps sont contenus *in nuce* dans l'esprit originel. Le succès d'une doctrine ne fait question que pour les adeptes de la doctrine concurrente (ceux qui n'en croient pas leurs yeux qu'une telle « ineptie » ait pu conquérir les esprits et les cœurs, en lieu et place de la vraie doctrine, la leur). Ce vieux dédain pour les travaux et les jours de l'incorporation se paye cher. Et notamment par cette magie blanche reconduite en magie noire que constitue *l'imputation théorique,* qui rapporte immédiatement à un contenu de sens originaire, omission faite des médiations, les maux qui en ont « résulté » (les Lumières, c'est le totalitarisme ; Marx, c'est le goulag ; le surhomme de Nietzsche, c'est le SS – font pendant, en noir, au rose et charmant refrain de Gavroche : « Je suis tombé par terre / c'est la faute à Voltaire, le nez dans le ruisseau / c'est la faute à Rousseau »).

Marx avait pourtant fort bien décrit le phénomène : « Quand une idée s'empare des masses, elle devient force matérielle. » Le problème est qu'on ne peut ouvrir le ventre de ce devenir-force qu'en tournant le dos à la notion marxiste d'*idéologie,* qui ne permet pas d'expliquer l'interaction des idées et des événements. Ce terme inventé par le Français Destutt de Tracy, en 1796, pour désigner la « science de l'origine des idées », fut repris bien légèrement par le jeune Marx pour désigner l'ensemble des productions symboliques d'une société. Ce faisant, Marx, qui réservait son matérialisme à la production des biens matériels, continuait de respecter le grand partage sujet/objet, reproduction/production. Il y a du matériel là où se passent les choses sérieuses : les manufactures, l'infrastructure. Là où il y a des discours, des formes et des idées, dans les superstructures, machines et matériaux s'estompent. Le marxisme a pris pour argent comptant la définition idéaliste de la pensée comme détermination subjective, ayant son siège dans le cerveau des individus, sans saisir qu'un corpus « idéologique » est l'esprit d'un corps, l'organisme collectif qu'il reproduit et qui le produit, ainsi que d'une certain outillage de transmission. Sans saisir qu'un processus de pensée a la *matérialité objective d'un processus organisationnel.* Il n'a pas pris garde que les moyens d'organisation de son mouvement de pensée reposaient sur et supposaient la dominance de l'imprimé et de l'alphabet (l'Université populaire, la brochure de formation, la bibliothèque de cellule, la discussion en Congrès de thèses et de programmes articulés, la Semaine du livre marxiste, le journal de classe comme « organisateur collectif », etc.). Le marxiste Gramsci, plus tard, devait ouvrir les yeux sur les lacunes de la théorie-mère. Il s'est demandé comment on passait du doctrinal au quotidien, comment un savoir (élitiste) pouvait devenir croyance (populaire). Il a pris au sérieux la *doxa* (l'opinion), si méprisée par les chevaliers de l'*épistèmè* (la science) – cette *doxa* qui donne à une société ou à un parti sa cohésion et sa vitalité. Il a théorisé l'*hégémonie* (intellectuelle et culturelle) d'une classe sur une autre. C'est malheureusement devenu un mot-valise, un passe-partout, où l'effet supposé éclipse les causes, concrètement considérées. Les marxistes althussériens ont eu beau tirer le boulet *idéologie* (le jeu des idées dans le silence des supports) vers le champ étatique, l'accrocher à des *appareils* (« idéologiques d'État »), le doter d'une « efficace relative », la notion n'en reste pas moins affectée par l'optique inaugurale d'une inanité essentielle comme leurre, double fantomatique des choses, fausse conscience – miroitement abusif au fond des crânes, la *camera obscura* des agents économiques. « Idéologie » est l'un de nos « obstacles épistémologiques » les plus tenaces – l'écran qui interdit de comprendre pourquoi, par exemple, la religion n'est pas ou pas seulement l'opium du peuple mais aussi la vitamine du faible (les opiomanes ne se font pas sauter avec leurs bombes ni ne vont se sacrifier dans des guerres saintes). La théorie du reflet – l'idéologie comme image inversée et inerte du réel dans le miroir cérébral – empêche de saisir qu'une religion (révélée ou séculière) n'est pas une fantasmagorie dans les têtes mais d'abord une dynamique d'organisation communautaire, territoriale et mentale (si tel n'était pas le cas, elle n'aurait justement pas survécu). Le médiologue entend « désidéologiser » les idéologies pour comprendre leur action, c'est-à-dire passer de l'histoire des idées à celle de leurs relais et supports.

Le code inaugural : l'Incarnation

Traverser le médium pour viser la médiation, ou plutôt aborder le premier dans et à travers la seconde – fait la différence entre une sociologie ou une économie de la communication et une anthropologie de la transmission.

Que veut dire ce terme souvent invoqué et rarement défini de « médiation » ? La notion semble à première vue abstraite, intemporelle et nuageuse, mais le langage est ainsi fait qu'on ne peut saisir le plus concret que par le plus abstrait (*ici, maintenant, moi, toi* sont aussi des mots généraux et indéterminés qui me servent à désigner ce qu'il y a pour moi de plus patent). *Médiation* vient du verbe latin *médiare,* « être au milieu, s'interposer », correspondant à l'adjectif *médius,* « qui est au centre, au cœur, intermédiaire entre deux extrêmes ». Contrairement à *média,* qui désigne des choses en l'état, le « -ion » en suffixe indique un *processus* par lequel un médiateur ou un intermédiaire s'interpose entre deux ou plusieurs êtres ou réalités. Cet intermédiaire ou troisième terme met en rapport deux termes qui, sans lui, n'en auraient pas. La notion de médiation est empruntée à la tradition philosophique, et notamment à Hegel, où il désigne la loi fondamentale du développement de l'esprit. Ce dernier est activité pure, activité médiatisante ou dialectique. Il s'oppose à soi par un mouvement incessant de négation et dépassement de soi. Pour aboutir à une vérité, par exemple, il faut passer par une suite d'erreurs laborieusement corrigées. On dira alors que l'erreur a médiatisé la vérité (qui est un résultat, non un coup de canon). Ou encore, ma pensée intérieure ne peut se saisir elle-même et être reconnue par d'autres qu'en s'extériorisant dans les sons de la langue parlée. Les sonorités de l'articulation médiatisent mon esprit. La médiation est ainsi un moyen de réalisation de soi. C'est ce par quoi il faut passer pour devenir ce que l'on est, puisque rien n'existe (et l'homme moins que tout) immédiatement. Il faut toujours passer par autre chose, et ce passage est beaucoup plus qu'un passage (d'une voiture dans un tunnel, par exemple), ou une simple traversée, c'est une épreuve qui transforme de l'intérieur. Ainsi des faits de transmission : ce sont des *processus* (rien d'instantané, il faut prendre son temps) ; ces processus sont des *aventures* (rien n'est joué d'avance, il n'y a pas d'automatisme) ; et ces aventures sont des *métamorphoses* (on en sort à la fin différent de ce qu'on était au début).

Notre culture a placé sur son seuil une figure emblématique de la médiation : celle du Christ. Jésus a servi de médiateur (de troisième terme, si l'on veut) entre Dieu et les hommes, dont le face-à-face est impossible. Le Dieu de l'Ancien Testament n'entre pas directement en contact avec les humains. L'Éternel ne fait pas ses commissions lui-même, il a besoin d'agents de transmission que sont les anges, ses facteurs (*angelos* en grec signifie « messager »). Ces voltigeurs n'opèrent pas en francs-tireurs, ils appartiennent à des milices hiérarchisées sur une échelle d'ordre (la *taxis*). Et tout ange peut devenir démon, tout transmetteur un interrupteur. Le diabolique et l'angélique sont les deux faces d'une même fonction (l'angélologie est déjà une réflexion mûrie sur les conditions opératoires de la transmission). Le Nouveau Testament suppose l'intermédiaire d'un homme-dieu ; le Fils (essentiellement partagé entre ces deux états, ou les cumulant tous les deux). Et c'est ce tiers (après Dieu et le Saint-Esprit), faisant fonction de cheville ouvrière, de relieur, de pont, qui est devenu la figure centrale de notre religion. Le troisième terme de la Trinité est devenu pour nous (dans l'Occident latin) le premier. Le Christ n'est qu'une voie de passage, si l'on veut, mais si je ne passe pas par lui, je ne suis plus rien (qu'une âme en perdition). « Nul ne va au Père que par moi. » Le dogme de l'Incarnation fait de Jésus-Christ le médiateur unique, universel et insurpassable des pêcheurs que nous sommes. Nous ne pouvons faire notre salut (et ne pas aller en enfer) qu'en imitant Jésus-Christ. Qui est le Verbe fait Chair, médiatisé par un corps humain.

La médiologie traduit en questions pratiques les solutions mystiques. Elle fait de l'Incarnation à la fois un modèle (pour comprendre les réalités profanes) et un problème (car le mystère qu'il indique – l'immatériel produisant des effets matériels – doit pouvoir être expliqué autrement que par une vérité de foi). Le plus étonnant dans l'Incarnation (et prometteur pour quiconque veut comprendre comment se forme une culture), c'est le « sacre du honteux ». La foi chrétienne a donné au corps un statut ontologique crucial (ce qui en fait une véritable hérésie hellénique). L'idée que la matière sauve était un scandale. L'ancienne prison qu'a été le corps pendant mille ans de pensée hellénique ou hellénistique devient ainsi, non pas ce dont les âmes s'affranchissent, mais ce par quoi le salut de l'âme peut se réaliser. Là semble être le génie (proprement révolutionnaire) du christianisme : le corps comme moyen de contact avec l'Esprit, accès et non impasse. Ce qui en fait, en sollicitant un peu les textes, une religion non essentialiste mais matérialiste : un matérialisme religieux – paradoxe où un médiologue peut se sentir à l'aise. On n'y sépare pas le signe et la chose, l'intérieur et l'extérieur : l'important, c'est de « ponter », c'est-à-dire de les faire se croiser et se féconder l'un l'autre. Saint Paul, en particulier, a souligné l'aspect physique de la spiritualité : il exhorte les chrétiens à offrir leur corps, à lutter corps à corps avec les païens, mais il a aussi cette conception de l'Église comme corps mystique du Christ, dont les chrétiens sont les membres. Il ne sépare pas le matériel du spirituel. Ainsi, par exemple, la présence réelle, le pain et le vin, dont il fait la présence spirituelle de la chair et du sang. Et saint Paul disait aussi des apôtres qu'ils étaient une *lettre* du Christ, écrite non avec de l'encre mais avec l'esprit de Dieu vivant (*épître* et *apôtre*, en grec, c'est le même mot). Pour lui, l'esprit n'existe pas en dehors du corps, comme le chrétien n'existe pas en dehors de sa communauté (la foi est collective ou n'est pas). Ce n'est pas faire preuve d'un « grossier matérialisme » que de dire (comme nous le faisons) : ce sont les corps qui pensent, et non l'esprit. Sans doute saint Paul s'est-il servi de cette notion de corps à des fins disciplinaires puisque un corps a une tête et qu'elle commande : le corps du Christ est l'Église, qui a une tête, donc une hiérarchie (à côté de la justification par la foi, il y a déjà l'implantation d'une monarchie). En tout cas, la diffusion du christianisme a mis en œuvre l'idée nucléaire de cette Révélation. Elle témoigne que si on ne fait pas corps, rien ne se transmet le long des temps (verbe, charisme ou savoir). Transmettre, c'est structurer un « être-ensemble » car la montée vers Dieu se fait en assemblée : les actes liturgiques, les chorales, les processions et pèlerinages... D'emblée, la transmission chrétienne s'est vécue comme rassembleuse, convoquant et unifiant « le peuple chrétien ». Le mystère de l'Incarnation se détache comme la plus grande révolution intellectuelle que nous ayons connue dans l'histoire des deux millénaires passés. C'est par lui qu'il y a une ère chrétienne, un Occident, et un jubilé planétaire. C'est notamment grâce à ce dogme matriciel qu'il y a des images dans l'Occident monothéiste alors que les deux autres monothéismes l'excluent ; il y a eu une intercession figurative possible avec le divin : nous sommes devenus la civilisation de la peinture, du cinéma, et aujourd'hui de la vidéo, grâce à l'Incarnation (Hollywood est né au IIe Concile de Nicée, 787). L'islam et le judaïsme n'ont pas été les vecteurs de cette « civilisation de l'image » qui a conquis le monde, parce que pour eux le physique (et l'image physique) ne peut servir de véhicule au spirituel (et à la vie de l'esprit).

Tout cela semblera bien théologique, nébuleux et archaïque. A tort. Car l'humanité ne se pose en pratique que les problèmes qu'elle a déjà résolus sur un mode imaginaire (sous forme de mystère ou de dogme). Et la théologie (la connaissance de Dieu) est la première forme revêtue par l'anthropologie (la connaissance de l'homme), sublimée, mystifiée si l'on veut, mais éclairante, voire brutale, car allant à l'essentiel. En l'occurrence, la médiologie est une christologie profane parmi d'autres – (ou le médium, si l'on préfère, un dispositif christique). Le modèle « Médiateur de Salut » est perpendiculaire à nombre de plans triviaux et séculiers.

1 / Il nous annonce d'abord que rien ne se transmet de soi, et qu'il faut partout des intermédiaires à l'œuvre. Entre les amateurs et les créateurs d'art, il y a les *médiateurs du goût* que sont les *critiques* (et les galeristes, les conservateurs, les écoles des beaux-arts, etc.). Entre les fidèles et le Créateur, il y a les *médiateurs de Dieu* que sont les *prêtres*. Entre les auditeurs et le répertoire, il y a les *médiateurs de la musique* que sont les *interprètes*. Entre les citoyens et leur cité, il y a les *médiateurs de la vie publique* que sont les *politiciens*. Entre la connaissance et les ignorants, il y a les *médiateurs du savoir* que sont les *professeurs*. Et ainsi de suite. Chaque médium nouveau engendre un nouveau type de médiateurs – Internet, par exemple, suscite le Webmaster – qui tend à devenir caste et peut créer à son tour de l'opacité (le Webmaster a pouvoir d'édition, de connexion et de censure).

2 / Il nous rappelle dans la foulée que ces « maillons intermédiaires » sont beaucoup plus que des moyens termes. L'interprète musical fait exister une œuvre qui n'existe pas comme un objet inerte en face de nous. La musique n'est pas un déjà là qui nous attend de toute éternité, semblable à elle-même et toujours recommencée. Elle est le résultat (devenu) d'une élaboration (toujours en cours, avec effets rétroactifs). Elle n'existe que par ses médiations (les « performances », les exécutions). L'interprète n'est pas un simple point de passage ou de raccordement entre un auditeur et un compositeur ; c'est à travers lui que l'œuvre prend forme et corps. La médiation est plus que « ce qu'il y a au

milieu », elle élabore ce qu'elle médiatise. Elle ne se contente pas de faire passer d'amont en aval, ni de prélever sa dîme au passage *(traduttore, traditore)*. Elle modèle. La médiation déborde souvent son propre agent. Elle le surprend. Elle créé de l'irréversible. Elle excède les intentions. Elle n'est pas programmable – et peut se rebeller contre ses programmateurs (le parti contre la classe, l'Église contre l'Évangile, l'État contre la nation, etc.). Bref, c'est un *événement* – par quoi l'image de la boîte noire est insuffisante ou inappropriée, dans la mesure où l'*output* s'avère incommensurable avec l'*input*. L'*output* « Église catholique » est à la fois sans rapport avec l'*input* « Jésus de Nazareth », et d'une autre nature. Bien plus : un historien médiologue du christianisme, Maurice Sachot, a montré comment l'*output* ecclésial avait produit rétroactivement son *input*, la figure du Messie (soit le trait d'union capital Jésus-Christ) au rebours de tout ce qu'une vision linéaire et plate de la transmission peut suggérer. La force est le produit de son transport. En clair : le Christ serait l'invention du christianisme (ou Dieu le Père, l'invention du Fils). Le médiateur est en amont, mais ne le sait pas (le Fils attribue ses propres pouvoirs à son Père putatif). Cette reconstruction par renversement constitue le cœur vivant de notre approche.

Il est constant qu'un transport mécanique d'information s'accompagne d'une perte en ligne. Il n'y a pas de transmission gratuite, sans un certain prix à payer. Détournement, simplification, érosion. Même les données numériques s'effacent avec le temps. Oxydation des métaux réfléchissants, opacification des couches plastiques de protection, voire – plus grave – disparition des codes de lecture (l'accident de la NASA). Aussi est-on fondé, intuitivement (sans besoin de mesurer l'altération du signal), à contrer par avance ce processus de dégradation par un acte préventif d'incrustation. Transmettre, c'est refaire barrage contre le Pacifique. Pour cela, les supports inertes ne suffisent pas, il faut des « pierres vivantes ». L'Incarnation du message divin dans un médiateur de salut est la modélisation mythique de cette nécessité. « Que peut le pur esprit, demandait Jules Lagneau (un grand professeur idéaliste du siècle dernier), s'il ne commence par se donner un corps pour agir sur d'autres corps ? » Le corps humain demeure le médiateur premier et dernier du sens (comme le montrent l'art oratoire et la moindre conversation, où les mots agissent par l'intonation, les mimiques, la posture). Les corps individuels retourneront à la poussière ? Il existe par chance – pour relayer les précarités du bouche à oreille – des *corps transindividuels* et moins pulvérulents : les institutions. L'Église, corps mystique du Christ, prolonge ici bas le corps physique de Jésus qui est monté au Ciel rejoindre son Père. Elle relaie l'action des apôtres, auxquels le Christ a remis, avant de mourir, le pouvoir d'enseigner, d'absoudre les péchés et de gouverner. « Hors de l'Église, point de salut », disait Origène (avant Augustin). Le mot n'a rien pour scandaliser le médiologue, qui traduit : hors du canal, point de message. Même la protestation anti-écclésiale que fut le mouvement protestant, assoiffé d'un contact individuel et direct avec la Parole de Dieu (rendu possible par l'imprimerie et les débuts de l'alphabétisation des villes). Pourtant, elle aussi a dû se donner, dès les origines, un organigramme, des assemblées synodales, une hiérarchie. La Réforme n'a pas d'abord eu lieu dans les têtes des fidèles pour engendrer ensuite, dans un deuxième temps, des pasteurs, des temples, des synodes, Genève et des bûchers. Elle a été d'emblée investie par et dans ces pratiques collectives d'organisation ; les deux temps n'en font qu'un. Sans doute les églises protestantes ne sont-elles pas médiatrices du divin (comme l'Église catholique) et leur hiérarchie est ascendante et non descendante (par élection et non par nomination). Calvinisme et luthéranisme n'ont cependant pas échappé à la nécessité de la clôture, de la relation d'ordre et finalement de l'orthodoxie. Et si tout n'avait été alors que pneumatologie (Esprit-Saint) et élan charismatique, s'il n'y avait pas eu place pour des lois, un canon, des sanctions et une discipline, la primauté accordée par les fondateurs à la grâce, à la conscience et à l'intériorité n'aurait sans doute pu se transmettre jusqu'à nous. Le prix à payer s'appelle Michel Servet, brûlé vif pour hérésie. Comme si la chaleur de l'inspiration originaire ne pouvait se survivre que par son contraire, une froide contrainte institutionnelle.

Il suit de là – Incarnation oblige – que quiconque se voue à la transmission devient *ipso facto* secrétaire à l'organisation. Cette fatalité se lit dans l'histoire des clercs d'antan et d'à présent (loin des postures édifiantes de la profession). Malgré l'assomption de l'intellectuel en pur esprit, – un camouflage avantageux, comme le terme combien trompeur d'« intellectualisme » –, un grand clerc canonisé est d'abord un rassembleur d'hommes et un constructeur d'Ordre (pensons aujourd'hui à l'Opus Dei). Au contraire du penseur, isolé et détaché, qui descend du moine, l'intellectuel est un activiste de l'actualité, dont le mandat, en tant que médiateur de Dieu auprès des pêcheurs, de l'Histoire auprès des militants, des droits de l'homme auprès des consommateurs, etc., consiste à faire le *go-between* entre l'Idée et les gens, le légitime et le réel. Cet *incarnateur* traduit une abstraction en programme ou en conseil (au prince, au pape, ou au PDG). Partagé entre ciel et terre, retraite et manif, notre hybride se fait remarquer par un sens aigu du rapport des forces. Le publiciste (ou l'orateur ou le prêcheur) fédère, hiérarchise, intègre, excommunie. C'est la fonction « inter » de « l'hommédium » qui en fait, bon gré mal gré, un homme d'appareil : l'*inter*médiaire entre les discours savants et le grand public, l'*inter*prète des uns auprès des autres, l'*inter*venant dans les affaires du jour. Transmettre n'est pas un passe-temps de demoiselle. Cela revient souvent à transformer de l'encre en sang (le sien ou plus souvent celui des autres). Le phraseur qu'on dit perdu dans les nuages est en fait un tacticien vétilleux, on ne peut plus pragmatique (et pas très sympathique, dans l'exercice de ses fonctions). *Éducateur* et *conducteur*, souvenons-nous, ont même racine ; et il n'y a pas si loin du chef d'école au chef de bande (on dit aujourd'hui : réseau), ou de l'homme d'influence à l'homme de fer. Le paradigme de saint Paul, de Calvin ou de Luther est à cet égard on ne peut plus parlant, mais on peut y ajouter des noms plus laïcs et contemporains (de Freud, qui fut son propre saint Paul, à Lénine, le saint Paul de Marx – pour s'en tenir aux défunts).

Qui peut supposer que la Passion médiatrice est une promenade de santé ?

Le double corps du médium

Nous pouvons maintenant ouvrir le ventre du *médium*, pour en présenter une sorte de coupe anatomique. Et nous saurons alors, sachant de quoi est faite une opération de transmission, de quoi il retourne dans nos études. Cette mise à plat (provisoire, amendable) n'a qu'un but : éclairer la pénombre. Car, qu'il s'agisse des personnes ou des idées, tout ce qui a trait à l'infusif et au diffusif, et qu'on évoque par les termes d'influence, d'aura, d'autorité, de rayonnement, etc., reste des phénomènes obscurs, à demi enfouis dans des zones-lisières, enchantées, féeriques ou maléfiques, aux confins de la métaphore et de la suggestion et encore hantées, jusqu'à la Renaissance, par les pouvoirs occultes du magicien (confins crépusculaires où Edgar Poe, pour qui la source de tout mouvement est la pensée, aime à se mouvoir). Cette explication ou déploiement se fera au prix d'un certain « désenchantement » (le prix de toute pédagogie).

Le *médium,* par précaution préalable, n'est pas une chose, ni une catégorie dénombrable d'objets, étiquetables de loin et à l'œil nu. C'est une place et une fonction dans un dispositif véhiculaire. Répétons-le : il n'est jamais donné, le concept doit s'en élaborer cas par cas, selon les situations. Le médium ne se confond pas avec ce qui se désigne comme « médias » (le *musée* est le médium attitré de « l'œuvre d'art »). A sert de médium à B lorsque B advient par A, et développe ses effets par son entremise. La mise en fonction « médium » d'un objet *x*, qui ne l'est pas par lui-même ni sous tous les rapports, c'est précisément le résultat de l'analyse d'espèce. Un café, un colloque, une académie peuvent, dans telle ou telle occasion, faire office de « médium » dès lors qu'ils servent de vecteur à la constitution d'une mouvance collective (un courant d'idées, par exemple), en servant de matrice à la « prise de corps » d'un certain esprit (ce qui n'empêche pas le café de rester un lieu où on se désaltère ; le colloque, un lieu où l'on s'ennuie ; et l'académie, un lieu où l'on se fait des politesses).

Le médium, comme le Christ ou le roi capétien, a *double nature* ou double corps. Plus exactement, le médium n'est pas moins corporéité que matérialité. Il y a l'outil, et il y a le geste, personnel ou collectif ; le volet MO *(matière organisée)* et le volet OM *(organisation matérialisée).* L'écriture alphabétique, par exemple, est un procédé (technique) dont la transmission sociale suppose, d'une part, du papier, des traceurs, des livres (transmetteurs inertes), et, d'autre part, de l'école, des maisons d'édition, un corps enseignant (transmetteurs animés). Ici, les supports matériels de l'information apparaissent d'emblée pris, saisis dans et par des rapports organisationnels à fonction stratégique, « privés » ou « publics » (offices, centres, entreprises, caisses, commissions, instituts, etc.). Le bloc circulatoire d'une époque a donc une partie visible et une autre invisible. La première correspond à sa face matérielle ou instrumentale ; la seconde, à sa face institutionnelle ou organique. Rappelons (chap. I) que c'est la présence ou non, en sus d'un *appareillage* (MO), d'une *organisation* (OM), qui distingue un fait de transmission (transport d'information dans le temps) d'un simple acte de communication (transport d'information dans l'espace). Ou encore : une transmission, c'est une *communication* (d'information), plus une *communauté* (d'informants et d'informés). Comme le dit Bernard Stiegler, « le *qui* n'est rien sans le *quoi*, mais le *quoi* non plus sans le *qui* ». Et le *qui* désigne un *sujet non individuel* : la famille, l'école, le collège, le parti, le club, le ministère, l'association, etc. D'où cette autre différence : contrairement à l'acte de communication, une transmission n'est jamais (seulement) interpersonnelle. Elle met le plus souvent en rapport un agent déjà organisé (qui peut être seul mais qui a été formé par et appartient à un « corps » collectif) et un destinataire à organiser, ou à incorporer (s'il ne l'est pas déjà).

Le double corps du médium répond aux deux versants d'un processus de transmission : le logistique et le stratégique.

D'un côté, il y a un travail d'organisation de la matière inorganique : dépôt de signaux sur certains matériaux (tracé de caractères sur une feuille de papier ou gravure d'une information digitalisée sur un disque d'aluminium), selon certaines procédures spécifiques. Ce travail produit un appareillage de mémoire (la logistique).

De l'autre, il y a un travail d'organisation du *socius* : constitution d'un dispositif antibruit – institution, administration ou corporation. Il en résulte quelque chose comme un vivant non biologique ou un actif inanimé (la communauté créée à cet effet). Ce travail produit un canal d'acheminement (le stratégique).

Techné et *praxis* se conditionnent l'un l'autre. Leur combinaison fait d'un sens qui parvient à destination l'adjonction d'un travail mort – le support matériel – et d'un travail vivant – l'adressage institutionnel.

Résumons. *Médio* (dans *médiologie*) recouvre l'ensemble des vecteurs inertes et animés nécessaires, pour une époque ou une société donnée, à une propulsion de sens ou encore : tout ce qui concourt à convoyer le symbole (autant dire : à le dévoyer). D'où le tableau suivant :

Médium = le viatique d'un symbole

Vecteurs techniques	**Vecteurs institutionnels**
MO 1 : le **support physique** (statique – page ou surface magnétique – ou bien dynamique – ondes sonores ou hertziennes)	OM 1 : le **code linguistique** (araméen, latin, anglais, etc.)
MO 2 : le **mode d'expression** (texte, image, sons articulés, etc.)	OM 2 : le **cadre d'organisation** (cité, école, église, etc.)
MO 3 : le **dispositif de circulation** (en chaîne, en étoile, en réseau, etc.)	OM 3 : les **matrices** de formation (l'organisation conceptuelle du message)
Volet **MO** (matière organisée)	Volet **OM** (organisation matérialisée)
= **Vecteurs externes de transport**	= **Vecteurs internes d'élaboration**

Ce schéma peut être élargi à la sphère de circulation des traces et des individus dans sa globalité. On aurait alors deux sous-ensembles, ici juxtaposés mais en réalité superposés, et ce, à grande échelle, l'échelle d'une médiasphère (logo-, grapho-, vidéo- ou hypersphère).

Médio(logie) = les éléments constitutifs d'un mode de transport	
Moyens de circulation (apparents et distincts)	**Agents de circulation (internes ou ambiants)**
1. Le **support** comme **voie de transport** (la route, l'écran, le papier, etc.)	1. Le **milieu** culturel porteur (culture romaine, hellénistique, Ouest-européenne, Nord-américaine, etc.)
2. Le **véhicule** comme **moyen de transport** (bicyclette ou voiture, alphabet ou idéogramme, image peinte ou photo, etc.)	2. Le **corps** collectif conducteur (l'établissement, l'entreprise, l'institution – musée, éditeur, école, chaîne, etc.)
3. Le **réseau** comme **mode de transport** (routier, imprimé, hertzien, numérique, etc.)	3. le **code** conceptuel inducteur (les modes de configuration interne du message).
= le monde des objets	**= le monde de la vie**
Médiums techno-typiques, objectifs, cartographiables, aux performances mesurables (vitesse, surface, volume, débit, coût, etc.) = **MO**	Médiums ethno-culturels, supports d'une ingénierie subjective, souvent réflexe, coextensive aux agents et invisible d'eux = **OM**

Testons cette grille d'intelligibilité sur diverses époques.

Que faut-il à un cavalier romain dans l'Empire du même nom pour transporter un message de l'empereur à une garnison du *limes* ? Il faut, dans la colonne de gauche (MO) : 1 / Une route pavée (via Appia, Domitia, etc.) ; 2 / Un cheval ; 3 / Un réseau global d'expédition (relais de poste, magasins, garnisons, approvisionnements). Et, dans la colonne de droite (OM) : 4 / La langue latine (pour coder et décoder l'information émise ou reçue par le messager) ; 5 / Un État central leveur d'impôts et donneur d'ordres *(Senatus populusque romanus)* ; 6 / Un système de représentations collectives (morale, discipline, volonté de puissance). Enlevez l'un ou l'autre de ces éléments, par hypothèse, et le cavalier est paralysé. Soit physiquement (1 / 2 / 3), soit mentalement (4 / 5 / 6).

Dans quelles cases ventiler les divers moteurs de la transmission chrétienne dans le même Empire, aux premiers siècles ? Colonne de gauche, pour les vecteurs techniques : papyrus + homélie (en attendant l'irrésistible *codex*) ; écriture oralisée, visuel inexistant ; micro-communautés de prédicateurs-organisateurs itinérants, le long des routes maritimes et terrestres de l'*Imperium*. Soit MO 1, 2 et 3. Colonne de droite, vecteurs institutionnels : l'araméen, suivi de la diction du message en langue grecque, après la destruction de l'État d'Israël (phénomène politique aux retombées théologiques décisives) ; la secte néo-judaïque, puis l'école de pensée, la *scholé* hellénistique ; le modèle de l'homélie synagogale, relayé par celui du discours de vérité, à la grecque (en attendant l'ordre romain). Soit OM 1, 2 et 3.

Enjambons les siècles et tournons nous maintenant vers l'un des beaux-arts, disons la peinture moderne (non contemporaine). Où le médiologue logera-t-il les divers véhicules de cette production artistique ? MO 1 = les matériaux utilisés (pigments, huile, toile, cadre, etc.) ; MO 2 = le dispositif interne de la profession (atelier, académie, école, assistants, etc.) ; MO 3 = les types d'objets manufacturés (amovibles, ou immobiliers, tableaux, fresques, gravures, etc.). OM 1 = les codes figuratifs (perspective linéaire, « manières » ou conventions) ; OM 2 = l'organisation institutionnelle des fabricants et agents de circulation du goût (musées, galeries, collectionneurs, critiques, commissaires priseurs, etc.) ; OM 3 = les rituels du catalogue, vernissage, vente aux enchères, célébration, regroupements en écoles ou mouvements, mises en valeur de l'artiste, etc.

C'est artificiellement, bien sûr, qu'on distingue ici ce qui doit rester emmêlé pour pouvoir produire, en toute innocence et spontanéité, aux yeux des esthètes comme des artistes, l'effet-peinture. En art, les humains s'entrelacent si bien à leurs objets qu'on ne sait plus, qu'on ne *doit surtout pas savoir* ce qui relève de la création ou de la réception, et si c'est l'objet d'art qui fait le sujet de goût, ou l'inverse. Notre histoire esthétisante de la peinture universelle présente la succession en interne de créations singulières ; elle présente, avec Élie Faure, Malraux et René Huyghe (pour s'en tenir aux compatriotes), la grande galerie édifiante des acteurs démiurges. L'histoire sociale de l'art, avec Haskell, Baxandall et Alpers, focalise, quant à elle, sur les agents médiateurs – commanditaires, collectionneurs, galeristes –, disons le milieu en général plutôt que le médium au singulier. L'esthète joue le technique contre l'institutionnel. Les sciences sociales font plutôt l'inverse. Serait-il permis d'embrasser les deux colonnes, avec des aller-retour de l'une à l'autre[1] ?

Si maintenant j'applique ma dernière grille de lecture à l'émission de télé que j'ai regardée hier soir dans mon village, je distribuerais ainsi mes « médiums ». *Support* : écran + tube cathodique. *Véhicule* : l'image-son électronique, direct ou différé. *Réseau* : voie hertzienne terrestre (TDF, filiale de France Télécom). *Milieu porteur* : le monde culturel francophone. *Corps conducteur* : l'établissement industriel et commercial, public (France 2 ou 3), ou privé (TF1, Canal +). *Code inducteur* : l'esprit-maison, matérialisé par la grille des programmes, déterminant habillage, format et genre (*talk-show,* direct, magazine, plateau, etc.).

Ces diagrammes s'éclairent aux précisions suivantes :

• Les deux colonnes ont beau être dans le fait entremêlées, elles ne sont pas du même ordre. L'école-bâtiment irait à gauche, l'école-institution à droite, mais les deux s'impliquent l'une l'autre (comme l'Église est à la fois édifice en brique et épouse du Christ). La colonne MO est de l'ordre de l'ustensile, de l'artefact, ensemble

1. C'est ce qu'on a essayé de faire dans Régis Debray, *Vie et mort de l'image, une histoire du regard en Occident,* Éd. Gallimard, 1992.

d'éléments inertes, manipulables et éventuellement débranchables. La colonne OM s'apparenterait plutôt à l'ordre des organismes, totalités englobantes, et vivantes d'une vie relativement autonome. On pense et communique *avec* de la MO, mais *dans* des OM. L'outil ne permet pas d'échapper à ce *fatum*. Un moine anachorète du mont Athos s'abstiendrait-il d'ouvrir la bouche, ou d'écrire, qu'il continuera de prier dans sa langue, qui le raccorde à sa communauté, dans les formes liturgiques définies par le cesaro-papisme byzantin. Le Word Wide Web est ouvert à toutes les communautés linguistiques, mais mon serveur me communique ses instructions en anglais – me renvoyant, tout francophone que je sois, à un territoire, à une histoire déterminée, à une communauté politiquement instituée, américaine en l'occurrence.

• Distingués ici à des fins d'analyse, ces segments s'induisent l'un l'autre, historiquement indissociables. L'invention de *l'écriture* a produit du texte (MO 1) ; un nouveau système de reproduction des textes, *l'imprimerie* (MO 2) produira en quantité des objets-livres (MO 3), inséparables d'un milieu technique et humain de production et diffusion de textes (l'*atelier* + la *librairie*), milieu suscitant à son tour l'expansion et l'officialisation des langues nationales (OM 1), les diverses institutions de la République des Lettres – *académies*, *bibliothèques royales*, *périodiques savants*, *cabinets de lecture*, etc. (OM 2), porteuses à leur tour de matrices discursives et de formes de sociabilités précises (la notion et les droits d'*auteur*, la forme *correspondance*, le *discours de réception*, la conversation de *salon*, la *« communication »* en société savante, etc.). A l'intérieur de chaque bloc circulatoire, les causalités ne sont jamais à sens unique ni définitivement réparties. Cependant, si, dans *l'effectuation individuelle* des opérations symboliques, la MO opère sous les et aux conditions des OM, on admettra que les révolutions techniques, côté MO, déterminent à plus ou moins long terme les évolutions institutionnelles et mentales, côté OM. Insistons sur ceci : tous les étages ici abritent des forces productives, et transformatrices, avec des effets spécifiques (cognitifs, imaginaires, sociaux et politiques). Aucun ne peut être dit inerte et neutre. Cela posé, on ne perdra pas de vue que l'étage de puissance, dans le message-missile, réside dans la colonne « organisation matérialisée ».

La conception ici schématisée tranche sur l'approche coutumière des médias (en Infocom notamment) par ceci : 1 / qu'elle complète l'habituel volet MO par le volet OM (en général absent ou sous-estimé), et 2 / qu'elle ne sépare pas l'aile communication de l'aile communauté. Parce que tout support de communication suscite (et cache) un certain rapport social. Et parce que le rapport social est lui-même induit (à son insu) par un certain support machinique. La dialectique support/rapport, le cœur du processus, exige de ne jamais sacrifier une colonne à sa voisine. Au couplage face/main comme ressort de l'hominisation (paléontologie) répond le couplage technique/politique, comme ressort d'acculturation (médiologie).

Pour l'heure, on peut, à grands traits, repérer deux schémas de lecture de ces phénomènes, qui coïncident à peu près avec deux continents, l'Europe et l'Amérique. La tradition européenne s'attache à la colonne de droite (l'institution), l'américaine à la colonne de gauche (l'appareillage). Côté « Europe », on aura l'alliance d'un réalisme politique et d'un angélisme technique ; côté « Amérique », l'alliance d'un angélisme politique et d'un réalisme technique. Ici, on maximise l'aspect domination/aliénation ; et là, l'aspect performance/efficacité.

D'Edison à Bill Gates, la ligne Amérique, pour l'appeler ainsi, tord le bâton vers les prouesses de l'artefact. La tendance McLuhan exalte le médium par-dessus le code et le milieu. Et même un historien de la communication aussi subtil que Robert Darnton omet, dans sa remarquable analyse des allées et venues entre milieux et médias propres au système « Lumières » (la circulation des traces), le rôle organisationnel de ces différents vecteurs[1].

A l'inverse, de l'École de Francfort à celle de Paris, des « industries de la culture » à la « sociologie critique », la ligne Europe observe surtout les manipulations permises par l'artefact (hégémonie, aliénation ou violence symbolique), par-dessus les contraintes objectives des appareils. Roland Barthes exalte le code indépendamment du médium et du milieu. Et il n'y a jamais loin de la sémiologie la plus savante à l'indignation morale et au pamphlet politique *(Mythologies)*. La *praxis,* ici, écrase la *technè.* On tord le bâton dans l'autre sens.

1. Robert Darnton, « La France, ton café fout le camp, de l'histoire du livre à l'histoire de la communication », *Actes de la recherche en sciences sociales,* n° 100, décembre 1993.

Chacun a la moitié du programme. Recoller les morceaux suppose de « techniciser » le culturel et d' « inculturer » la technique. Sans doute l'emballement des outils d'information donne-t-il à présent la suprématie à la ligne Amérique, dans le monde et en Europe même (les médias lui servant de relais notamment à travers leurs suppléments « nouvelles technologies »). Il serait cependant dommage de s'y opposer à partir de positions classiquement et soupçonneusement « européennes » sur les machines comme machinations. L'Amérique regarde d'abord l'autoroute (le substrat, le réseau), et l'Europe le Code de la route (plus les accidents de voiture). Il importe de remettre le Code *sur* la route, en recalant la stratégie sur l'ingénierie. Un réseau autoroutier est en soi un exploit technologique (le Web). Ce peut être aussi un calcul stratégique (Al Gore). L'informaticien et le politique cesseront-ils jamais de jouer à cache-cache ? Les grandes voies romaines qui sillonnaient l'Empire n'attestent pas seulement la passion de construire (avec les capacités), mais aussi la volonté de dominer (avec les stratégies). Elles ont servi à acheminer vers les confins des légions exterminatrices – suivies le moment venu, et en sens inverse, par des envoyés chrétiens et des incursions barbares. Rien n'est jamais joué, ni à sens unique. Pour refermer les ciseaux, le médiologue devra se faire résolument euro-américain, en veillant au plus névralgique, le trait d'union (entre le matériel et le logiciel, le *hard* et le *soft*). Au double corps du médium correspondra ainsi la double nationalité, ou affinité, de son anatomiste.

Il nous paraît enfin plus qu'opportun d'élargir la notion de médium aux véhicules de transport et à l'espace physique. Les anges, les messagers de Dieu, avaient des ailes pour se déplacer – et la Victoire aussi. Le routage ne se partage pas, comme le montre, hier, la diffusion des messages religieux par des hommes allant à pied ou à cheval. Et plus tard, celle des normes et du *know-how* (qui escorte les marchandises). Odon Vallet, en particulier, s'est attaché aux « diffuseurs de la foi », à différentes époques : capillarité, transplantation, invasion le long des voies marchandes[1]. François-Bernard Huyghe a montré, quant à lui, le rôle

1. Odon Vallet, *Qu'est-ce qu'une religion ? Héritage et croyance dans les traditions monothéistes,* Albin Michel, 1999.

des routes de la soie dans la circulation des secrets et des mythes entre Orient et Occident[1]. Les routes ont créé la culture, autant que notre imaginaire (au rôle historique des routes de l'Empire romain dans la diffusion de la foi chrétienne, s'ajoute la symbolique de la route dans l'expérience de la foi vécue).

Depuis le télégraphe Chappe, le message va plus vite que le messager. Trop peut-être, pour le mûrissement des sacralités (qui requièrent des labyrinthes, grilles et cryptes) et les lentes approches ascensionnelles. « Désormais, un message religieux est délivré avec une exactitude photographique et phonographique. Finies, les digressions des conteurs qui enjolivaient les récits sacrés. Finies, les corrections des copistes qui rectifiaient les Écritures saintes. Aujourd'hui l'image et le son diffusent une vérité brute et l'on peut se demander si un fondateur de religion pourrait aujourd'hui s'accommoder de la transmission en temps réel de son message et de l'effet immédiat des “médias”. Sans doute chercherait-il à prendre quelque distance avec ces micros et caméras qui n'apportent la renommée qu'en détruisant le mystère » (Odon Vallet, *Les diffuseurs de la foi*).

Embrasser transmission et transport reste néanmoins une tâche inéluctable, même après le décrochage des vitesses produit, au milieu du siècle dernier, par les premières télécommunications. Hominisation et domestication de l'espace vont ensemble. « L'homme commence par les pieds », a constaté Leroi-Gourhan. « Libérant simultanément la face et la main, la station verticale rendue possible par le bipède fait rentrer en scène, en même temps, le langage articulé et l'outil manuel. Dans l'émergence du phénomène humain, après le Zinjanthrope, le paléontologue a observé le caractère global et interdépendant du système « locomotion-préhension-phonation » – déplacement, activité manuelle et parole. Il est donc explicable qu'on veuille embrasser dans un même regard engins de locomotion et technologies intellectuelles. Il n'y a pas seulement, dans cet intérêt, un goût pour le vélo, l'auto, la moto ou la route. Il y a d'abord une donnée de fait. Chaque médiasphère remanie en même temps les proximités dans l'espace et les profondeurs de temps. Dans la conquête de l'ubiquité, on observe depuis un siècle et demi que transmissions

1. Edith et François-Bernard Huyghe, *Les empires du mirage*, Robert Laffont, 1992.

et transports progressent d'un même pas, en cordée. Il y a un effet d'entraînement mutuel – peut-être entre la parole et la marche, certainement entre la roue et l'écriture, la caravelle et l'imprimerie, le bateau à vapeur et le journal, le train et la grande presse, l'avion et le self-média. Le télégraphe électrique (1848) a permis l'essor du chemin de fer ; le téléphone, celui de l'automobile, la radio celui de l'aviation. La télé fait système avec le lanceur spatial (les satellites de diffusion).

Si « symboliser » (du grec *sum-ballein*) veut dire : « réunir ce qui est séparé », tout ce qui peut relier les hommes à travers l'espace, en brisant l'insularité, a une portée symbolique. Se réunir, sur le long terme, c'est *faire territoire* et *faire devenir*. La façon de faire territoire dépend des moyens de locomotion ; la façon de faire devenir, des moyens d'archivage. La communication discursive n'est qu'une partie du chevillage inter-humain – et peut-être pas la plus essentielle. La technique (contrairement à ce que nous appelons « culture ») concerne toutes les classes de la société, et en particulier les transports, qui unissent l'homme à l'homme autant qu'à la nature. Tout objet technique imprime au corps humain ses rythmes, et en particulier nos véhicules. C'est l'inclusion des vitesses physiques qui fait de chaque médiasphère un espace-temps *pratique*, fixant un certain *tempo* d'attention en même temps qu'un rayon d'action moyen dans l'espace. L'hypersphère numérisée (Louise Merzeau), c'est aussi une planète où le nombre des touristes est passé de 25 millions (en 1950) à 600 millions (en 1998). En transformant notre expérience intime de la distance et du délai, l'automobile autant que le logiciel, les gros-porteurs autant que les souris ont changé la donne spirituelle de l'humanité postindustrielle – plus qu'une vision du monde (et un anthropologue du temps présent qui oublierait le Club Med, le *Guide du routard* et les cohortes du troisième âge sous les pyramides, pour n'envisager que les transistors, les faisceaux hertziens et les réseaux câblés, échouerait à montrer ce que « mondialisation » veut dire).

Des médias d'âge différent cohabitent et négocient dans l'univers des signes. Il y a de même une syntaxe des réseaux de transport, une « intermodalité » canal/route/fer/avion – avec des mariages de raison en fonction des avantages comparatifs propres à chacun (fret ou desserte, pondéreux ou colis, etc.). Et comme les médias se pensent entre eux, les véhicules aussi, pris entre concurrence et complémentarité. Route, rail, air, eau se découvrent et se valorisent mutuellement. Chaque vecteur a ses valeurs. La route cultive la liberté individuelle, l'initiative, la souplesse. La voie navigable a pris le parti des paysages et des traditions. Le rail a d'abord besoin d'organisation collective et de discipline. L'avion pense et fait vivre à l'échelle planétaire. L'avion mondialisant et transnational découvre le chemin de fer comme « social-démocrate » (transport de masse hétéronome), qui à son tour désigne la voiture comme individualiste et capitaliste, la péniche cultivant de son côté l'écologie[1]. Tout véhicule ou engin – automobile, train, aéronef, tramway, bicyclette, péniche – est un facteur de lien social et doit s'examiner comme un fait culturel (non moins qu'économique). C'est pourquoi un numéro des *Cahiers de médiologie* a été consacré à la « route » (Ponts et chaussées, réseau autoroutier, inforoute, etc.), et un autre à la bicyclette, le premier véhicule individuel permettant de partir seul sur des itinéraires non balisés. L'actualité souligne assez le caractère vital des réseaux de transport, inaperçu en temps normal mais que chaque crise, blocage ou grève, vient soudain réveiller. Allons plus loin. A long terme, chaque type de déplacement et d'acheminement trame un espace-temps, façonne un type de personnalité, participe à l'humanisation (ou la déshumanisation) du monde. Individuels ou collectifs, aléatoires ou en site propre, les transports sont devenus des *enjeux de civilisation*, au même titre que l'audiovisuel, le journal ou le spectacle vivant. La Direction des routes, par exemple, n'est pas moins « culturelle », à nos yeux, que la Direction du théâtre. Et l'espace informationnel ne peut plus occulter, comme on le voit chez tant d'oracles de la postmodernité, l'espace pratique.

1. Une rencontre organisée en 1996 par les *Cahiers de médiologie* entre les responsables des différents réseaux de transport (le président de la Fédération routière internationale, le président des Voies navigables de France, un représentant de la SNCF et un autre d'Air France), le ministère des Transports et le Commissaire général au Plan, sur le thème « Concurrence ou complémentarité des utopies », a permis de constater que le débat technique se transforme rapidement en controverse idéologique, à sous-entendus politiques. La question de savoir s'il faut privilégier la route face aux canaux, ou le rail face à la route, met aux prises, au-delà des considérations sur les nuisances, les coûts et la sécurité comparées de l'un et de l'autre vecteur, de véritables visions du monde et de la société.

Résumons. La médiologie comme discours peut se ramener à un parcours – l'histoire des 4 M –, message, médium, milieu et médiation. Il nous fait remonter, par étapes, du conditionné au conditionnant. Illustrons ce parcours, une fois de plus, avec le phénomène chrétien. Le *message* dit évangélique (autre chose qu'un énoncé) a eu pour *médium* un corps graphique et ecclésial (le corps du texte + le corps du Christ ou l'Église), lequel médium s'est plié, dans sa formation, aux conditions d'un ou plusieurs *milieux* (chacun avec ses modèles de pensée et de conduite), lesquels ont finalement configuré le message que nous croyons à tort originaire (la *médiation*).

En règle générale, le moment *message* correspond pour le chercheur à une cure *pragmatique* (à l'encontre des fascinations herméneutiques, car le message est *praxis*). Le moment *médium*, à une cure *technologique* (en rupture avec les seules disciplines du langage, car le médium est matériel). Le moment *milieu*, à une cure *écologique* (pour guérir des mythes de l'intériorité, car un milieu est un dehors/dedans). Et le moment *médiation*, à une cure *anthropologique* (pour surmonter les fantasmes de l'origine et de l'essence, car la médiation est notre destin en tant qu'espèce : la condition médiologique de l'homme est indépassable). L'examen de l'efficacité symbolique oblige à ce travail à la fois de décantation et de désenchantement.

Chapitre V - Le Conseil des disciplines

LE PROJET : UN SERVICE AUXILIAIRE

Quels centres d'hébergement ?

Médiologie : ce n'est pas pour le plaisir d'alourdir un stock de néologismes déjà assez encombrant que l'on a choisi un mot nouveau. Inconnu au bataillon disciplinaire. Ces pas de côté s'imposent quand on ne peut faire autrement. Les actuelles emprises universitaires ne recouvrent que très marginalement l'aire de recherche ici indiquée, quand elles ne l'ignorent pas. Sans billet de logement, sans arrière institutionnel, il lui fallait au moins une carte d'identité. Non que les locaux disciplinaires ayant pignon sur rue ne puissent abriter, généreusement, un métèque de passage, à titre précaire et en jouant sur les malentendus. Mais, en rigueur et à long terme, la domiciliation n'était pas viable. Passons en revue les rattachements envisageables mais au fond abusifs : sémiologie, psychologie sociale, sociologie, pragmatique, histoire.

Pourquoi nous ne sommes pas sémiologues ?

Les faits de transmission symbolique font partie intégrante de « la vie des signes au sein de la vie sociale », objet d'une science générale baptisée « sémiologie » par Saussure, en 1916, dans l'introduction à son *Cours de linguistique générale*, et dont la linguistique ne serait qu'une partie. A quoi bon dès lors « faire bande à part » ?

La sémiologie est une aïeule vénérable, qui a accru définitivement l'intelligibilité du monde humain. Le *linguistic turn* a même représenté en son temps un bond en avant pour l'ensemble des sciences humaines, révolution intellectuelle (encore sans équivalent depuis) dont nous continuons de bénéficier, mais dont la force propulsive semble s'être épuisée. Ce n'est pas une raison pour la rejeter par-dessus bord, car le chercheur doit enchaîner, non oublier, relayer et non renier. Et pour ce faire, reconnaître (on ne dépasse que ce que l'on traverse).

Sans doute voit-on à présent plusieurs branches – et générations – de sémiologues. Pour simplifier, la première, celle des fondateurs, s'est développée dans le sillage de Saussure, à partir de son analyse structurale de la langue, autour de l'idée de *code*, comme système de règles combinant des unités distinctives et oppositionnelles échappant à la conscience du locuteur. Cette sémiologie (illustrée en France par les noms de Roland Barthes, Christian Metz, Louis Marin et d'autres) a inspiré, dans les années 50 et 60, la revue *Communication*. Elle tendait à transporter ou à extrapoler la nature diacritique du langage (la double articulation) à tous les domaines où circule du sens (peinture, cinéma, publicité, mode, mass media). La seconde, modernisée et technicisée en « sémio-tique » (suffixe plus « sérieux » que « -logie »), peut se rattacher au logicien américain Peirce. C'est une sémiologie élargie, qui ouvre la gamme des signes (avec la célèbre tripartition, très simplifiée dans sa vulgate, indice/symbole/icône), ne subordonne plus, via notamment la notion d'indice, le message non verbal au verbal, et raccorde les organisations de sens à une pragmatique (ou étude des relations intersubjectives et des conditions concrètes de l'énonciation). Cette sémiologie ouverte, moins intellectualiste que la première, réintègre dans l'acte de langage le geste, le rythme, l'intonation, les stratégies intersubjectives, et au-delà le corps, l'affectivité, le temps, la passion (comme le fait Paolo Fabbri[1]). Elle s'efforce de rompre avec le logocentrisme des origines, tout en restant hantée par les questions de la langue originaire ou parfaite – de Raymond Lulle à l'*espéranto*

1. Paolo Fabbri, *La svolta semiotica*, Éd. Laterza, 1998.

(Umberto Eco, venu de la première, mais éclectique et fécond champion de cette deuxième sémiologie).

Reste, en facteur commun, sous-jacente aux deux, une sensibilité particulière : aux signes, dira-t-on grossièrement, préférés aux vecteurs, matériaux et dispositifs. C'était là l'effet délibéré d'un parti-pris de rigueur : surmonter l'opacité des choses pour faire advenir le système d'oppositions internes qui les transit, et qu'elles occultent. Car le code a cette très remarquable propriété d'être détachable de ses effectuations concrètes, il est ce qui autonomise le message par rapport à son support, lequel peut donc être mis sans dommages (pense-t-on) entre parenthèses. Cette école se nourrit d'une sensibilité *sui generis* (qui atteint chez Barthes, par son talent littéraire, un sommet indépassable d'acuité et de tact) faite d'un contradictoire et donc séduisant mélange de confiance et de soupçon. *Confiance* en la capacité quasi illimitée du Logos de désubstantialiser le monde, arracher les choses à leur choséité, d'en casser l'hystérie et l'empâtement (ce que Barthes appelait le mythe du naturel) pour les rendre à la syntaxe qu'elles portent en elle à leur insu : la sémiologie est une machine analytique destinée à (et convaincue de pouvoir) casser les apparences les mieux blindées pour leur faire rendre code. Et *soupçon* aussi, par la certitude que les agents sont joués par les règles du jeu, que le dessous des cartes leur est inaccessible, et la société entière un vaste *Meccano* de leurres plutôt louches (que seul le sémiologue est habilité à dé- et remonter). Un mélange d'*hybris* intellectuelle (qui tient la structure tient tout et nous avons les moyens de tout structuraliser), et de vigilance morale (ne soyons pas dupes et redressons les torts). Les médiologues sont bien loins de ces ambitions géantes (faire parler le monde entier en dévoilant la grammaire universelle du social).

La Maison Saussure et fils a été conduite par sa « volonté de savoir » à *déshistoriser* et à *dématérialiser* la culture. La sémio opère sur un produit *fini* (le réseau interne des permutations pertinentes), tenant pour acquis le processus de production (avec ses contraintes de fabrication). Et sur un produit *idéal* ou logicisé, dont les « mathèmes » organisateurs se passent de tout substrat, court-circuité par l'arbitraire du code. L'expérience montre pourtant qu'on ne peut séparer les types sémiotiques (ou l'effet de signification de tel ou tel type de signe) des dispositifs d'inscription et de circulation. L'*indiciel* d'une girouette sur le clocher n'est pas celui de l'image-télé ; l'*iconique* d'une icône byzantine n'est pas celui d'un cliché de presse. Et « l'indice » photographique n'est pas exactement de même nature selon qu'il a pour support une plaque de cuivre, un négatif sur verre, un papier au gélatino-bromure, un Polaroid à développement instantané ou une épreuve numérique. Comme le souligne Pierre Lévy, « les dispositifs de communication (en chaîne – manuscrit, en étoile – télévision, en réseau – Internet) sont au moins aussi importants que les types de signes »[1]. Le subjectif (la relation de sens) n'est pas séparable de l'objectif (les machines circulatoires). Pour passer des codes, structures et syntaxes aux réseaux, machines et vecteurs ; ou encore de l'espace inerte de la *signification* (quelles relations entre unités discrètes) à l'espace dynamique de l'*efficacité* (quelles relations entre les symboles et les actes), il faut changer d'élément. Dans le premier cas, l'instance décisive sera une idéalité, structure logique ; dans le second, il relèvera d'une matérialité à explorer, sous son double aspect organisationnel et matériel (selon le double corps du médium). Le sémiologue a fini son travail quand le médiologue commence le sien. Aux tendres sollicitudes d'une herméneutique, succède la rudesse d'une « cure technologique » (Lévi-Strauss). A l'individu au repos (comme locuteur ou récepteur), un collectif au travail (l'organisateur organisé d'un labeur, d'une stratégie de transmission). Et d'une coupe *a-temporelle* (Nietzsche : « Le péché mignon des philosophes est le défaut de sens historique »), on passe à une trajectoire *circonstanciée* (fonction d'une chronologie) parce que la matière ouvragée (MO) a par définition une histoire, celle des machines et des supports (la réalité est en son fond une catégorie *technique*). Pour schématiser, à la critique de l'*illusion référentielle* (pour comprendre les signes, il faut mettre leur référence, les choses, entre parenthèses, car les signes ne s'articulent qu'entre eux), un médiologue fait succéder la critique de l'*illusion sémiotique* (car dans leur fausse naïveté les choses participent au sens et les signes ne vivent pas qu'entre eux). Quand on tord le bâton vers le code, on court le danger que pour ne pas être dupe de la matérialité, on le devienne à la fin de

1. Pierre Lévy, *L'hyperscène*, « De la communication spectaculaire à la communication tous-tous », *Cahiers de médiologie*, n° 1, Éd. Gallimard.

l'idéalité. Et vers le dispositif, qu'à trop rematérialiser, on finisse par oublier les règles de construction internes du message. Chaque danger en son temps...

La sémio se serait-elle finalement dévaluée par inflation ? Portée au départ par la découverte de l'intrinsèque systématicité des langues, la fascination envers le modèle saussurien et ses vertigineuses promesses de scientificité, elle s'est peu à peu retrouvée écartelée entre un jeu de l'esprit, festival de prouesses précieuses, parfois alambiquées, et rarement convaincantes – et un kit terminologique amovible (les passe-partout s'enseignent et se traduisent aisément) à l'usage des appareils d'encadrement scolaire et culturel. Pourtant, quel que soit l'essoufflement des approches formalistes, la sémiologie n'est pas près de perdre son aura littéraire. Elle s'inscrit à son avantage dans la tradition humaniste et philologique des « arts libéraux » (mettant le langage au centre de la vie sociale), et par-delà le Moyen Age, dans la tradition de l'exégèse biblique, commentaire et mise en abîme des Saintes Écritures. La sémiotique s'est jadis exercée (1960-1980) sur les mass media et la publicité – et les médias ont en retour popularisé les travaux sémiotiques. D'où une profitable circulation entre université et forum. Simplement, au lieu de décoder, signe sur signe, des écrits, la critique lettrée s'est mise à faire parler les lessives, le tour de France, les voitures et James Bond. En somme, la culture de masse est devenue un vaste hypertexte, et l'Université s'est retrouvée chez elle dans l'actualité, élargissant l'amphi à la rue. Comment ? En étendant un même *set* de définitions à la peinture, au cinéma, à la danse, à la mode, etc., toutes formes expressives devenant passibles d'interprétation systémique par reconnaissance d'écarts significatifs à recenser et combiner. Sont ainsi nés des « vocabulaires » en série, analysables en unités de commutation, les atomes du son (= les phonèmes de la chaîne parlée), et les atomes de sens ou lexicaux (= les morphèmes). L'invariant « langue » traverse les champs, et on peut établir des dictionnaires de tout : des gestes, des spaghettis, des tailleurs Chanel, des spots publicitaires, etc. Avec cet avantage que tous ces sous-ensembles, pour hétérogènes qu'ils semblent, renvoient finalement les uns aux autres, mais dans une sorte de circularité plus répétitive qu'encyclopédique : on retrouve en fin d'analyse les postulats introduits au départ.

Si le magistère sémiotique, héritier de l'éxégèse biblique, a dû, laisser la vedette (dans le monde savant) à la nébuleuse pragmatique, les enfants de Saussure ont encore de beaux jours devant eux. L'ultra-médiatisation du sensible par les nouvelles technologies va sans doute remettre en selle l'approche sémiotique en ce qu'elle a de meilleur. La production informatique de virtuel favorise l'allégement symbolique du monde matériel, d'où se tire un jeu de signes aseptisés, détaché de tout contexte sociohistorique, de toute contrainte de vraisemblance. Un certain cinéma ironisé par les trucages numériques, à l'instar du vidéo-art, décompose, combine et mixe le réel comme si c'était déjà, à la source, une culture, un espace sémiotique parmi d'autres, simple réservoir de signes transformables à volonté en d'autres signes (collages, détournements, coq-à-l'âne qui font penser au mot de McLuhan, « le discours d'un média est toujours un autre média »). Par ailleurs, la digitalisation des images analogiques, recodées en binaire noir/blanc, ou fond/forme, va peut-être permettre une grammaticalisation du visuel[1]. Contrairement à la langue, où « il n'y a que des différences », l'image est un continuum difficile à découper en plus petites unités distinctives (sur le modèle phonologique), indispensable à l'encodage sémiotique[2]. Or la *discrétisation* d'un flux continu (le film, l'émission), réduit à un système d'éléments discrets (un catalogue de plans, mouvements de caméra, intensités d'éclairages, etc.) manipulables à notre guise sur un écran d'ordinateur (et bientôt de nos récepteurs numérisés), va rapprocher *le visible du lisible*. On pourrait alors naviguer de façon non linéaire dans ces objets temporels ; les vidéothèques devenant consultables comme des bibliothèques (avec table de matière, index de voix, de personnages, de décors, etc.). C'est un des facteurs qui peut aligner l'image sur le signe linguistique – le triomphe technologique s'attestant par son évaporation même dans l'œil (ou l'oreille) du consommateur *(esse est percipi)*.

Face à quoi (l'image devenue calcul, matrice et non plus empreinte, synthèse et non dépôt) le médiologue continuera de

1. Voir Bernard Stiegler, « Les enjeux de la numérisation des objets temporels », in *Cinéma et dernières technologies*, INA, Éd. De Boeck, 1998.

2. Voir Régis Debray, *Image n'est pas langage, manifestes médiologiques*, Éd. Gallimard, 1996.

pointer les machineries lourdes qui rendent possible cette vaporisation du sensible. Affaire de sensibilité ? Peut-être, car il s'obstine dans l'idée (faussement) naïve que l'homme descend davantage du singe que du signe (en réalité, il ne les oppose pas). Et qu'il tient son humanité de la station debout, et non d'un régime symbolique (les pieds libèrent la bouche). Ce *background* anthropologique commande. Confronté, par exemple, au septième art (*après* la photo, *avant* la télé), le médiologue ne cherchera pas un *n*-ième système de signes à débusquer sous les images (le « langage filmique »), mais *d'abord* un certain *partage* du regard issu de la salle obscure (qui induit ce mystérieux rapport de fascination sacrale, immobile et silencieux, à la chaîne imagée), un appareil de *projection* agrandissante (en sens contraire de la *diffusion* électronique), un objet temporel dont le *support* souple et solide, nitrate ou bien acétate, est à sauvegarder, contretyper, éventuellement restaurer, une *caisse* interposée entre le trottoir et la salle (le cinéma est un plaisir payant, un désir aiguisé par un tarif) – bref, l'ensemble des contingences non linguistiques qui fondent en un seul tout message (ce film déterminé), code (la syntaxe cinématographique) et médium (le cinoche), sur lesquels le sémiologue a choisi de se taire mais sans lesquels la séance de ciné, spectacle collectif, perd goût, saveur et sens, soit sa différence spécifique au sein des arts visuels. En un mot, un médiologue pensera regard, plutôt qu'image. Le *quid* de l'image filmique était inséparable de son *quomodo* ; son charme propre, de la manière toute triviale mais combien surdéterminée dont elle s'imprègne sur nos rétines (voir tableau, p. 153).

Pourquoi nous ne sommes pas psychologues ?

Les faits de transmission sont ambigus. Ce sont des dynamiques collectives, mais tissées de relations interindividuelles telles que l'influence, la persuasion, la conversion, la conformité, la confiance, l'autorité, ou encore la « contagion imitative » chère à Tarde. N'est-ce pas là le domaine d'élection de la psychologie sociale ? Elle se donne plus largement pour objet les phénomènes ayant trait *à l'idéologie et à la communication*, dans la mesure même où s'y mettent en jeu des rapports humains – « rapports entre individus, entre individus et groupes, et entre groupes »[1]. Nous ne pouvions donc pas ne pas rencontrer en chemin cette chatoyante discipline (à la fois de recherche et d'enseignement). Elle refuse à bon escient le rôle de supplément d'âme rajouté *in extremis* aux déterminismes objectifs mis à jour par ses aînées, la sociologie et l'économie politique. Loin d'en sous-traiter les résidus, cette interpsychologie entend se placer au cœur des interactions sociales qui nourrissent tous les phénomènes d'opinion, de croyance, de consensus regroupés sous le nom d'idéologie. Récusant la séparation simpliste de l'individuel et du collectif, du psychique et du social, elle se propose d'analyser l'indiscernable à l'aide d'expérimentations dûment contrôlées. On ne peut qu'adhérer à son hypothèse de départ, à savoir que *la relation du sujet à l'objet passe par un autre sujet* (ce que manquait le schéma stimulus/réponse du béhaviorisme). Malheureusement, la réciproque semble ici oubliée (la relation du sujet au sujet passe par un objet). Pas de *praxis* (action de l'homme sur l'homme) sans *technè* (action de l'homme sur les choses). Inobservation qui donne une tournure inexorablement mentaliste à l'approche « psychosociale ».

On lui doit cependant de pénétrantes analyses sur les mécanismes de l'autorité, la polarisation des décisions en groupe, le changement d'attitude, l'influence des minorités agissantes. Il est toujours bon de savoir que les groupes ne prennent pas leurs décisions de la même manière que les individus, et que des personnes raisonnables peuvent opter, ensemble, pour des décisions absurdes. Ou encore, suite à l'expérience de Milgram, que des étudiants parfaitement normaux (non sadiques) mis en état de subordination peuvent infliger sur ordre des chocs électriques extrêmement douloureux à un de leurs camarades, sans émois exagérés. Il est bon de se rappeler que nous sommes moins sensibles à l'uniformité de notre groupe d'appartenance qu'à celle des autres. Ou qu'il suffit, dans un groupe d'expérimentation, d'une petite minorité têtue qui estime qu'une diapositive bleue est verte, pour que le nombre de réponses « vert » augmente significative-

1. Voir *Psychologie sociale*, publié sous la direction de Serge Moscovici, PUF, coll. « Fondamental », 1984.

ment dans le reste du groupe (non prévenu de la supercherie). La meilleure littérature a recueilli sur ces sujets une ample moisson de données intuitives, qu'il n'est pas inutile de systématiser en « mécanismes élémentaires », qu'on jugera alors plus opératoires. Ainsi de la « dissonance cognitive » (Festinger), selon laquelle, quand deux cognitions ou représentations ne s'accordent pas chez un individu, celui-ci tendra à la résorber pour échapper à l'anxiété. Marcel Proust ignorait la théorie, mais rencontra souvent le fait[1]. Les sciences humaines ne sont pas chiches de ces connaissances de deuxième main, dont romanciers et moralistes nous donnent en quelque sorte, avec la primeur, l'original à vif.

La psychologie sociale opère à milieu constant. Pour expliquer par exemple l'adhésion à l'idéologie fasciste, on évoquera un profil psychologique individuel, la « personnalité autoritaire » (Adorno). Il y aurait donc en l'homme une structure mentale stable « potentiellement fasciste ». La probabilité d'activation de ce potentiel invariant (en le tenant pour acquis) n'aurait-elle pas quelque chose à voir avec la médiasphère ? Un Hitler ne doit-il rien au micro, à la radio, à la distance magnifiante des grands cérémonials nazis ? Le gros plan intimiste du petit écran donne-t-il aujourd'hui les mêmes chances aux personnalités dogmatiques, rigides ou violentes ? McLuhan cède sans doute à un déterminisme naïf lorsqu'il écrit : « Qu'un Hitler ait seulement pu exister politiquement est une conséquence *directe* de la radio et des systèmes de sonorisation. »[2] La diabolique radio est si peu vouée au « tam-tam tribal » (l'immersion dans l'espace sonore) qu'elle a pu aussi « donner » de Gaulle et Roosevelt ; l'oreille n'est pas par nature « intolérante, fermée et excluante », et l'extase peut être

1. « Qu'est-ce que vous me dites là ? », s'écria la duchesse en s'arrêtant une seconde dans sa marche vers la voiture et en levant ses beaux yeux bleus et mélancoliques, mais pleins d'incertitude. Placée pour la première fois de sa vie entre deux devoirs aussi différents que monter dans sa voiture pour aller dîner en ville, et témoigner de la pitié pour un homme qui va mourir, elle ne voyait rien dans le code des convenances qui lui indiquât la jurisprudence à suivre, et, ne sachant auquel donner sa préférence, elle crut devoir faire semblant de ne pas croire que la seconde alternative eût à se poser, de façon à obéir à la première qui demandait en ce moment moins d'efforts, et pensa que la meilleure manière de résoudre le conflit était de le nier. « Vous voulez plaisanter, dit-elle à Swann, pensez à moi » (Proust, éd. de « La Pléiade », vol. II, p. 595).

2. McLuhan, *Pour comprendre les médias*, p. 345, Éd. Mame/Seuil, 1968.

visuelle (on s'immerge aussi dans le *cyberespace*), comme l'hystérie collective, audiovisuelle (le spectacle rock). Il n'en reste pas moins que la télévision et le plan rapproché ont expulsé McCarthy de la scène nord-américaine, et promu à terme, partout, un profil homogène de leaders nationaux, et un style international de leadership reconnaissable entre tous[1]. Si le vecteur n'a pas d'effets univoques, on ne peut le mettre entre parenthèses. Ce sont les différentiels de l'emprise émotive (d'un leader sur les foules) qui intéresseront le médiologue, et il en rendra compte par les changements d'armature véhiculaire des systèmes politiques (voir les tableaux de *L'État séducteur*). Les styles de conduite comme de croyance ne sont pas isolables des techniques de représentation, pas plus que les processus cognitifs. Nos compétences sont fonction de nos outils. Notre façon de nous orienter dans l'espace, ou notre perception du territoire ne sont pas les mêmes selon qu'on sait ou non lire une carte (technique cognitive dépendant elle-même de l'établissement de cartes routières accessibles, soit d'un moment précis dans l'histoire de l'imprimerie et des réseaux routiers). La remémoration non plus n'est pas un processus purement psychologique, car notre capacité de mémoire dépend des mnémotechniques à disposition (écriture, livre, numérique, etc.). De même, quand je formule un syllogisme ou dresse une chronologie, le papier, la plume et l'alphabet ne sont pas simples accessoires, ils déterminent du dedans mon activité cognitive.

Également fâcheuse pour notre propos (mais non pour la communication focalisée par la psychologie sociale), est l'évanescence des instances institutionnelles. Elle fait écho au parti pris de Gabriel Tarde, le rival malheureux de Durkheim, pour l'infinitésimal, le multiple et l'hétérogène (il atomise le public d'un journal, cette « collectivité purement spirituelle », en l'addition des lecteurs lisant l'imprimé simultanément, chacun de son côté). La microphysique du tête-à-tête ne continue-t-elle pas de hanter le schéma fléché de la communication selon Shannon (source-canal-message-destinataire), qui est le modèle téléphonique canonisé ? Elle ferait de la transmission temporelle (d'une idée, d'un sentiment, d'un projet) le résultat d'un contact entre monades, dans le cadre du couple social élémentaire, « le couple de deux

1. Régis Debray, *L'État séducteur*, Éd. Gallimard, 1997.

personnes, à quelque sexe qu'elles appartiennent, dont l'une agit spirituellement sur l'autre ». Tarde exclut dans leur principe les « génies collectifs » (comme idoles métaphysiques) ainsi que les « formules de développement » (l'unisson social est identique à lui-même à travers les époques). « Cette conformité minutieuse des esprits et des volontés qui constitue le fondement de la vie sociale... est l'effet de la suggestion imitative qui, à partir d'un premier créateur d'une idée ou d'un acte, en a propagé l'exemple de proche en proche. »[1] L'idiot, le timide et le somnambule – les trois figures de l'homme social selon Tarde (celui qui, n'ayant que des idées suggérées, les croit spontanées) – sont en somme à médium et milieu indifférents. C'est dire qu'on fait peu de cas ici des organisations matérialisées et de la matière organisée, dans la combinaison desquelles le médiologue cherche le secret des continuités inventives.

Pourquoi nous ne sommes pas sociologues ?

Il y a entre sociologie et médias une affinité naturelle. Si la transmission regarde vers l'histoire, la communication concerne d'abord la société ; et la sociologie des médias occupe une place bien légitime dans notre conseil de surveillance.

Il nous est né beaucoup de sociologies depuis l'invention du terme par Auguste Comte en 1837 (pour singulariser sa « physique sociale »). Aussi diverses (et contradictoires) qu'en soient les variantes, deux raisons nous empêchent, même si nous partageons le même refus des analyses d'essence, de chercher refuge dans la « science sociale ».

La sociologie s'est centrée sur le monde industriel et postindustriel. Elle parle du présent au présent. Elle reçoit comme un état de fait l'ici et le maintenant d'une société. Elle n'a pas pour cœur de cible la continuité des temps, soit le fait ahurissant (dont après Auguste Comte, le sociologue allemand Simmel, mort en 1918, est l'un des rares à s'être étonné) qu'il puisse subsister

1. *Les lois sociales*, p. 59, œuvres de Gabriel Tarde, vol. IV, Les Empêcheurs de penser en rond, réédition 1999.

du passé dans un présent. Son premier propos n'est pas de chercher par quel mystère une identité collective peut traverser les âges et les systèmes sociaux (ou alors, par le biais de la « reproduction » des rôles sociaux, en milieu fermé, sans médiateur matériels décisifs). Elle laisse aux archéologues les monuments, les vestiges, les traces ; et le patrimoine, aux conservateurs (le mot « héritier » étant pour certains franchement péjoratif). La mémoire, en un mot, n'est pas son affaire, ni les mnémotechniques. La médiologie, au-delà du monde moderne et contemporain, voudrait se rendre coextensive à l'histoire au sens fort et propre du mot, puisque, s'attachant à repérer les instruments et procédés de la mémorisation, elle se demande à quelles conditions (objectives et subjectives) il peut y avoir, à chaque époque, histoire. Elle trouve donc sur son seuil la stèle, le trait, le glyphe. Elle rêve même de dérouler le fil de l'aventure à travers les images, bien antérieures à l'écrit, jusqu'aux documentations fossiles d'avant le néolithique. Et malgré la pauvreté des témoignages matériels, elle croit avoir beaucoup à apprendre de la préhistoire, comme cours d'anatomie culturelle, où se dénude mieux qu'ailleurs la structuration technique des cultures, par réduction à l'os, si l'on ose dire, des moyens de l'humanitude.

Plus sérieuse, notre deuxième objection. La sociologie n'a pas d'égard pour les objets, et fait obstinément (parce que naturellement) l'impasse sur les variables techniques. « Nul ne peut sauter par-dessus son temps » ; et cette indifférence la rattache à son siècle de naissance, le XIXe. Bien sûr, le fait technique informe la vision des pères fondateurs, qui ne mettent pas en doute sa positivité, et qui prennent pour tremplin (avec Saint-Simon) l'organisation industrielle de la société. Mais la technologie n'est pas étudiée comme une réalité complexe et *sui generis*. C'est l'implicite du raisonnement, et un simple synonyme, pour Tocqueville, de l'uniformisation des individus ; pour Durkheim, de la division du travail ; ou, pour Weber, de la rationalisation et du désenchantement du monde. Comte était pourtant polytechnicien (c'est-à-dire : d'abord mathématicien) ; Spencer, ingénieur des chemins de fer, et Le Play, ingénieur des Mines. Mais les changements d'infrastructure étant encore très lents, l'outillage pouvait paraître un donné à peu près stable aux premiers représentants de la « science sociale ». Ceux qui ont rencontré des machines sur leur chemin l'ont fait en cherchant des ouvriers (Villermé, Le Play, Émile Cheysson). Que ce soit pour la sociologie « compréhensive » ou psychologisante (Dilthey, Tonnies, Max Weber) ou pour sa rivale française, chosiste et « scientifique » (Durkheim, Bouglé, Halbwachs) – le marxisme étant écarté des sphères académiques pour cause d'économisme –, les conduites humaines sont pensées indépendamment des « Arts et métiers ». L'exception très notable de Marcel Mauss (« j'ai fait pendant plusieurs années l'erreur fondamentale de ne considérer qu'il y a technique que quand il y a instrument ») concerne plus l'anthropologie que la sociologie[1]. Dans la France de l'après-guerre, Georges Friedmann (inspecteur général de l'enseignement technique, professeur au Conservatoire des Arts et métiers) et la sociologie du travail qu'il inspira firent une belle entorse à la règle d'ajournement[2]. C'est encore par le biais de l'organisation du travail (le fordisme) et de la « question ouvrière », et sous l'œillère théorique de l' « humanisme », que l'artefact industriel est sorti de l'ombre. Aujourd'hui, le regard sociologique continue d'englober ou d'éviter le fait technique comme inessentiel. Outre les pesanteurs de l'ascendance, la distribution disciplinaire entre économie d'un côté, sociologie de l'autre, a reconduit la vieille dichotomie : aux économistes, en amont, la production matérielle (donc la technique) ; aux sociologues, en bout de chaîne, la consommation, les usages, les appropriations (sociales). Pas facile, dans cette division universitaire du travail intellectuel, de préserver l'union entre technicité et sociabilité. Ou, pour parler « sens pratique » et « habitus », d'articuler les « systèmes de *dispositions* durables et transportables, structures structurantes, principes générateurs et organisateurs de pratiques » (Bourdieu), avec les *dispositifs* matériellement déterminés de domestication de l'espace et du temps. Le *socius* du sociologue n'aurait-il ni véhicule, ni montre, ni boussole, ni écran ? Ses schémas de perception, de pensée et d'action ne doivent rien, semble-t-il, à ce qu'il a en mains ou sous les yeux.

1. Marcel Mauss, « Les techniques du corps », in *Sociologie et anthropologie*, PUF, 1950.

2. Georges Friedmann, *Problèmes humains et machinisme industriel* (1946) ; *Où va le travail humain ?* (1954).

S'attaquer aux effets d'hégémonie ou de domination symbolique sans envisager leurs causes technologiques est le penchant naturel du sociologue critique, comme du moraliste. Là encore, chacun son angle d'attaque. Ce n'est pas défaillance mais décision. Quand un sociologue observe (remarquablement, utilement) les usages de « la photographie, art moyen », il neutralise les propriétés du médium autant que son histoire. L'impression en direct de photons sur un support photosensible, cet événement (chimique) inouï dans l'histoire des images faites de main d'homme, c'est pour lui un donné non problématique, un présupposé évident. L'effraction « indicielle » dans la chaîne des icônes (1839), aux conséquences démesurées, le court-circuit sémiotique de la présence réelle, la poignance d'un direct non mentalisé ni médiatisé par un esprit, – mobilisent le médiologue (qui ne se lasse pas de réfléchir à ce tournant de mentalité permis par un procédé optico-chimique), mais ne concernent pas le sociologue. De même ce dernier peut-il critiquer la télévision (avec quelque pertinence) en ignorant la spécificité contraignante d'une machinerie complexe – ce qu'est en propre un flux télévisuel, par contraste avec cet autre *objet temporel* qu'est un film, ou encore ce qui distinguait l'image électronique diffusée de son *alter ego* projetée. Le tableau ci-contre explicite avant la fusion numérique ce qui séparait grapho- et vidéosphère (l'image-vidéo, contrairement à l'image physique du cinéma, n'est plus qu'un signal électrique). A l'inverse, un spécialiste des procédés de représentation s'intéressera à la chaîne des inventions, en laissant dans l'ombre leurs réceptions sociales et leurs incidences culturelles. En somme, autant certaine histoire des techniques peut suggérer des sociétés d'objets sans sujets, des ustensiles sans usagers, autant certaine sociologie peut édifier, en miroir, des sociétés de sujets sans objets, des usagers sans artefacts ni outils. Le plus étonnant est que nous nous étions habitués à cette stérilisante distribution des rôles. Les sociologues de l'innovation qui, avec Bruno Latour et Antoine Hennion, redistribuent radicalement les cartes – à commencer par le face-à-face sujet/objet, agissant/agi – la remettent heureusement en question[1].

1. Bruno Latour, *Petite réflexion sur le culte moderne des dieux faitiches,* Éd. Les Empêcheurs de penser en rond, 1996.

	Régime cinéma	**Régime télévision**
DISPOSITIF DE	**Projection** (image solide)	**Diffusion** (image liquide)
DESTINÉ À	des **individus regroupés** (un spectacle collectif où chacun se sent seul)	une **audience disséminée** (un chez soi où chacun fait masse)
PERSONNAGES	**Cibles d'un désir** (rapport physique au corps des stars)	**Supports d'information** (rapport social à des corps-signes)
POUR	une vision **bloquée** (immobilité et silence)	une vision **flottante** (on bouge et on parle)
DÉPENDANT D'	un producteur **Indéterminisme** de l'œuvre (public aléatoire)	un diffuseur **Prédétermination** du produit (fonction d'une grille)
DANS UN IDÉAL	**d'unicité** – chaque film est un prototype	de **sérialité** – l'émission à décor fixe
COHÉRENCE DONNÉE PAR	un **auteur** (sujet indifférent)	un **sujet** (suivi d'un réalisateur)
FONCTION OPTIMALE	**Esthétique, distanciée** (la vraie vie est ailleurs)	**Sociologique, testimoniale** (la vraie vie est ici)
TEMPORALITÉ	le **temps conté** (ou l'image inutile, avec détours et pauses) = le sentiment de la durée	le **temps compté** (« Il faut rendre l'antenne ») = l'émotion de l'instant
LE RETOUR EN ARRIÈRE	a nom « **flash-back** » (passé évoqué comme tel)	a nom « **instant replay** » (passé reconduit comme présent)
CADRE	**espace pluriel** (gros plan / plan américain / moyen / général)	**espace normalisé** (tout est gros plan, plus de gros plan)
MAUVAISE RÉCEPTION	instance d'**appel assurée** (archivage et portefeuille) culture de stock	**instance d'appel incertaine** (audimat immédiat) culture de flux

Pourquoi nous ne sommes pas (ou pas seulement) des pragmaticiens ?

Nos études mettent en évidence une certaine primauté du « cadre » sur les contenus logiques, attestant que le sens d'un message (la sémantique) ne lui est pas immanent mais découle des lieux de sa profération, de son mode physique d'inscription et de circulation dans la société, de la nature des collectifs porteurs, etc. Pourquoi ne pas rallier la bannière d'une école chère à l'Infocom et qui a donné aux « effets de cadre » leur juste place : la pragmatique de Palo Alto (Bateson, Watzlawick, etc.) ? Parce que l'humaine, trop humaine pragmatique, quels que soient ses développements ultérieurs, nous semble obérée par son cadre d'apparition, la psychiatrie (le Mental Research Institut fut le berceau de ces recherches). La relation clinique entre un malade et un médecin l'a d'emblée assignée aux contextes de l'interlocution et de l'interpersonnel, les interactions intimes. *Homo loquens*, face à face, et non *monens*, à distance. Cette théorie de la métacommunication s'inscrit encore dans une *Logique de la communication* (titre du livre référence de Watzlawick, Beavin et Jackson) – à laquelle elle apporte une contribution indispensable en désintellectualisant, en délogicisant l'information, par la prise en compte du contexte, de la réception, des opérateurs non verbaux du contact. La pragmatique a mis du comportement dans et au-dessus de l'énoncé, de l'indice primaire dans le symbole secondaire (à savoir mimiques, intonations, sourires, hochements de tête), de l'aléatoire interactif dans la mécanique linéaire (et télégraphique) du « émetteur-code-canal-message-récepteur » ; elle a mis de la chair dans le *logos*, mais l'os (le monument, l'outil, la trace) est radicalement absent ; les jeux du langage restent ici l'alpha et l'oméga[1]. Le pragmaticien peut s'interpréter comme le résistant de l'intérieur : une réaction bien venue contre le logocentrisme, mais toujours dans l'enceinte sémiotique. On y dialectise et épaissit fort bien messages et métamessages, sans souci des supports ni des réseaux ni des

1. On lira avec profit la mise au point de Daniel Bougnoux, *Acheminements du sens. De la pragmatique à la médiologie,* Université de Louvain, 1998.

véhicules. Ici, le corps participe pleinement à l'énonciation ; il réchauffe le froid, le dialectise, le revitalise ; mais c'est un corps « propre », sans prothèses ni *socius,* qui n'a pas d'histoire et qui ne fabrique rien. En tirant la communication vers la *praxis,* les promoteurs de la pragmatique semblent en avoir oublié la *technè,* et sans doute peut-on leur faire, d'un point de vue médiologique, la même objection qu'à la psychologie sociale : le rapport sujet/sujet est spécifique, oui – mais il ne se suffit pas à lui-même, – encore moins dans la transmission, où les sujets, étant rarement en prise directe les uns sur les autres (dès lors qu'ils ne sont pas contemporains), ont besoin d'objets médiateurs. La médiologie épouse une même sensibilité, va dans le même sens, et se sent en résonance avec des formules comme « communiquer, c'est entrer dans l'orchestre » (Bateson). Mais elle regarde d'abord les instruments de musique. Une pragmatique de la transmission ne peut être une simple extension de son aînée car elle suppose, outre un changement d'échelle, une *perspective historique* et une *conscience technique* – deux dimensions étrangères à ce paradigme qui, même s'il n'entend pas se confiner au champ du discours, reste pour l'essentiel un prolongement heureux des sciences du langage.

Pourquoi nous ne sommes pas (pas tous ou pas totalement ou pas encore) historiens ?

La transmission nous confronte à des phénomènes historico-culturels. Pourquoi ne pas s'en remettre à cette branche de l'Histoire d'affirmation récente qui tend à remplacer, dans le rôle de locomotive, l'histoire économico-sociale des Annales (1920-1960), succédant elle-même à l'histoire politico-diplomatique (1870-1920) : *l'histoire culturelle* ? Écoutons la définition qu'en donne Jean-François Sirinelli : « L'histoire culturelle est celle qui s'assigne l'étude des formes de représentation du monde au sein d'un groupe humain dont la nature peut varier – nationale ou régionale, sociale ou politique – et qui en analyse la gestion, l'expression et la transmission. »[1] Ou encore, Daniel Roche : « Comprendre les

1. Jean-Pierre Rioux, Jean-François Sirinelli, *Pour une histoire culturelle,* Le Seuil, 1997, p. 16.

médiations qui interviennent entre les conditions objectives de la vie des hommes et les façons innombrables dont ils se les représentent et se les disent. » Voilà un programme où le médiologue se sent enrôlé. Et pour cause, si la dominance médiatique des historiens (télé, radio, magazine, revues) s'allie à l'impérialisme naturel de la discipline pour faire flèche de tout bois. On dira que l'histoire culturelle, aujourd'hui, c'est à peu près tout (omnivore, l'histoire se renouvelle en mangeant tout ce qui se présente). Mais c'est un bonheur, en tout cas, de voir que, plus encore que pour son aînée, l'histoire des mentalités, la culture n'est plus ici réduite aux idées, aux grandes œuvres, aux grands noms – mais embrasse « l'alliance des gestes, des savoirs, des croyances qui fonde une manière de consommation culturelle ». Dès lors, les pratiques dynamisent les entités, comme le document au sens large, les traces écrites. La culture retrouve ses assises physiques – « de la cave au grenier ». Ce n'est plus, en forçant le trait, le « produit de l'esprit humain » – mais l'inverse. La voilà enfin désolennisée, plongeant dans le bain épais des matérialités et des sociabilités. Le livre (ou l'imprimé) plutôt que le texte, et les pratiques de lecture plutôt que l'objet-livre (Chartier). L'effigie Marianne plutôt que la République comme idéologie, et la sculpture ou le timbre-poste plutôt que l'allégorie abstraite (Agulhon). La roue et le stylo plutôt que la symbolique du voyage, et le train ou le vélo plutôt que le paysage (Catherine Bertho Lavenir). Les « lieux de mémoire » plutôt que Mnémosyme (Pierre Nora). Sans doute, plus d'une nuance sépare l'histoire culturelle de l'histoire politico-symbolique, mais dans l'un et l'autre cas, on voit le spirituel s'animer, se réveiller par le matériel. *Décentrer, matérialiser, dynamiser* – les trois règles d'or de la démarche médiologique sont là, *in vivo,* dans ces enquêtes historiographiques qui ciblent l'entour, jouent par la bande et gagnent le dedans par le dehors. Ce n'est pas un hasard si on se sent une dette particulière envers les pionniers de cette déconcertation contemporaine qui ne cesse d'aiguillonner. Serions-nous alors les mouches du coche spéculatives de ces excursions fécondes, une idéologie d'accompagnement, comme il y a des dames de compagnie ?

La science maîtresse est une discipline trop ancienne, foisonnante et volumineuse pour être mise sur un pied d'égalité avec les jeunesses évoquées plus haut. Pour ce qui a trait à la culture, l'histoire est le môle d'amarrage. Une médiologie par hypothèse constituée devrait s'y rattacher, un peu comme, dans les sciences de la nature, l'écologie à la biologie. Il arriva à Durkheim de soutenir, lui qui avait pourtant reconnu à la société une consistance irréductible, que « toute la sociologie est une psychologie, mais une psychologie *sui generis* ». Rien n'interdirait de lui faire écho en disant que la médiologie est de l'Histoire, mais une histoire culturelle *sui generis*. Car les processus de transmission (religieux, idéologiques et artistiques) justifient amplement une branche originale, autonome mais non indépendante, du grand tronc central. Sans oublier qu'ils ont des enjeux sociaux (d'alerte civilisationnelle), à vocation inévitablement polémique, que notre vénérable et chaste Clio n'a pas à faire siens.

Si l'on peut filer la métaphore, nous dirions qu'il y a la même différence entre une monographie d'histoire symbolique ou culturelle et notre grille de lecture macroscopique qu'entre une étude de géographie végétale et la théorie des écosystèmes (la seconde n'aurait pas existé sans la première, qui l'a précédée). Cela ne fait pas de l'histoire une science purement descriptive, interdite de pensée, inapte à se modéliser elle-même – (la géographie végétale du XIXe incluait déjà un cadre conceptuel préfigurant les concepts centraux de l'écologie)[1]. Organiser le disparate des *cas* empiriques par indexation sur des *types* théoriques ne revient pas à transformer l'histoire en un simple sac à phénomènes, réservoir de variations empiriques compliquées, empêchant de conceptualiser – ou simplifier – en rond. Compréhensibles sont les réticences agacées du praticien devant cette réduction *ad exemplum*. « On peut se demander, note à ce propos Roger Chartier, l'auteur de *L'ordre des livres*, s'il n'y a pas, dans cette division des compétences et du travail, comme le retour subreptice (et fâcheux) d'une "posture philosophique" des plus traditionnelles dans une démarche qui, par ailleurs, met en cause radicalement les postulats classiques de cette discipline. Comme si l'histoire avait pour destin d'apporter des matériaux empiriques – qui la contaminent et en font une discipline elle-même empirique –, et comme si la médiologie avait la vocation, plus noble, de "reconstruire théoriquement les cas empiriques

1. Pascal Ascot, *Histoire de l'écologie*, PUF, 1988.

élaborés par la nouvelle opération historique". Contre cette "illusion philosophique", il faut rappeler que la théorie n'est pas toujours là où les philosophes croient qu'elle se trouve et que sa présence – à l'état pratique – dans des analyses localisées, particulières, monographiques, peut avoir plus d'efficace intellectuelle que son exhibition dans des constructions intellectuelles sans pertinence descriptive ni possible validation (ou invalidation). »[1] On peut en retour se demander si l'investigation historienne est bien propre à thématiser les rapports qu'elle rencontre sur son chemin sans toujours les identifier. Une grille cohérente de description et d'interprétation peut l'aider à déployer ses preuves – notamment pour mieux repérer les différentiels de mentalités (à telle ou telle époque de l'histoire), ou les variables de milieux (à une même époque). Elle peut introduire (tout comme la sociologie) des régularités dans l'événementiel, et par le biais d'idéal-types accroître l'intelligibilité d'occurrences inévitablement mêlées, sans pour autant rendre équivalentes des situations parentes (à quoi porte un degré trop élevé de généralité).

Le rapport d'une recherche historique à une métahistoire de la transmission n'est pas seulement celui de la chronique « idiographique » à la typologie interprétative, ou du singulier au général. Du non-reproductible au passe-partout. Ni de l'adéquat à l'à-peu-près. Ni même de la conjoncture à la structure. Ni du constat à l'hypothèse. Il est aussi celui du rigide à l'élastique, ou de l'enchaîné au souple. Le médiologue n'est pas tenu par la règle du récit (puisque faire de l'histoire, étymologiquement, c'est toujours peu ou prou raconter) à telle ou telle individualité collective (la Chine du XIXe, la IIe République ou la télévision française). Il peut aller et venir dans l'espace et le temps entre plusieurs contextes spatio-temporels. D'où une plus grande liberté d'imagination théorique (Leroi-Gourhan : « Il faut beaucoup d'imagination pour être rigoureux »). La Raison comparative – car la comparaison est l'expérimentation du pauvre, celle des sciences non expérimentales – peut servir à l'historien de *stimulateur cardiaque* ; et l'historien au comparatiste, de garde-fou. Et si on doit revenir *in fine* à l'histoire, comme à notre principe de réalité,

1. Roger Chartier, « Sociologie des textes, histoire du livre », *Le Débat,* n° 85 (mai-août 1995).

il est bon de s'en écarter par instant pour donner libre cours à une certaine fantaisie acrobatique, heuristique et synthétique. Recul qui permet, retour au sol, de transformer des observations ponctuelles en moyens de construction d'un savoir plus englobant (y compris du présent immédiat).

L'Inconscient technique, résistances et dénégations

Le genre d'analyses que l'on suggère ici ne peut être bien accueilli, et il importe de comprendre pourquoi. Passons outre les brocards journalistiques (à partir du quiproquo médiologie = critique des médias) et les débinages interdoctoraux (quelle science ?, quelle méthode ?, quel territoire ?). Ces bisbilles sont de bonne guerre (car de tout temps, sur le *kampfplatz* des idées, les auteurs se font la guerre). Les batailles picrocholines de la concurrence et des caricatures font partie du jeu.

Des résistances mieux motivées sont à prévoir, en profondeur. Elles ont de bonnes raisons pour elles. Il convient de les apprécier à leur juste valeur, tant elles sont riches d'enseignement. Passons-les en revue. Il y a d'abord l'impensé intrinsèque du médium. Si l'écologie de la nature ne nous est pas naturelle, une écologie de la culture l'est encore moins, tant nous sommes condamnés, par la sophistication des outils, à nous croire directement en prise, tout médium pulvérisé : les systèmes médiateurs ont l'art de se rendre transparents, d'autant que « la simplification de l'usage s'accompagne d'une complexification du réseau » (Alain Gras). Le réfrigérateur cache le gigantesque réseau EDF (jusqu'à la centrale nucléaire), et bon sera le médium qui nous livre la chose même (le bon film efface chez le spectateur toute idée de prises de vue et de son, caméra, perche, éclairages, etc., comme le bon livre est celui dont on n'a pas à compter les pages ou à épeler les mots). « Le médium est autoraturant », a noté Daniel Bougnoux, qui ajoute : « Tout progrès médiatique enfouit le moyen terme et raccourcit le circuit d'accès, et la médiologie fait la petite histoire de ces courts-circuits. » Le combiné à touches est plus confortable que celui à cadran, qui l'est plus que le téléphone à cornet passant par un standard. Le cinéma est plus confortable que le théâtre : toujours plus d'immédiateté, c'est la clé du confort, et du progrès technique. Le regard médiologique ne joue pas le jeu. Il incommode parce qu'il accommode à contre-fascination, à rebrousse-poil de cette magie. On sait bien que n'importe quel système d'*habitus* incorporés efface ses médiations. Ainsi de nos « réceptions » culturelles : le dépôt d'alluvions dans le présent (croyances, certitudes, intérêts) escamote leur transport par le courant des siècles, accidenté et bourbeux, comme l'empreinte cache par sa chaude prégnance les froids procédés d'impression, comme nos dispositions « naturelles » (nos facultés de raisonner, d'imaginer, formaliser), la longue chaîne de dispositifs qui les a fait émerger.

Quand nous feuilletons et savourons la correspondance de Mme de Sévigné, comment oserions-nous penser aux messageries qu'elles exigeaient ? Soit : 1 / un pouvoir central fort, capable d'entretenir un réseau routier, des relais de poste, un corps de professionnels rémunéré et permanent, et 2 / des animaux de selle, dont les haras, donc en bout de course, un corps de cavalerie militaire. Ces missives tendres et intimes requerraient une force publique et une administration centralisée. Mais quel rapport entre l'art épistolaire et la chose militaire ?

Quand le spécialiste des formes littéraires étudie l'essor du roman au XIXe siècle, pense-t-il à la mécanisation qui a permis le journal à grand tirage, grand consommateur de feuilletons pour retenir la clientèle ? Et que sans l'essor des chemins de fer, ce journalisme industriel eût été impossible ? Mais quel rapport entre les voies ferrées et Madame Bovary ?

Quand l'historien des idées sociales passe en revue les doctrines socialistes, pense-t-il au marbre des imprimeurs qui servit de niche à ces élaborations théoriques ? Se souviendra-t-il que « si nous n'offrons pas le berceau, les naissances n'auront pas lieu » (Monique Sicard) ? Mais quel rapport entre le linotype et la société sans classes ?

Il est vrai qu'on peut faire cette remarque sur toute réflexivité critique, qui prend vie et action à contresens. Un médiologue se heurtera à plus forte partie. Il se pourrait bien, en effet, que l'invisibilité du médium soit la face pour ainsi dire visible d'un *inconscient technique.* Et que le non-perçu soit le non-percevable.

L'on sait l'hostilité que suscite la mise au jour d'un inconscient, celui-ci étant deux fois résistible, en tant qu'inconscient d'abord, en tant que technique ensuite. Freud a donné le nom de « résistance » à tout ce qui « dans les actions et les paroles de l'analysé s'oppose à l'accès de celui-ci à son inconscient », et plus généralement à la psychanalyse comme telle, qui inflige à l'homme une « vexation psychologique ». C'est une vexation de même nature, mais d'ordre social, qu'inflige la découverte de mécanismes à la fois extérieurs à ce que nous nommons culture et constitutifs de son être même.

Chaque médiasphère n'aurait-elle pas au demeurant un inconscient particulier ? Dont une « mentalité » serait pour partie le décalque ? Prenons la vidéosphère. On nous dit, d'un côté, « civilisation de l'image », « quatre heures par jour en moyenne devant la télé », « les jeunes ne lisent plus, ils picorent ». On nous dit, de l'autre, et chacun peut s'en convaincre, que « les gens aujourd'hui sont pragmatiques ; ils sont positifs mais conservateurs ; ils ne s'intéressent plus aux idées générales, ne remettent plus la société en question ; ils ne pensent qu'au présent, au concret et à eux-mêmes. En dehors des individus, rien ». « Je ne suis pas un Vert, je suis moi. » Soit. Voyons maintenant les caractéristiques de l'image enregistrée ou analogique (photo, télé, cinéma).

1 / Elle ignore l'énoncé négatif. Un non-arbre, une non-venue, une absence, peuvent se dire, non se montrer. Une possibilité, un programme ou un projet – tout ce qui nie ou dépasse le réel effectif – ne « passent » pas au petit écran. Et pour cause, si ce type de signe est *positivant*. Si les « images du monde » transforment le monde en une image « prise sur le vif » – ce monde sera rien moins que dialectique, une suite d'affirmations autosuffisantes. « A brave new world. » Seul l'écrit, en effet, a des marqueurs d'opposition et de négation.

2 / L'image ne peut montrer que des individus ou des « tokens », non des catégories ou des types. Elle ignore l'universel et la généralité. Elle n'est donc pas réaliste mais *nominaliste* : n'est réel que l'individu, le reste n'est pas montrable. Ce qui vaut encore plus pour l'image TV, condamnée au gros plan. L'audiovisuel, le capital, ou la bourgeoisie comme l'égalité ou la fraternité ne passeront jamais au petit écran, mais tel Russe, cet homme-ci, cet entrepreneur ou cet ouvrier-là. « Tous les hommes

naissent libres et égaux en droit » – voilà une proposition de droit *techniquement* interdite à l'image, sauf commentaire surajouté.

3 / L'image ignore les opérateurs syntaxiques de la disjonction (ou bien... ou bien) et de l'hypothèse (si... alors). Les subordinations, les rapports de cause à effet comme de contradiction. Les enjeux d'une négociation sociale ou diplomatique – sa raison d'être concrète en somme – sont, pour l'image, des abstractions. Non le visage des négociateurs, qui sont ses figurants. L'intrigue compte moins que l'acteur. L'image ne peut procéder que par juxtaposition et addition, sur un seul plan de réalité, sans possibilité de métaniveau logique. La pensée par image n'est pas illogique mais *alogique*. Elle a forme de mosaïque, sans le relief à paliers multiples d'une syntaxe.

4 / L'image enregistrée est toujours au présent. Elle a du mal avec le temps. On ne peut qu'en être le contemporain. Ni en avance, ni en retard. La durée ? Une succession linéaire de moments présents équivalents les uns aux autres. Le duratif (« longtemps, je me suis couché de bonne heure »), l'optatif (« levez-vous vite, orages désirés... »), le fréquentatif (« il m'arrivait souvent de... »), le futur antérieur ou le passé composé n'ont pas d'équivalent visuel direct (du moins sans l'aide d'une voix *off*).

Ce qui est techniquement prohibé par ce mode sémiotique est mentalement évacué par l'usager. A force de regarder défiler des images (d'un certain type, car il n'y a pas d'image en général), on ne voit même plus ce que cette image ne peut nous faire voir. Et pour cause, si l'image enregistrée, contrairement au discours écrit, ne peut se réfléchir elle-même, en faisant retour sur soi (contradiction suppose diction). Elle nous pense sans se penser. Et on ne peut découvrir ses points aveugles qu'en tournant le bouton – et en ouvrant un livre, par exemple (on ne peut tout montrer mais on peut tout écrire, y compris ce qui ne se montre pas).

N'oublions pas – chaque âge son inconscient – qu'on pourrait en dire autant de la graphosphère, et que les handicaps de la Raison graphique ne sont pas moins pervers ou nocifs que ceux de la Raison iconique. Simplement, ils sont autres (ou les mêmes à l'envers). La censure du corps, de l'émotif et du pluri-sensoriel, de l'individuel irréductible au général, du factuel et du particulier, du présent immédiat – ont été payés cher (les lendemains qui chantent). Et la vidéosphère peut s'interpréter comme un retour de bâton, un vaste défoulement de l'arriéré graphosphérique (qui avait ses brimades inconscientes et ses zones d'assèchement tout aussi désolantes).

Le refoulement est d'autant plus aisé que la détermination est plus invraisemblable, ou invisible. Objectivement, on ne voit rien, et il n'y a (presque) rien à voir, tant est forte la disproportion entre la ténuité des infrastructures et la portée des effets en surface. Au départ, la vidéosphère, c'est la mise en système de trois éléments : un support léger et bon marché, la bande vidéo (qui remplace le celluloïd), un vecteur terrestre, le faisceau hertzien, et un satellite de diffusion sur orbite. A l'arrivée, un espace-temps déflagrant (ubiquité + instantanéité) qui fait sauter le couvercle institutionnel de la graphosphère : États doctrinaires, nations centralisées, instances représentatives. Et, au-delà de ces ruptures politiques, la naissance de la première civilisation habilitée, par ses appareils de télé-présence, à en *croire ses yeux* et à poser une équation ontologique *sans précédent* : le Réel = le Visible = le Vrai. On serait « inconscient » à moins[1].

La posture médiologique dérangera également la *philosophia perennis*. De ce côté, le médium est d'habitude fort mal reçu – l'écriture hier, l'image aujourd'hui –, et l'idée de milieu suspecte (la variété des langues, par exemple, n'est jamais bonne à penser). L'universel répugne autant au matériel qu'au local. Avec son dialogue mythique sur les méfaits de l'écriture (encadré, p. 42), Platon a campé notre scène originaire : l'écriture s'oppose à la vraie mémoire comme le dehors au dedans, l'irresponsable au responsable, le mort au vif, le simulacre à l'authentique. Ces thèmes courront jusqu'à nous, réveillés par chaque extériorisation nouvelle. Le roi Thamus juge préférable qu'il n'y ait rien entre sa voix et ses sujets (le médium comme écran), et que ses énoncés restent filialement auprès de lui, abrités dans une énonciation paternelle et non répétable (la télécommunication comme dépossession d'autorité). L'idéalisme est un immédiatisme, et ce dernier ne revêt pas toujours la forme d'un illuminisme mystique. La Raison athée est solaire – elle darde ses rayons en ligne droite,

1. Régis Debray, *Vie et mort de l'image, une histoire du regard en Occident,* Paris, Gallimard, 1985.

sans béquilles ni supports, sauf nuages passagers (les obscurantismes). Le « flambeau de la vérité » n'aura-t-il pas été, au cœur des Lumières, un avatar laïc du flambeau primordial de nos théologies, le dieu Soleil ? N'y a-t-il pas beaucoup de mythes sous nos savoirs ? Dès la *Caverne* de Platon, la métaphore optique (*theorein* = voir) cheville l'idée (*eidos* = la forme) au visible et la connaissance à la vue, sens prédestiné car délesté de toute matérialité. Le pur regard n'est sans doute pas donné : il récompense une ascèse – dialectique ascendante, conversion de l'esprit, doute méthodique. Long et difficile peut être le cheminement vers l'élucidation, le dévoilement, voire l'illumination intuitive. Car le soleil est à éclipses, et le ciel rarement bleu. Le milieu terrestre peut dévier la « lumière naturelle » ou retarder son déploiement : au sujet alors de retrouver sa rectitude première (en dégageant, précisément, les accessoires qui se trouvent au milieu, s'interposant entre l'entendement et l'objet idéal, pour retrouver la pure présence à soi). Nous n'entrerons pas ici dans l'analyse des métaphores de la lumière dans l'histoire de l'idéalisme, qui sont diverses et complexes[1]. Notons seulement que pour le grand rationalisme, le Vrai est transcendant aux opérations de sa découverte ; et la Raison, en vertu d'une harmonie préétablie entre l'intelligible et notre intelligence, un principe d'autosuffisance, voire d'autofondation. Cette faculté inengendrée déposée en chacun de nous n'a nul besoin d'outils d'inscription, de réseaux de validation ni de communautés savantes pour remonter à ses *a priori*. Elle est cause, et non effet. Sitôt apparue, toute dispute ne peut que s'éteindre. Il sort de là un optimisme quasi providentialiste sur les effets de vérité (le cheminement sans chemin). *Omne bonum est diffusivum sui*, dit le scolastique, et Lénine reprend naturellement l'antienne avec cette devise fort peu matérialiste : « Le marxisme est tout-puissant parce qu'il est vrai. » Il y a curieusement, dans l'idéalisme rationaliste, une remontée de pensée magique dans cette confiance faite dans les vertus diffusives de l'universel (prononcez le mot, et vous aurez la chose), et l'influence des idées justes (« l'influence » postule ce qui est à expliquer). Inutile d'organiser un routage du vrai. Le Savoir ne

1. Voir dans nos *Manifestes médiologiques*, Gallimard, 1994 ; le chap. III, « Un parcours philosophique », p. 105.

fait pas de politique (Dieu, lui, en fait). Et la splendeur du vrai n'a nul besoin de logistique (le soleil, c'est gratis). L'opinion suivra la droite raison. Et l'*epistèmè* (le savoir démontré), en attendant, s'écarte de la *doxa* (la croyance vulgaire) comme le pur de l'impur. La science est ce partage même : l'énoncé extirpé des « bruits » de l'énonciation (l'énoncé est propre ; le message, sale). On peut dire que le rationalisme classique (celui que Bachelard récuse en lui opposant la « phénoménotechnie » des pratiques expérimentales) ne fait qu'un avec une dénégation de ses relais et médiations validantes. Car la genèse de l'énoncé scientifique est *impure,* nous ont appris, après enquête, les observateurs contemporains de la fabrique du vrai – elle est appareillée, disputée et instable (Bruno Latour).

Récusant les causalités dormitives du narcissisme de la Raison et les grands partages de la tradition scolaire (la lettre contre l'esprit, le dedans contre le dehors, la raison contre l'outil...), notre démarche s'intègre dans le mouvement contemporain d'anthropologie des sciences qui tend à raccorder nos performances logico-langagières à nos appareillages intellectuels et matériels (chaque terme prolongeant l'autre). Ce qui objective la raison – dans l'orchestre socio-instrumental d'un champ de savoir institutionnalisé –, la place en quelque sorte hors du sujet raisonnant. Cette extraversion, ou l'enchevêtrement raison/réseau, heurtent nos meilleures habitudes. De façon générale, il nous faut surmonter le considérable retard des mots sur les choses. Nous continuons instinctivement d'accueillir la technosphère du XXIe siècle dans des moules ou des catégories intellectuelles forgées en Grèce au VIe siècle av. J.-C., dont les plus tenaces demeurent pour nous ces couples d'oppositions statutaires – *logos/techné*, nature/artefact, contenu/contenant, interne/externe, sujet/objet, etc. – qui gouvernent machinalement les esprits et auxquels, il est vrai, nous devons un confort intellectuel certain. Il convient ici de mettre à part Hegel, cas singulier d'un idéaliste absolu qui a magnifiquement secoué le carcan de sa propre tradition. L'*Esthétique* hégélienne repose sur une typologie des rapports d'entre-expression entre le matériel et le spirituel (de l'architecture à la musique), et sa *Logique,* sur l'identité essentielle de l'intérieur et de l'extérieur. Cette admirable exception mise à part, la hiérarchie hellénique a informé la pensée occidentale, et c'est avec ce dualisme héréditaire si présent dans certain inconscient philosophique que le médiologue doit rompre pour aborder sans timidité ni retard le phénomène culturel.

« Technique : un de ces nombreux mots dont l'histoire n'est pas faite. Histoire des techniques : une de ces nombreuses disciplines qui sont toutes entières à créer... », se plaignait Lucien Febvre avant guerre[1]. Que ne pourrait dire le philosophe pour sa discipline à lui, dont la technique fut, dès l'origine, la part maudite et refoulée, sinon exécrée ? Et si l'historien des sociétés a eu tant de mal à parler collier d'épaule, gouvernail, horloge, moulin à eau – *a fortiori* l'historien des idées – calame, pâte à bois et rayons hertziens. L'origine oblige. On a déjà, et fort bien, reconstitué les causes du mépris ou de l'indifférence grecques[2]. Ou plus exactement, car le cadran solaire, la clepsydre et la vis d'Archimède sont des inventions de la Grèce classique, du rejet par la pensée grecque des soubassements machiniques de sa culture : la sacralisation de la Nature, qui rend l'artefact quelque peu sacrilège (tabou en partie levé par le monde judéo-chrétien pour lequel la nature n'est plus créatrice mais simplement créée par Dieu) ; la préférence, qui en découle, accordée à l'*immuable*, sur les facteurs de changement ; l'omniprésence d'une main-d'œuvre *servile*, adonnée à l'outil, laissant aux hommes libres le privilège de la *scholè*, le loisir studieux, et des arts de la parole ; la méfiance envers l'*extériorité* (le moteur humain lui est incorporé, mais le moteur d'une machine ne lui appartient pas). Pour Platon (qui n'a pas l'indulgence d'Aristote pour les choses de la terre), le corps est tout en bas, il est chaîne et noirceur, perdition et tombeau. L'ascèse platonicienne oblige l'âme « à se promener sur elle-même, entièrement détachée du corps comme si elle l'était de ses liens » *(Phédon)*. Dans ce schéma, la matière, au fond, est le mal. Et l'âme, notre seule chance d'évasion. Là est dans notre inconscient l'obstacle mythologique n° 1 – et la vraie ligne de partage des credo. Les philosophes qui croient en l'immortalité de l'âme ont tout loisir de mépriser la technique – qui est en ultime

1. *Les Annales,* novembre 1935.

2. Pierre-Maximilien Schul, *Machinisme et philosophie,* Paris, 1938, et François Dagognet, *L'invention de notre monde : l'industrie, pourquoi et comment ?,* Encre marine, 1995.

instance, comme Bernard Stiegler l'a récemment explicité, le procédé par lequel nous nous désenchaînons du temps – passé et avenir, rétention et anticipation[1]. Tout spiritualisme est au mieux un indifférentisme, sinon un pessimisme technicien (Ellul). En revanche, ceux qui n'ont pas le secours d'une eschatologie n'ont pas d'autre recours que l'objectivation pour tenter de se survivre. Beaucoup de matérialistes technophobes, aujourd'hui, et qui n'ont jamais lu le discours de Diotime (les âmes boivent les eaux du Lethé avant de revenir sur terre), épousent sans le savoir la théorie platonicienne de la réminiscence. A leur manière, ces athées croient toujours en la divinité de l'âme.

Pour les « amis des Idées », on le voit, les résistances au retournement médiologique seront fondées en Raison et en Mythe. Et pas seulement parce qu'on abaisse les sujets élevés, ouvre les bras à des catégories d'objets triviaux et intellectuellement indignes (la bicyclette, le papier, la route, la télécommande ou le portable), et s'en va folâtrer dans des banlieues industrielles assez troubles où les philosophes élisent rarement domicile[2]. Mais aussi parce que l'usage méthodique des chemins de traverse et des courts-circuits brouille ces repères et croise allègrement des rubriques que le zonage scolastique s'est vertueusement efforcé (avec succès) de dissocier. Le dérangement est indéniable. La diagonale raccorde des champs qui ont de tout temps préféré s'ignorer. Esquisser une histoire matérielle de l'abstraction ou encore une histoire organisationnelle de l'intelligentsia oblige non seulement à décloisonner mais à inverser l'accent tonique, à rebrousse-poil du bon sens.

Si le challenger médio vise beaucoup moins haut que le champion sémio, qui opère à l'intérieur des découpages reçus du logocentrisme, son ras des pâquerettes est plus téméraire car il en subvertit l'ordonnancement (le sémiologue est subtil ; le médiologue, courageux). Un exemple. Que dit d'habitude l'intellectuel des intellectuels ? Que ce sont des hommes d'idées et de valeurs, des solitaires tournés vers l'abstrait, sans souci terre-à-terre d'efficacité. Que dit le médiologue ? Que l'intellectuel dès sa naissance comme clerc, au Moyen Age chrétien,

1. Bernard Stiegler, *La technique et le temps,* 2 vol., Galilée, 1994 et 1996.
2. François Guéry, *La société industrielle et ses ennemis,* Orban, 1992.

est, par opposition au moine contemplatif, un médiateur entre l'homme et l'homme. Il a, lui, un projet d'influence. Définition opératoire, non substantive. Quelle est l'opération propre à cet optimiste urbain (né avec la ville et opérant en ville) prêcheur/docteur/professeur/publiciste, éminemment sociable (et non solitaire comme le prieur ou le poète), toujours inséré dans, ou relié à une institution ou corporation (cléricale, monarchique, universitaire, ou médiatique), agent d'un projet ou d'une reproduction de pouvoir ? Gouverner l'esprit des autres, et non faire le salut de son âme, ni rechercher le vrai ou le beau (autres sont le savant et l'artiste). C'est un métier de gouvernement. Qu'est-ce que gouverner ? Faire croire (disent Hobbes et Churchill). Comment faire croire ? En communiquant. Généreusement. C'est le *sine qua non*. Le technicien du discours (ou le marchand de mots) adapte ses talents et caractère aux moyens de communication disponibles – tout est pour lui négociable, sauf l'accès à ses moyens de gouvernement (on l'a vérifié sous l'Occupation : priorité au support). Ceux-ci évoluent au cours de l'histoire avec l'état des amplificateurs : la chaire, l'estrade, la tribune, l'atelier d'imprimerie, le studio, etc. Où voit-on se regrouper, à chaque époque, l'hommédium de l'Occident (qui relie les grands principes aux événements en cours, les valeurs et les jours, évaluant les seconds à la lumière des premiers) ? Autour du vecteur de meilleure amplitude. La succession des porte-voix, sur un siècle, le nôtre, règle le déplacement du centre de gravité du « pouvoir spirituel » (Auguste Comte), et les pérégrinations des intellectuels hégémoniques (Antonio Gramsci), du foyer universitaire (1870-1920) au foyer éditorial (1920-1970) puis au foyer mass-médiatique (1970-2000). Observé sur la longue durée, d'après ses faits et non ses dires, le politicien de la pensée qu'est l'intellectuel s'avère aussi acoustico-dépendant que le politicien tout court : il va là où le mot « porte », et peut le mieux réverbérer sur les « gens qui comptent ». L'intellectuel est d'abord l'homme de l'efficacité, l'intelligence passe après (elle n'est pas définitoire, en dépit des apparences)[1]. Il n'est pas impossible que cette façon de voir participe, malgré qu'elle en ait, au désenchantement du monde...

1. Voir Régis Debray, *Le pouvoir intellectuel en France,* Ramsay, 1979.

L'*exigence* médiologique (à laquelle le médiologue, il va sans dire, peut manquer plus qu'à son tour) n'est pas seulement vexante et malséante. On peut la juger à bon droit fatigante. Rentrer dans l'effectivité technique de tel ou tel tout-fait, c'est plonger le nez dans le moteur, tel un vulgaire mécanicien (sus aux idéalités, honneur aux idéaux). Le radical-chic qui confond hauteur de ton et hauteur de pensée n'y trouvera pas son compte, non plus que nos paresses spéculatives et notre soif bien légitime de majuscules. La « phénoménotechnie » décrasse les idéologies, mais c'est en se couvrant de cambouis. La différence d'approche – et de style – peut se voir dans le traitement comparé du « spectacle » par le situationniste et le médiologue. Pour le premier, c'est une *notion,* le synonyme prestigieux d'*aliénation,* et illustrée par tel ou tel exemple cueilli dans l'actualité. Pour le second, c'est un *dispositif* précis, *matérialisant* dans un lieu spécifique la « coupure sémiotique » – par exemple la rampe de théâtre, la rangée de lumières artificielles séparant la scène de la salle, l'équivalent dramaturgique de la carte (l'espace de jeu) distincte du territoire (le public des spectateurs). Ce dispositif de décrochage et de mise à distance s'insère dans une histoire, celle des procédés de représentation. Le situationniste, qui est un moraliste, peut se dispenser de périodiser « la société du spectacle » (quand commence-t-elle ? Aux jeux du cirque ? Sous Louis XIV ? Aux frères Lumière ? Au petit écran ?), comme de montrer en quoi le trapéziste sous un chapiteau n'est pas le torero dans l'arène (où les taureaux ne reviennent pas saluer le public à l'issue de la corrida), ou ce qui distingue une messe d'une *love-parade,* un match de rugby d'un défilé de mode, ou la fête du théâtre. Le spectacle est pour lui une catégorie d'exécration générique, sans indexation machinique, qui confond – dans la nuit toutes les vaches sont grises – opéra, cinéma, *peep-show,* musée, cirque, média, etc., une *forme idéologique* autonome sans appareillage ni généalogie. Le médiologue, laborieusement, examinera une *forme matérielle,* et ses avatars historiques ; il montrera comment la « rampe », ce médiateur de la représentation spectaculaire, a commencé d'être franchie avec l'apparition de l'image-indice, en 1839, et la cascade des procédures participatives du direct, du *live* et du *on line* qui ont suivi, jusqu'à reléguer dans des marges pompeuses et plus ou moins désaffectées les rituels de la mise à distance[1]. Là où le médiologue voit une agonie, le « situ » voit un avènement. L'un procède en tunnel, par analyses ; l'autre, en coup de main, par aphorismes. L'un ennuie, c'est un sapeur ; l'autre plaît, c'est un voltigeur. Mais le plus subversif n'est peut-être pas celui qu'on pense...

La systématisation de la démarche pourrait donner le vertige, tant elle découvre ce qu'ont de précaire les piliers « naturels » de notre appréhension des choses. Au-delà d'une mise à l'honneur renouvelée des instruments concrets de la pensée et de nos supports de mémoire – tâche déjà bien avancée par les pionniers des « technologies intellectuelles » comme Jack Goody, Élisabeth Einsenstein, Frances Yates, Bruno Latour, Pierre Lévy, Bernard Stiegler, Monique Sicard, etc –, il s'agit en fait d'une nouvelle façon de décrire le monde et de raconter des histoires, selon une logique ternaire (le médium inclus) et non plus binaire, en prenant donc congé du sol grec. A ce stade, le joug à secouer serait celui d'une théologie dénivelante, paresseuse mais têtue, qui pose au départ un Créateur, *puis* des créatures ; une origine, *puis* une évolution ; un singe nu, *puis* des outils pour l'aider ; un centre, *puis* un milieu pour l'entourer ; une chose ou une idée ici, *puis* son transport là-bas ; une fin initiale, *puis* des moyens à elle subordonnés ; un projet, *puis* une expression ; une doctrine en amont, *puis* son application en aval. Ce renversement est dur à penser. Il n'est pas aisé d'admettre pour soi-même, et encore moins de faire admettre que le point origine se pose après coup (c'est le christianisme qui a fait le Christ, non l'inverse) ; que la technique a inventé l'homme, et non l'inverse ; que le dehors est aussi au-dedans, et que le centre se déduit d'une périphérie, et non l'inverse ; que le transport d'une idée la transforme ; que ce sont les corps qui pensent (s'il n'est d'esprit que « de corps ») ; et que nos panoplies décident de nos finalités, non l'inverse. Il n'y a donc pas, et Péguy, qui a mis l'incarnation au centre de son œuvre, n'est pas tombé dans ce simplisme, d'*abord* la mystique, *puis* sa « dégradation » en politique. Car l'esprit n'est rien sans le corps, et ce qu'on appelle

1. Voir « La querelle du spectacle », *Cahiers de médiologie*, n° 1, 1996, coordinateur Daniel Bougnoux.

mystique, c'est un ressort de volonté politique tendu au maximum, qui va communiquer son énergie par détente (tout autre chose qu'un avilissement : un accomplissement).

Un mur de plus à abattre

« La stérilité menace tout travail qui ne cesse pas de proclamer sa volonté de méthode », a noté Roland Barthes sur la fin de sa vie. De fait, c'est quand il oublia lui-même sa méthode (la panoplie sémiologique) qu'il fut le plus inspiré *(La Chambre claire)*. Sans en inférer un rapport inverse et constant entre insistance méthodologique et rendement inventif, voyons là une incitation à fuir tout quadrillage, toute standardisation prématurées. Le pragmatisme, après tout, sied à une pragmatique, et l'approche que l'on défend ici doit s'imposer à elle-même les règles qu'elle applique aux autres formations discursives. La méthode médiologique sera ce que ses usagers en feront, qui la subvertiront en s'en emparant. Le primat de la relation sur le contenu stipule qu'il n'y a pas d'énoncé détachable d'une énonciation singulière. De là vient que la *manière* – plus proche, par bonheur, d'un tour de main que d'un mode d'emploi – ne soit pas automatisable. Chaque « médiographie » (selon le terme d'Yves Jeanneret) sera une aventure non programmable, une traversée à l'oblique de registres et de milieux, où c'est l'acheminement qui décidera du sens[1]. Le discours général sera une suite de parcours particuliers.

On peut, en schématisant à nos risques et périls, suggérer dans quelle direction. On commencera par décadrer le tableau, c'est-à-dire regarder ce qu'il ne nous fait pas voir et qui nous permet de le voir. « Quand le sage montre la lune, l'idiot regarde le doigt. » Un médiologue fait l'idiot, sans vergogne. Il met l'intendance au centre, et déplace l'attention *des valeurs aux vecteurs*, ou des contenus de croyance vers les formes d'administration, propagation et organisation qui leur servent d'armature. Pour

1. Yves Jeanneret, « La médiographie à la croisée des chemins », *Cahiers de médiologie*, n° 6, Gallimard, 1998, et « La médiologie de Régis Debray », *Communication et langages*, n° 104, 1995.

prendre l'exemple assez rebattu des « origines intellectuelles de la Révolution » (les idées de 89), il passera rapidement sur les doctrines pour considérer les véhicules, reliant l'homme de la rue au « grand auteur » canonisé (Voltaire, Diderot, Rousseau, etc.) ; tout ce flot anonyme de pasquins, chansons, bruits publics, rumeurs, bons mots, ragots, libelles, affiches, feuilles volantes qu'un historien comme Robert Darnton et d'autres ont récemment mis en valeur[1]. Mais ce ne sont là encore que des flux de langage, qui ajoutent au dépôt livresque une gamme de signes à la fois plus fluide et plus large (où l'oral a pesé beaucoup plus que dans les reconstructions qu'on peut en faire *a posteriori*). Au-delà des relais et nœuds de communication, il s'intéressera aux matrices de constitution de communautés inédites (pour remonter de l'organe au principe d'organisation). Ces entre-deux informels, caractéristiques des « Lumières », à l'intersection des idées et des institutions, que furent loges, sociétés de pensée, chambres de lecture, salons, cercles, académies de province, clubs, tout ce tissu conjonctif fusionnant pôles d'attraction sociale et centres d'élaboration intellectuelle, – le feront alors remonter de la scène à la régie. Ou du magasin des signes aux machines du sens (« la Révolution fille des Lumières »). La librairie semblera alors plus digne d'attention que la littérature, les colporteurs que les auteurs, les lieux de rendez-vous que les lieux communs, et les « bureaux d'esprit » (Mme de Tencin) que les grands esprits. Les *Lumières,* sous cet angle de vue, ce n'est pas un ensemble de concepts politiques, un ordre de raisons nouvelles dont une analyse discursive pourrait venir à bout, c'est un *basculement dans le réseau logistique de fabrication/stockage/circulation des signes.* Soit l'apparition de nœuds de sociabilité décalés, interfaces porteurs de rituels et d'exercices nouveaux, fonctionnant en producteurs d'opinion. C'est, tout crûment, par déplacement des corps intermédiaires, une réorganisation des charnières de l'esprit, sur fond de gonflement urbain, d'alphabétisation en hausse et d'inflation d'imprimés (Sébastien Mercier : « On lit certainement dix fois plus à Paris qu'on ne lisait il y a cent ans, si l'on considère cette multitude de petits libraires semés dans tous les lieux »). Ce ne

1. Robert Darnton, « La France, ton café fout le camp », *Actes de la recherche en sciences sociales,* n° 100, décembre 1993.

sont pas les livres qui ont fait la Révolution française, c'est cette logistique omniprésente et non théorisée (sans laquelle les idées n'auraient jamais pris corps). Telle fut un peu la démarche, à contre-courant, d'Auguste Cochin, l'historien monarchiste de la Révolution française, ce McLuhan prématuré, trop méconnu, auquel on doit un aphorisme, plus profond bien que moins notoire que le « médium is message » : « La méthode engendre la doctrine. »[1] Il a en particulier montré tout ce qu'impliquait la transition d'une société comme le Saint-Sacrement en 1650 au Grand-Orient en 1780, ce regroupement singulier (et pour notre auteur, contre nature) d'hommes unis sur un pied d'égalité non par l'hérédité ou la condition, mais par le seul libre arbitre. Le fonctionnement de ces associations arbitraires et capricieuses, sans précédent, suggérait à leurs membres, par une sorte de contagion spontanée, qu'une refondation de la société par décrets et décalque du grand sur le petit, était possible et souhaitable. Soit le passage par étapes des sociétés d'égaux où l'intelligence est le principe de sélection à une société d'égalité sur une base philosophique. La force de ces idées résidait dans l'organisation de leurs « porteurs », et la socialisation d'une doctrine trouve son transformateur (qui la transforme en retour) dans les nouveaux attachements de ceux qui, en la socialisant, se resocialisent eux-mêmes d'une façon imprévue. Le mot de « transmission » n'est pas prononcé par le chartiste ultracatholique, encore moins celui de « communication », et pourtant un médiologue (républicain) se sentira ici chez lui.

En général, pour ce qui touche à « l'histoire des idées », l'indexation recommandée fait remonter des contenus textuels (idéologie ou « science ») vers les *organisations* matrices (écoles, partis, Églises), et de celles-ci vers les *vecteurs* pratiques de propagation (les médias au sens strict). Tout ensemble découpé et constitué (par lui-même ou les nomenclatures d'usage) se signalant comme un donné immédiat, totalité close et « brute de décoffrage », sera traité en *médiat.* Posant la question de savoir par quoi cet ensemble a été *médiatisé* (et porté jusqu'à nous). La question n'est plus « en quoi ça consiste » mais « comment ça tient – ou a pu tenir ». Ainsi une histoire médiologique du socialisme comme

1. Augustin Cochin, *La Révolution et la libre pensée,* Paris, Plon, 1923.

idéologie vivante passera-t-elle vite sur les ouvrages, programmes et mouvances (« scientifique », « utopique », « chrétien », etc.) pour examiner les moules d'usinage et les viatiques invisibles (à l'œil du lecteur) des « idées-forces ». Seront alors mis en relation la naissance de la première Internationale (1864), l'invention des rotatives (1860), la Ligue de l'enseignement en France (1866), le bond en avant du *Petit Journal* avec la machine Marinoni (de 50 000 exemplaires en 1859 à 600 000 en 1869), et la pose du câble transatlantique (1866). Une technologie littérale stipule, pour accéder à la mémoire collective, une qualification réglée (lire/écrire, décoder/encoder), un ensemble de compétences sélectives. Le Parti d'avant-garde, dans cette culture technique, c'est le couronnement d'un journal, premier stade de l'intellectuel collectif, avec le « marbre » comme trait d'union entre ouvriers et intellectuels (avancés). Se dégagera, par contrecoup, l'architecture porteuse, le trépied journal/livre/école (de cadres), lui-même solidaire d'un stade précis, mi-artisanal mi-industriel, de la mécanisation de la mémoire. Au-dessous de la ligne de flottaison politique, là sont les œuvres vives du *Titanic* qui donnent aux frères ennemis embarqués un air de famille reconnaissable entre tous – la grande famille aujourd'hui naufragée, pour cause d'obsolescence, de l'imprimerie de labeur. Les affrontements d'idées, d'appareils et de personnes entre les branches du « mouvement ouvrier » – anarcho-syndicalisme, social-démocratie, stalinisme, trotskisme, maoïsme, etc. – servaient d'écran (proprement « idéologique ») entre les protagonistes et l'écosystème de leur idée régulatrice, à savoir, brutalement, la typographie au plomb[1]. Typos, intellos et pédagos, les trois reconducteurs de la continuité en milieu prolo, auront été les fleurons d'un âge médian du support imprimé, qui s'ouvre avec la rotative à vapeur (1850-1860), s'épanouit avec le linotype et se referme avec la vidéo-composition (1970-1980). Et rose, elle a duré ce que durent les roses, en Occident : un peu plus d'un siècle.

Il y a des disciplines mort-nées, en trompe-l'œil. Mais on n'en connaît pas beaucoup, parmi les mieux portantes, qui aient été

1. Pour une analyse plus détaillée, voir *Cours de médiologie générale,* 9e leçon : « Vie et mort d'un écosystème : le socialisme », Paris, Gallimard, 1991.

déclarées viables à la naissance par leurs aînées (et pour lesquelles ce n'était pas seulement une concurrence extérieure mais une amputation de territoire, soit une mortification très intime). Comment rendre légitimes des approches qui ne correspondent pas aux critères de légitimité admis à un moment donné par la communauté savante ? Question classique et récurrente, à laquelle il n'est pas de bonne réponse (théorique) ; toute méthode d'analyse un peu nouvelle se heurte à un *double-bind.* Soit elle s'apparentera à une démarche déjà homologuée pour désarmer les résistances, auquel cas elle gomme ce qu'elle a d'original pour « rentrer dans l'orchestre ». Et elle n'a plus lieu d'être. Soit elle accentue son écart à la norme, auquel cas le milieu ambiant la rejette dans son bruit de fond. Et elle n'a pas d'être du tout. Si, en effet, les procédures qui peuvent un jour la constituer comme savoir étaient d'emblée homologables, c'est-à-dire conformes aux normes déjà reconnues, le problème « novation » ne se poserait pas. Comme dit Maurice Sachot, « se qualifier, c'est se classifier. Se classifier c'est se perdre »[1]. Ces dilemmes spéculatifs, l'expérience le montre, ne sont pas tranchés par des efforts de spéculation mais d'organisation pratique, à la cantonade ou à la marge (la marge est centrale, et les coulisses décident). En matière de « sciences de l'homme et de la société », les disciplines circonscrites et à présent honorées dans leurs circonscriptions répugnent à faire leur propre histoire médiologique, qui les confronterait à leur naissance impure *(inter faeces et urinam nascimur).* N'oublions pas que ce sont, elles aussi, des *médiats*, aboutissements d'une chaîne d'actes autoritaires de démarcation (ou d'autocirconscription). Chaînes internes/externes, largement aléatoires, entremêlant l'arbitraire doctoral à l'arbitrage administratif, dépendant de la conjoncture, du milieu national, des rapports de force politique... et de l'énergie, plus ou moins astucieuse, des organisateurs du champ. Les institutionnalisations, faisant passer du cénacle farfelu à la discipline reconnue, se mènent d'habitude en ordre dispersé, et si tous les moyens sont bons, on peut, sur un siècle, en repérer de constants. Quelle que soit l'imagination expéditive des initiateurs, on discerne des points de passage obligés communs à tous : un subtil

1. Maurice Sachot, « La médiologie comme discipline », *Cahiers de médiologie*, n° 6, *Pourquoi des médiologues ?*

déplacement des nomenclatures (issue de la *philosophie sociale* de 1850, la *science sociale* de 1870 prend massivement le nom de *sociologie* vers 1890, comme, *mutatis mutandis*, la sémio*logie* de 1950 devient la sémio*tique* de 1980) ; un dépôt de statuts pour des sociétés, collèges ou associations de droit privé (comme la Société de sociologie de Paris, en 1895, ou le Comité international de sémiotique, en 1969) ; la création d'une ou plusieurs revues, l'organisateur collectif du milieu savant (telle *L'Année sociologique* ou *Communications*), puis de collections éditoriales (chez un éditeur déjà reconnu ; en France, Félix Alcan, Mame ou Le Seuil) pour accroître la visibilité publique ; l'ajout d'un terme à l'intitulé d'une chaire d'enseignement (la chaire de « sciences de l'éducation » occupée par Durkheim en Sorbonne depuis 1906 se voit complétée en 1913, par arrêté ministériel, d'un « et de sociologie ») ; la confection, ensuite, d'un cursus universitaire autour d'une licence reprofilée, dans le sillage d'une commission nationale de spécialistes (ou d'une section du Conseil national des Universités), avec recrutement de professeurs attitrés, etc. Un devenir-science est un *cursus honorum* où le flair des relations opportunes prime, et de loin, la rigueur épistémologique (ce qui n'a rien d'illégitime aux yeux d'un médiologue, pour qui réseau et raison font très régulièrement la rime).

La discipline fait la force principale des Facultés qui, en retour, la font régner. Il est vrai que les cloisonnements stérilisent, et les scolastiques s'en repaissent. D'où l'idée, en réaction, de recourir à des *interdisciplines* (comme s'appellent les « SIC », Sciences de l'information et de la communication, qui s'en vont puiser leurs modèles d'explications, ou paradigmes, dans diverses sciences constituées). Le terme est séduisant, et quelque peu accommodant (recouvrant parfois certain confusionnisme à base de mixages hâtifs et d'emprunts hétéroclites). *Interdiscipline* peut être le nom sémillant d'une sous-discipline. Cela dit, même s'il est toujours bon de s'astreindre à une discipline (voire à deux ou trois, si possible), la médiologie, amie d'Hermès, le dieu des routes et des carrefours, se conçoit comme un jeu interfiefs, d'échanges et de passages. On peut y entrer, et y circuler, par plusieurs portes, sans voie royale assignée. Le rapide examen des grands aînés auquel nous avons procédé, et où l'on peut voir autant des portes cochères que des lieux de séjour, n'était pas destiné à lotir le terrain pour se tailler un lopin à soi, mais à mieux se connaître, entre voisins, pour mieux s'associer. Car les frontières n'excluent pas les bons voisinages, elles les rendent au contraire possibles. De toute façon, l'anathème ou la barricade sont incompatibles avec la sensibilité médiologique, qui ne confond pas le goût des idées claires avec le nettoyage « scientifique » du territoire. On se gardera (puisque nous ne sommes nous-mêmes que des idéologues, sans rupture épistémologique à arborer) de rentrer dans la ronde des condamnations pour *idéologie,* qui, dans les sciences de la culture, est le nom donné à la science de l'autre. Tel historien tient avec quelque raison que la sociologie est une mode évanescente et qui n'a pas lieu d'être (monographique, c'est une histoire sans le nom et normative, une philosophie sociale qui ne s'avoue pas). Tel sociologue tient, non sans argument, que l'histoire n'est pas une science, n'ayant aucun pouvoir d'explication, fondée qu'elle est sur la superstition empiriste du cas particulier. Le biochimiste verra dans la psychanalyse, avec quelque motif, une mythologie romancée, et le psychologue, non sans motif, dans les chimiothérapies un bricolage positiviste et sans principe. Etc. L'apprenti médiologue peut s'éviter les chassés-croisés du soupçon parce que, la médiologie ne prétendant pas au titre de « science sociale », il n'a pas lieu de donner tort à son voisin pour se donner raison. Son point de vue n'exclut pas celui des autres. Et puis, « le sage n'a pas d'idées ».

Nous faisons tous de la médiologie, comme M. Jourdain fait de la prose – pourraient dire nombre de chercheurs en sciences sociales. Les bons historiens du XIXe siècle faisaient de la sociologie sans le nom – pourquoi *la* sociologie ? Les bons sociologues font de la médiologie en acte et sur le sujet – pourquoi *une* ou *la* médiologie ? Nous construisons tous des phrases intelligibles – pourquoi une grammaire ? Tous les grammairiens font de l'analyse critique de texte – pourquoi une philologie ? Tous les philologues font peu ou prou une étude comparative des langues – alors pourquoi une linguistique (la langue envisagée en elle-même et pour elle-même) ? Pourquoi isoler un niveau de réalité – la transmission en et pour elle-même – et tenter de le formaliser ? Le vœu de voir un faisceau de microanalyses et d'enquêtes empiriques se rassembler et s'expliciter dans un champ spécifique, ayant une unité propre, fait partie d'une dynamique objective de savoir. Le passage du « je fais de la médiologie » à « il y a une médiologie » est incontestablement un coup de force (épistémologique) – mais légitimé par la diversité et la fécondité des recherches qui peuvent s'y reconnaître. Du reste, les médiologues ne parlent pas d'une seule voix (et d'autres pourraient, aussi bien ou mal que le signataire de ce livre, lui donner une *Introduction* différente, selon d'autres angles d'attaque). Il y a *des* médiologies, comme il y a des sociologies, et des psychanalyses. Durkheim (1858-1917) et Max Weber (1864-1920) se sont soigneusement ignorés. Jung et Freud aussi. Même constat, *a fortiori*, pour les héritiers (on n'imagine pas Lacan et Lagache, Bourdieu et Boudon, ou hier Gurvitch et Aron, signant ensemble une profession de foi ou une commune déclaration de méthode). On dira qu'il n'y a pas une École médiologique (au sens d'une allégeance collective à une doctrine commune), mais un réseau d'interconnaissances, voire de divergences fortes, qui, en pointillé, dessine les contours d'un archipel de chercheurs ayant un horizon commun : comprendre la technique autrement qu'Heidegger.

Il est sans doute trop tôt pour une matrice disciplinaire acceptable par toutes les républiques autonomes de cette confédération. Mais est-elle seulement souhaitable ? Et indispensable à l'essor de la recherche ? A tout prendre, il y a moins d'anomie conceptuelle dans le champ médiologique de l'an 2000 que dans le champ sociologique de 1900 (où régnait, en France comme en Allemagne, un foisonnement désordonné d'humeurs incompatibles). Ce dernier s'était pourtant stabilisé vingt ans plus tôt, un demi-siècle après le baptême. Lente est la construction d'un savoir – et il faut au moins cinquante ans pour passer de la secte à la société savante, et de la prophétie à la profession (le métier d'historien, psychologue, sociologue, etc.). Par étapes et générations : il y a d'abord la vague des *précurseurs*, ou des amateurs de génie (en sociologie, Comte, Tocqueville et Marx). Puis la vague des *organisateurs,* ou les instituteurs du champ (Durkheim en France, Weber en Allemagne) Et enfin celle des *chercheurs,* les fournisseurs professionnels. 1850, 1900, 1950...

Un détail rassurant : l'inventeur du nom n'est pas le vrai fondateur de la chose. Comte ne fait plus référence pour les sociologues, non plus que Haeckel pour les écologues (ce disciple de Darwin a nommé la « science de l'habitat », mais c'est le botaniste danois Eugen Warning qui en a jeté les bases scientifiques, trente ans plus tard).

C'est qu'on ne saute pas le mur au premier essai. Il est dissuasif. Il faut s'y reprendre à plusieurs reprises, génération après génération.

Une émergence disciplinaire, c'est à chaque fois un mur de Berlin qui chancelle (entre deux pays souverains se reconnaissant mutuellement). Une démarcation va alors s'effacer, une bordure indécise et turbulente se retrouver dans l'axe. L'*entre-deux* solutions devient le problème lui-même ; le fond s'inverse en forme ; un *no man's land* s'avère constructible. Que fut en son temps le projet sociologique (1837, Auguste Comte), sinon le renversement du mur d'habitudes séparant jusqu'alors les territoires de l'individuel (dévolus aux psychologues) et ceux du collectif ? Sur les premiers s'ébattaient depuis plusieurs siècles les moralistes et les philosophes, décrivant et expliquant les passions, les caractères, les conduites ; sur les seconds, les juristes et les historiens étudiaient la raison des États, la grandeur et la décadence des empires, les diverses espèces de républiques. Dérangeante et résistible, l'idée qu'il y avait une concordance possible, des corrélations fortes et vérifiables (au besoin statistiquement) entre des « faits sociaux » relevant de l'histoire des sociétés et des dispositions intimes laissées à l'arbitraire des caractères (croyait-on) – comme le choix on ne peut plus privé de se suicider, ou de divorcer. La proposition écologique (1866, Haeckel, également inventeur du « pithécanthrope ») a démontré ensuite qu'il y avait des systèmes de liens complexes entre les différentes espèces végétales et animales, d'un côté, et, de l'autre, les sols, milieux et territoires sur lesquels ils vivent. Elle a abattu le mur entre le vivant et l'inerte. Ce qui n'a évidemment pas invalidé les acquis scientifiques accumulés d'un côté par les botanistes et les zoologistes, ni de l'autre par les géologues et les géographes (les Tournefort, les Humboldt et les savants voyageurs du XIXe). Avant la sociologie, l'individu et la société se définissaient chacun par opposition à l'autre, comme le vivant, dans le vitalisme, se définissait contre l'inerte (« la vie, ensemble des forces qui résistent à la mort »). Jusqu'au moment où la position en *contre* obturant l'intelligibilité, force devient de passer à l'*avec* (l'écologie, science des relations de l'organisme *avec* l'environnement). Poser un rapport descriptible, régulier et intelligible entre des populations d'idées et de formes d'une part et nos machines circulatoires d'autre part – telles les « communautés biotiques » avec leur environnement « abiotique » – conduit à abattre le mur entre l'idéal et le substrat, le signifiant et la trace. Or jusqu'ici, l'ordre symbolique s'est toujours pensée *contre* la technique (deux mille cinq cent ans de réflexes conditionnés, par et depuis l'opposition grecque *épistèmè/technè*), la tradition « humaniste » consistant à en appeler aux humanités contre les machineries, à « l'homme contre les robots ». Et la provocation médiologique répète, après beaucoup d'autres : c'est l'*avec* qu'il faut penser, parce que le *contre* était un *par*. Ce qui n'invalide évidemment pas les résultats produits par des siècles d'investigation sur l'évolution des configurations symboliques (doctrines, styles et croyances) ou l'histoire sociale (régimes, nations, partis, etc.) ; non plus, de l'autre côté, que les observations de l'histoire des techniques et notamment des « technologies de l'intelligence » (Pierre Lévy) – depuis Sumer jusqu'à la Silicon Valley. Simplement, le « pontage » entre ces deux ordres de réalité, ou ces deux séries d'investigation, impliquera de placer au centre de l'univers symbolique (et des exégèses philosophiques) une batterie d'à-côtés qui n'y apparaissaient au mieux qu'en notes de bas de page. On n'a pas attendu la médiologie pour cela, dira-t-on. Sans doute. Celle-ci cherche seulement à dire ce qui se fait ici et là, et pourquoi. Les périodes de transition comme la nôtre voient s'écrouler des pans entiers de certitudes mais sont par là même propices aux réagencements des concepts et des frontières – le jeu du savoir continue avec des cartes redistribuées, pour d'autres parties.

L'insolite encodage que nous défendons n'est pas une dissidence, même s'il heurte un confort intellectuel plurimillénaire. C'est la conséquence logique d'une inéluctable marche en avant de nos curiosités, mais qui prend la forme d'une remontée vers l'amont : l'homme s'est d'abord occupé de connaître les choses (les objets idéaux ou matériels situés hors de lui) ; puis il s'est tourné vers ses sembables (les sociétés et les cultures), et ces deux règnes lui sont apparus naturellement irréductibles et opposés. Les choses ici, l'humain là. Quand vient le moment de reconnaître l'humanité des choses, ou la face technique de ses symboles les plus sacrés, le court-circuit surprend, c'est bien le moins que l'esprit s'y résiste.

Chapitre VI - Une médiologie, pour quoi faire ?

BUT DU JEU : CALMER LE JEU

Ni science ni panacée

Une médiologie n'a pas pour finalité la délivrance d'un message. Elle se contente d'étudier les procédés par lesquels un message s'expédie, circule et « trouve preneur ». Elle n'a pas de croyance à promouvoir. Elle voudrait seulement aider à comprendre *comment* nous croyons, et par l'effet de quelles contraintes d'organisation. Ce n'est pas une doctrine, référable à un fondateur. Elle se borne à interroger les conditions de l'essor des doctrines (religieuses, politiques ou morales), et les ressorts de l'autorité doctorale. Ce chantier critique est tout le contraire, bien sûr, d'un « grand récit », de ceux qui ont bercé nos rêves de mieux-être. Si on ne se prive pas d'y revenir, c'est pour examiner les modes d'accréditation de ces grands récits, quitte à porter le fer dans ce que nous avons de plus sacré. Elle n'est porteuse d'aucune bonne nouvelle, de libération ou de guérison. Elle ne promet aucun surplus de pouvoir, de prestige ou de bonheur. Nulle élévation sociale. Et pour cause, si « les disciplines ont le prestige de leur objet » (Catherine Bertho Lavenir), et si la technique reste le parent pauvre de la maisonnée latine – le « petit chose » de nos lycées, au dernier rang de l'enseignement. Une démarche qui met systématiquement en rapport nos génialités, nos plus hautes fiertés avec les choses et gens de peu, ne risque pas sitôt de recevoir ses titres de noblesse. Le fait, de surcroît, qu'elle n'ait rien à faire accroire, aucun vilain à dénoncer, aucune croisade à prêcher, ne plaidera pas non plus en sa faveur. En clair, elle a tous les handicaps, et le sait. Au contraire de la plupart des « idéologies scientifiques » qui depuis la Révolution industrielle ont fait école et autorité, elle ne représente ni une découverte ni une panacée. Si elle peut permettre, ici et là, une meilleure mise au point sur des zones encore floues de la vie sociale, elle est assez instruite du devenir des idées pour mettre en doute l'efficacité d'une critique savante, et s'imaginer que le gain réalisé dans l'ordre de la connaissance puisse avoir spontanément un effet libérateur sur nos délires collectifs.

Expliquer et intervenir : cette double posture gît pourtant au cœur du projet rationaliste. Reconnaissons qu'elle a quelque chose de contradictoire. Séparer le citoyen pragmatique du sujet épistémique, ou encore, le jugement de valeur de l'observation bien conduite, n'est-ce pas le début de la sagesse (« Que cela nous plaise ou non, les choses sont ainsi ») ? Mais, par ailleurs, la fin est bien de « se rendre maître et possesseur de la nature », d'agir sur elle en lui obéissant. Savoir pour prévoir, prévoir pour pouvoir... On ne peut, il est vrai, exercer une action sur une réalité dont on ne sait rien. Condition nécessaire, dont seul l'ancien credo idéaliste fait une condition suffisante, sous la forme classique « il suffit de bien connaître pour bien faire ». A quoi s'opposeront d'abord l'instabilité des phénomènes humains, par nature impossibles à modéliser faute de constantes universelles, d'une métrique unanimement acceptée, de possibilités d'expérimentation et de simulation. Sur ce terrain, on aura beau multiplier les observations pour réduire le degré d'arbitraire, on continuera d'évoluer entre l'approximatif empirique, en bas, et, sur les hauteurs, la généralité infalsifiable. On n'oubliera pas, ensuite, que l'action collective est motivée et finalisée par des mythes et des passions. De l'idée juste que l'esclavage réside dans l'ignorance, il ne se déduit pas que la liberté soit incluse dans la connaissance. Outre que celle-ci peut nous donner l'intelligence de fatalités ou de régularités indépendantes de notre volonté, la connaissance n'est pas la clé de l'action pour la raison (amère) que celui qui connaît n'est pas celui qui agit. Le sujet d'initiative, émotionnel et imaginaire, s'alimente plus au mythe et à la mystification dynamique qu'à la froide objectivité. Nietzsche n'avait peut-être pas forcé le trait en disant que « la connaissance tue l'action parce que l'action exige que l'on se voile dans l'illusion ». Certes, il n'y a pas de limites au progrès de la rationalité mais il serait naïf de croire – c'est la crédulité propre au savant, comme le vœu d'une humanité sans frontière est propre au musicien (la musique, contrairement à la langue, n'en ayant pas) – qu'au progrès de la science sociale peuvent correspondre des progrès équivalents dans l'art politique. Et pour cause, si les deux ne sont pas de même nature. Il n'y a pas apparence que la tyrannie, la guerre, la torture et l'intolérance aient reculé au XXe siècle, au fur et à mesure que nos savants ont avancé dans le démontage des « lois sociales ».

C'est dire que l'entreprise intellectuelle ici décrite ne prétend pas une seule minute rivaliser avec les « sciences de la société » les mieux accréditées, dans leur projet, bien légitime (car elles en avaient, elles, les moyens théoriques), d'éclairer et guider l'action des hommes. Dès leur naissance, tel un Durkheim posant que « la sociologie étend le champ de notre action par cela seul qu'elle étend le champ de notre science », ces dernières ont cumulé la *revendication épistémique* – l'ouverture au savoir objectif d'un nouveau niveau de réalité – et l'*offre thérapeutique,* en s'adressant au public comme à un patient en attente de soulagement. Ce n'est pas caricaturer que de déceler sous des développements précautionneux et parfois blindés de statistiques une interpellation sublimale du genre « vous avez raison, tout va très mal, mais ne désespérez pas, nous avons de quoi remédier à cela ». Escarpés, les sentiers du savoir, mais glorieux les débouchés. Plus noir est le film – exploitation de l'homme par l'homme et domination bourgeoise, anomie et désintégration individualiste, traumatisme infantile et complexe d'Œdipe –, plus lumineux sera le *happy end*.

Ces magistères « scientifiques » se sont distingués de leurs aînés religieux par ceci qu'ils réclament à la fois l'assentiment, à des découvertes patentes, et la croyance, en un lendemain meilleur (pour nous-mêmes personnellement ou pour nos congénères). Le chef d'école qui a pour adresse un laboratoire, connaissant les ressorts cachés des conduites et sachant mieux que les profanes ce qui est bon pour eux, ajoute ainsi au *devoir de prescrire* (aux ignorants) le *droit de censurer* (les concurrents). Ce qui revient parfois à jouer sur deux tableaux : l'ascèse intellectuelle et l'espérance morale. L'obligation d'expliquer et la tentation d'espérer. Soit la possibilité de fonctionner comme science sans en payer le prix – qui est de n'avoir rien à dire sur le sens de la vie, le juste et l'injuste, le beau et le laid (« la science ne pense pas ») ; et, dans le même temps, fonctionner comme religion sans en payer non plus le prix, qui est de s'abstenir de toute prétention à l'opératoire et au vérifiable, à « résoudre concrètement les problèmes ». Et cela peut fort bien se comprendre, si l'on se souvient, avec Kant, qu' « une entreprise critique ne peut être acceptée qu'à la condition d'offrir une compensation dogmatique » (lettre à Marcus Herr, 1770). La raison expérimentale appliquée aux choses proches met l'orgueil à mal, et bien connues sont les « blessures narcissiques » infligées, depuis la Renaissance, par les progrès de l'entreprise critique à l'illusoire souveraineté que nous nous accordons d'instinct (l'homme n'est pas le centre du cosmos, ni de l'évolution, ni de sa propre psyché, nous ont expliqué successivement Galilée, Darwin, Freud). Dans les affaires humaines, la magie (et la croyance sociale dont elle procède et qu'elle entretient) inspire plus de confiance et de certitudes que la connaissance rationnelle. D'où notre besoin irrépressible de recouvrir chaque atteinte à notre intégrité d'un cataplasme de secours, une fausse joie venant aussitôt tempérer la peine que nous a causé une vérité désagréable. Comme si tout bond dans l'approximation au réel devait se payer d'une échappatoire en sens contraire, dans les sortilèges. Comme si chaque progrès dans l'intelligence des choses appelait pour antidote une dose redoublée d'euphorisant pour nous redonner l'allant perdu et continuer à espérer, comme par-devant.

Marxistes, nous étions convaincus de nous situer sur le seul terrain des faits et des lois, hors et contre toute présupposition mythologique. Force nous fut de découvrir, avec le temps, que *Le Capital* (où Max Weber lui-même, non sans raison, voyait « une réalisation scientifique de premier ordre »), sous une lecture documentaire et profane de l'histoire, n'échappait pas à des « formes subreptices de finalité immanente »[1], soit, pour le dire brutalement, à une téléologie du progrès proprement dogmatique. De même qu'on peut parler à bon escient matériaux, procédures,

1. Voir Yvon Quiniou, *Problèmes du matérialisme,* Méridiens-Klincksieck, 1987.

objets, réseaux, à l'intérieur d'une problématique idéaliste, on peut fort bien loger des analyses matérialistes complexes à l'intérieur d'un cadre normatif religieux, tout en croyant s'interdire les *a priori* dogmatiques. Apprentis freudiens, nous étions convaincus, lisant les *Études sur l'hystérie* ou L'*Introduction à la psychanalyse* du docteur viennois, de nous situer sur le seul terrain de l'observation clinique et du récit de cas. Il nous a fallu découvrir ensuite tout ce qu'il était entré de fiction théorique dans l'histoire d'Anna O. et de l'Homme aux loups (la cohérence des intrigues provenant de leur mise en cohérence avec la théorie). Ces bonnes constructions analytiques, sur le modèle de la fable ou de l'histoire – du *muthos* aristotélicien –, s'articulent à un archi-récit se développant bientôt en une « irrésistible machine autoconfirmative », la psychanalyse. Comme l'avait remarqué Krafft-Ebing en son temps, qui parlait d'un « conte de fée scientifique », faire la part de l'observation et de la fiction, du vrai et du vraisemblable, du clinique et du poétique, dans la recomposition freudienne des cas d'hystérie, est devenu quasiment impossible[1]. Sociologues étudiants, nous étions convaincus, lisant *Le Suicide* d'Émile Durkheim, qu'avec le fondateur de l'*Année sociologique*, l'approche des faits sociaux avait enfin rompu avec le discours des valeurs propre à la « physique sociale » d'antan. Et voilà qu'au cœur même de sa démarche scientifique, se découvre, consubstantielle à elle, avec la volonté de soigner « le mal de l'infini » qu'était aux yeux du sociologue l'anomie postindustrielle, un projet politique et moral. Durkheim se veut autant thérapeute que savant, et guérisseur parce que savant. Le sociologue veut restaurer le consensus et consolider l'identité de son groupe d'appartenance. La « nouvelle science » cachait une entreprise juridico-pédagogique, visant à un programme de régénération nationale par le biais de l'éducation, et il est impossible, chez lui, d'isoler ce projet normatif du travail descriptif[2]. « Nous estimerions que toutes nos recherches ne méritent pas une heure de peine si elles ne devaient avoir qu'un intérêt spéculatif », avoue-t-il au seuil de *La division du travail social.*

1. Mikkel Borch-Jacobsen, *La psychanalyse est-elle un conte de fées scientifique ?*, Chicago, avril 1998.

2. Sophie Jankélévitch, « Durkheim, du descriptif au normatif », in *Futurs antérieurs*, 1993, n° 5/6.

On pourrait se demander, au vu de ces illustres et finalement décevants exemples, si le prix à payer est si élevé, pourquoi la minuscule médiologie devrait se proposer, non pas, certes, de faire le bonheur de l'humanité, mais de servir à quelque chose. Après tout, on tolère, on vante volontiers l'art pour l'art. Pourquoi la connaissance pour la connaissance, le libre exercice d'une *libido sciendi* – comme on fait du violon ou de la gymnastique –, devrait-elle exposer aux reproches de dilettantisme, d'insensibilité ou d'élitisme ? Personne n'exige du botaniste ou de l'entomologiste qu'ils se limitent à des exercices immédiatement rentables, et cependant les sciences qu'on appelait jadis naturelles ont eu maintes retombées utiles, quoique, ou parce que sans préméditation. Les sciences sociales et humaines ont montré de leur côté plus d'empressement à répondre à la demande sociale d'utilité, mais nos sociétés en ont-elles tiré de sensibles améliorations (ce qui ne serait au reste pas un argument pour ou contre leur validité intrinsèque) ? L'automation et l'automobile ont fait en ce siècle moins de bruit dans la sphère des idées mais certainement plus de bien à la cause de l'émancipation ouvrière que les partis et programmes inspirés par le « socialisme scientifique » ; et la discrète synthèse de molécules chimiques par l'industrie pharmaceutique a peut-être soulagé plus de névrosés et déprimés que les *talking-cure* sur le divan ; or la psychanalyse occupe plus de kilomètres linéaires sur nos rayons que la biochimie. C'est ce qui n'est pas au programme qui arrive (et l'invention technique l'est assez peu). Avec la connaissance, les bénéfices réels sont rarement au rendez-vous des vertus affichées. D'où l'on conclura que le statut officiel de « science » n'est pas forcément enviable, qu'il s'agisse des lumières apportées sur nos obscurités intimes (la littérature en fournit beaucoup) ou de l'efficacité des remèdes proposés.

Il existe au demeurant maints types et niveaux de scientificité, et on peut tenir pour une boutade l'assertion selon laquelle « il n'existe qu'un seul type de sciences, celui des sciences naturelles » (M. Petitot). Si on entend par « science » au sens fort une théorie nomologique déductive, qui établit des lois dont nous pouvons déduire les conséquences, il va de soi que la médiologie ne guigne pas de ce côté-là. Tout au plus peut-elle regarder vers les *constructions interprétatives*, ni prophétiques ni scientifiques, plausibles mais indécidables, qui cherchent à systématiser, aussi rigoureusement que possible, un ensemble encore disjoint de faits et d'évolutions empiriquement constatables. N'est proposé ici qu'un découpage nouveau de l'ancien, soit un *type inédit* (en tant que type) *de description des phénomènes jusqu'ici amalgamés par le terme brouillard de « culture »*. Cette mise en ordre heurte des habitudes mais permet un œil neuf, par le simple fait *d'établir des liens là où il n'y en avait pas.*

C'est le volume de l'impensé sous-jacent aux phénomènes de transmission, ainsi que l'état d'orphelinat et d'ostracisme qui est le leur, qui incite à les mettre en avant. Il ne s'agit pas d'arborer un signe extérieur de scientificité (à quoi s'adjoignent en général un canon « méthodologique » et une armature statistique), pour « relever » ce qu'ont de trivial ou d'indigne nos petites affaires aux yeux d'un philosophe soucieux de ne pas déroger. Un sociologue contemporain (Pierre Bourdieu), face aux néologismes en vogue, impute l'effet « logie » à « l'effort des philosophes pour emprunter les méthodes et les apparences de la scientificité des sciences sociales sans abandonner le statut privilégié du philosophe »[1]. Ne croyant ni à cette scientificité (du moins pour lui-même) ni à ce privilège, le médiologue regarde modestement du côté des « Humanités » dont il s'alimente, et qui procurent des plaisirs de connaissance plutôt que des projets de guérison. Tout en surveillant ses raisonnements et modérant ses inférences, il s'inscrirait volontiers dans la descendance des « arts libéraux », comme une annexe aux « sciences morales et politiques »[2] (pluriel de « politesse » et « prudence »). Cette position filiale, au voisinage des « Lettres », est de nature à atténuer les maux héréditaires que sont, dans la vie académique, la guerre et le jargon.

La guerre entre clercs, ou les polémiques de personnalités. En règle générale, plus incertaine est la discipline, plus autoritaires seront ses représentants. L'énoncé dit « mou » compense l'indécidable par le durcissement de l'énonciation. Qui cède au *science-appeal,* sur les territoires universitaires du flou, est plus exposé qu'un simple amateur à habiller l'invective personnelle en verdict « scientifique », et le contradicteur en crétin. Ou à faire jouer en sa faveur la position, la dignité, ou la clientèle. « Sciences sociales,

1. Pierre Bourdieu, *Réponses,* Éd. du Seuil, 1992, p. 131.

2. Pierre Lévy, « La place de la médiologie dans le trivium », in *Cahiers de médiologie,* n° 6, 1998, p. 43.

sciences féodales... » (Daniel Bougnoux). Après s'être adonné, en hommage à la tradition du système, au jeu des grands tableaux synoptiques, la recherche ne trouvera qu'avantage à de petites constructions intelligibles, localisées, aménageables, transportables, à plusieurs entrées. Sans personnaliser le débat, sans planter le fanion sur sa presqu'île, et encore moins sans fulminer ses voisins sur un ton d'encyclique.

Le jargon ? Dans la science au sens propre, à spécialisation forte, la transmission va dans le sens de la simplification et l'enseignement scientifique allège et réduit l'appareil démonstratif (ou le protocole expérimental). Dans certaines parasciences humaines, par quoi elles se rapprochent du message religieux (l'exégèse biblique opacifie le texte sacré), la pente est à la complication, et les vulgarisateurs en aval se transforment volontiers en obscurcisseurs. La scolastique est moins intelligible qu'Aristote, Althusser que Marx, et Lacan que Freud (et ainsi de suite, car le thomiste sera plus opaque que le Docteur angélique, l'althussérien qu'Althusser, le lacanien que Lacan, etc.). On a dit qu'avec du visible compliqué le savant faisait de l'invisible simple. Il arrive aux docteurs, avec du lisible assez simple, de faire du compliqué assez illisible. Sans doute, là encore, demande-t-on à la sophistication formelle de suppléer au caractère discutable, aventureux, et parfois rustique du point de départ. C'est un plaisir honnête que d'apporter sa contribution à la tâche collective, soustraire à l'indescriptible certains domaines d'expérience longtemps jugés subalternes (l'économie), honteux (la sexualité), ou triviaux (la technique). Il ne faut pas en abuser, sauf à régresser derechef vers une logomachie (un plus d'élucidation se retournant alors en un plus d'obscurantisme).

Techniques versus ethnies : la zone dangereuse

L'ethnologie est la science de la diversité des sociétés ; et la technologie, celle de l'uniformité des panoplies. La médiologie, entre les deux, pose le problème de leur compatibilité (l'intersection comme problème). Elle demande comment peuvent coexister sur la planète la singularité des cultures, nulle part les mêmes, et l'alignement des réseaux, partout les mêmes. Comment interagissent subjectivités territoriales et normalisations technoscientifiques ?

Remaniement des matériels et rémanence des identités : cet alliage paradoxal n'était pas au programme du scientisme d'antan. Leur combinaison a constitué sans doute la grande surprise du XXe siècle, son apport le plus inattendu à la connaissance de l'homme. Effets de dé- et re-structuration culturelle des innovations techniques, conditionnements techniques des mutations culturelles : qu'on le prenne dans un sens ou dans l'autre *(top down* ou *bottom up)*, l'arpentage médiologique recoupe l'ordre du jour (rationalisation technique d'un côté, exceptions culturelles de l'autre) en plus d'un point. Matière politiquement sensible. On parle, au pluriel, des « chocs de civilisation ». Mais c'est d'abord au-*dedans* de chaque civilisation que le choc se ressent (plus ou moins sévère). La tectonique des plaques faisant métaphore, les bouleversements technologiques en cours provoquent un frottement continu entre la croûte de nos outillages, en plein bouleversement, et le manteau souterrain des mémoires, à faible élasticité, mais soumise à de fortes compressions. C'est le long de ces « deux lèvres », à la jointure de l'aventure technicienne et de l'ordre traditionnel, réseaux de connexions et systèmes de connivences, appareillages et appartenances, qu'on assiste, encore plus au Sud qu'au Nord, à un décalage de temporalités, à un désajustement des mentalités. D'où ces secousses en chaîne qui déstabilisent États et populations, de Téhéran à Alger, de la Chine aux Balkans. Le médiologue travaille là où ça fait mal, au-dehors comme au-dedans. Car, comme les groupes, les individus aussi (et pas seulement les personnes âgées) sont de plus en plus fréquemment dérangés, désorientés dans leurs habitudes et certitudes par la bousculade des générations d'objets et de connaissances. Les savoirs-flux (ou savoir-faire) déplacent les savoirs-stock (ou les sagesses) ; les jeunes en savent plus que les vieux ; de plus en plus d'ignorants, à la surface du globe, doivent apprendre de moins en moins d'experts, de plus en plus de choses... A ce « malaise dans la civilisation », à ce déséquilibre quasi démographique de la transmission, l'approche ici esquissée peut procurer quelques outils d'analyse et de prévision. A condition, comme le Paléontologiste face à l'évolution du squelette hominien, ou le technologue, face à l'évolution d'une lignée d'outils, de distinguer entre *phénomènes de tendance* (prévisibles, généraux, à rythme long), et *faits* ponctuels (imprévisibles et particuliers, surdéterminés qu'ils sont par mille chaînes causales). Il importe toujours de confronter l'actualité la plus déconcertante à la longue durée. Le changement d'échelle permet de voir dans nos prétendus « dérèglements » l'effet de régulations déjà connues, à l'œuvre dès le début de la « phylogenèse » (l'histoire de l'espèce). D'où l'intérêt de prendre du recul par rapport au « dernier cri ». La « réalité virtuelle » issue de l'informatique, par exemple, gagnera en intelligibilité à s'éclairer au long processus de virtualisation (ou « déréalisation ») du monde sensible, commencé avec les premières symbolisations graphiques de l'art pariétal[1].

Nos cultures – qui ne s'en félicite ? – sont devenues aujourd'hui métissables, leurs traits, exportables, et les migrations démographiques mélangent ce qui était jusqu'ici séparé. Essor du multiculturalisme ou de l'interculturalisme. Cependant, l'exercice symbolique (langue, religion, coutumes) ne peut faire fi d'une généalogie « ethnique », alors que l'invention technique obéit à des règles trans-ethniques (les mêmes « lignées phylogénétiques » d'outils passent à travers des peuples sans contact entre eux). La mémoire machinale (chaînes opératoires, habitus, rituels) comme la mémoire consciente (dépôts gravés ou écrits) cristallisent, dans une personnalité collective, un « capital ethnique », disait Leroi-Gourhan, potentiellement ethnocentrique. Cette singularité partagée, fruit d'une longue accumulation dans la durée, a reçu maints noms de baptême : un caractère national, un air de famille, le génie d'un peuple, l'arôme d'un terroir, un parfum d'enfance. Bien connues sont les formes sensibles (à l'oreille, à l'œil, à l'odorat) de ce *confort d'appartenance* involontaire et inconscient (tant qu'on n'en est pas expulsé, par un exil volontaire ou forcé). Elles font le bonheur des poètes et des romanciers. Ils savent nous rendre inappréciable cette stabilité psychique procurée par une mémoire sans date ni signature, incorporée, ou mieux, inhalée avec notre langue maternelle, « l'haleine sonore de la pensée ».

1. Pierre Lévy, *Qu'est-ce que le virtuel ?*, Paris, Éd. La Découverte, 1994.

Dresser un état technologique de la planète à l'instant T fournirait un *tableau de concordances*, et un état des cultures, un *inventaire de différences*. Les unités de mesure s'emboîtent partout, non les arts de vivre, qui demeurent incommensurables. C'est parce que les Chinois ont une culture que je les trouve incompréhensibles, moi qui parle et pense français. Si mon congénère de Pékin et moi, Parisien, étions réductibles à nos connaissances d'arithmétique, à notre technosphère, nous pourrions fraterniser sans peine car nos appareils – rasoirs électriques, carburateurs, logiciels, etc. – fonctionnent à l'identique, indépendamment de nos valeurs. Nous n'aurions entre nous que des écarts pour ainsi dire chronologiques – dus à nos niveaux d'équipement respectifs. Or, nous sommes séparés par des traits culturels, eux discriminants – style de vie et d'habitat, cuisine, calendrier, rythmes quotidiens, superstitions et croyances –, et surtout, et d'abord, par nos langues. Je puis très laborieusement tenter de m'approprier le chinois, qui, modelant la pensée du pékinois, me la rend irréductiblement étrange. Langue étrangère certes traduisible en français (non sans de sérieuses pertes en ligne) mais non interchangeable avec lui : chaque langue, chaque culture est, sinon incompatible, du moins incommensurable aux autres. Le binôme prototype/archétype se traduit par une tension toujours croissante entre *convergence technique* et *divergence ethnique.*

On peut se réjouir de voir le dynamisme évolutif des innovations bousculer les barrières identitaires, les entre-soi de la mémoire et nos vieilles chaleurs domestiques, favorisant ainsi les brassages interculturels et interethniques. La froide recherche de l'optimum coût-efficacité n'aide-t-elle pas, chaque jour, à la réduction du divers à l'un (unité intégrative de l'objet, unité du système des objets) ? Simondon a appelé « concrétisation » la tendance des objets techniques à intégrer leurs divers composants en un tout fortement individualisé – et nous nommons « mondialisation » la prolongation du tout-électrique dans un tout-numérique standardisé et standardisant. Les réseaux ferroviaires et aériens assurant déjà la circulation des humains et des pondéreux, les réseaux bancaires celle des capitaux, les réseaux télématique et satellitaire prenant en charge l'immatérialité des signes, images et sons, la Terre devient un seul espace réticulé où le tout est présent à chacun de ses points, un « hypercortex planétaire » (Pierre

Lévy). Il est dès lors loisible de rêver, sinon en la fin de l'histoire, du moins à un inexorable dépérissement des barrières politiques et culturelles qui séparent encore l'humanité d'avec elle-même. Ajoutant à sa cohérence interne, le volontarisme de sa construction, le *dispositif réseau,* se décalquant d'échelle en échelle (nationale, continentale, planétaire, cosmique), autorise une vision formellement totalisante de l'avenir (totalitaire, disent les réfractaires). Un seul mégasystème pour une mégapole unique, ce serait en tout cas l'utopie saint-simonienne enfin réalisée (enlacer le globe pour désenchaîner les hommes). La ferveur *high-tech* croit toucher au but.

Ces effervescences n'ont rien d'insolite : elles accompagnent chaque révolution médiologique. Tant il est vrai que la rationalisation du monde ne fait pas reculer d'autant les puissances en nous de l'irrationnel.

L'apparition d'un système technique inattendu réveille de loin en loin un fonds d'espérances eschatologiques qui ne dorment que d'un œil. La « société de l'information », comme jadis celle des chemins de fer et des canaux intercontinentaux, suscite à présent autant de terreurs que d'exorcismes. A la réunion de la « grande famille humaine » évoquée par la cyberculture, répond le cataclysme par implosion, déréalisant et désertifiant, que serait pour d'autres la « bombe informatique ». Aux lendemains démocratiques, le totalitarisme doux du « globalitaire ». Deux lectures religieuses, la blanche et la noire, d'un même phénomène ambivalent. *Grosso modo,* l'Amérique prend en charge la version euphorisante et libertaire ; l'Europe, la version nostalgique et catastrophique. Chaque continent ses tropismes. Le triomphalisme technologique est lié à l'histoire même des États-Unis d'Amérique, le paradis des managers et des entrepreneurs, mû par le moteur horizontal de la frontière désormais relayé à la verticale par la conquête de l'espace (mobilisation dont le véhicule fut tour à tour le cheval, le chemin de fer, l'automobile, l'avion et aujourd'hui la fusée interplanétaire). Fuir la politique dans la technique, et les conflits de société dans la puissance tranquille des machines, fut le plus constant ressort de cette formidable épopée nationale.

On retrouve ici le même hiatus entre l'Ancien et le Nouveau Monde que dans l'appréhension du « médium ». L'Amérique (où le magazine californien *Wired* brandit l'étendard des techno-utopies de l'hyper et du soft) magnifie l'impact des nouvelles technologies. Les exaltations de sens contraire suscitées par le Web réactualisent (le provocant de la vaticination reflétant l'intensité du séisme) les fantasmes religieux du Salut ou du Péché, qui hantent l'imminent eldorado du « technophile » et l'enfer assuré du « technophobe ». Il existe une critique fine des nouvelles technologies. Quand on demande : « Peut-on pleurer devant un CD-ROM ? » (Karine Douplitzky, *Cahiers de médiologie*, n° 3), on touche un nerf sensible (la prévisibilité des images-calcul programmées). Mais dans certains anathèmes de *La France contre les robots* (Bernanos), de *La parole humiliée* (Ellul), du *Principe responsabilité* (Hans Jonas), de *La Bombe informatique* (Virilio), on sent pointer une véhémence eschatologique d'imprécateur. On stigmatise les maléfices du virtuel, les vertiges de la vitesse, le règne du simulacre, les poisons et délices de la déréalisation numérique. Se profilent au loin un Moloch ou un Golem balayant tout sur son passage, le Big Brother implacable, la Mort en marche. La Technique devient ici un synonyme hyperbolique du Malin (ou de l'entropie). Évacuant volontiers l'enquête historienne, ses prudences et ses ambiguïtés, on revêt d'habits neufs une théologie chrétienne de la Chute. La Technique (avec majuscule) a exilé Adam du paradis de l'immédiateté. Précipitant une bonne nature dans le mauvais artifice, l'intermédiation des objets coupe l'humanité d'avec son essence authentique – qui serait la pure présence à soi-même –, et c'est cette origine perdue qu'il importe coûte que coûte de retrouver. A l'autre pôle, des discours non moins visionnaires – où le démoniaque s'inverse en séraphique – mettent en scène une Rédemption avançant à grands pas, où l'humanité va bientôt retrouver à la fin son origine, c'est-à-dire sa plénitude, avec « l'enrichissement en cours des connexions numériques » débouchant sur la « reconnexion de l'humanité avec elle-même ». Pour les uns donc, qui se reconnaîtront dans le prophétisme sombre de Jacques Ellul, tout tombe et s'abîme – les singularités humaines vont se noyer dans la nuit finale de l'indifférencié. Pour les autres, qui se reconnaîtront dans les vues à la fois précises et lumineuses de Pierre Lévy, tout monte, tout converge – et l'espèce poursuit son odyssée « de la niche animale au monde humain », pour se réconcilier avec son destin d'amour et de paix. Il est difficile, dans ces ferveurs de sens contraire, combien évocatrices, d'isoler le jugement de valeur des jugements de fait ; l'analyse pointue des potentalités, d'un finalisme d'autant plus prégnant qu'implicite.

Le prophétisme « high-tech » ou l'excès de logique

« La logique, disait Lewis Carroll, c'est ce qui dit ce qui s'ensuit de quoi. » A la logique du devenir des objets, répond celle des réactions humaines à ce devenir. Sur la durée, celles-ci laissent apparaître, avec un air de famille indéniable, ce qu'on pourrait appeler les *lieux communs de l'originalité*, ou les stéréotypes du jamais vu. Il est permis de les décomposer en une série d' « effets », au sens « automatisme », où un psychanalyste des inconscients collectifs décèlerait peut-être autant de « compulsions de répétition » se répétant de loin en loin à chaque révolution technique.

Nous avons déjà vu l' *« effet découverte »*, ce dévoilement rétrospectif qui se traduit d'abord par un sentiment de nostalgie pour des paysages familiers en voie de disparition. Dans l'histoire des médias, et c'est un point qu'elle a en commun avec l'histoire des sciences, c'est le présent qui illumine le passé. L'écriture fut aussi déstabilisante pour un habitué des traditions orales qu'a pu l'être l'audiovisuel pour un fils de l'imprimé. Et pour nous, l'écosystème de l'imprimé se détache au loin comme une contrée déjà fabuleuse, mythifiée en âge d'or, dont les traits nous semblent d'autant plus aimables qu'ils s'enfoncent sous la ligne d'horizon.

On connaît également l' *« effet-diligence »* (Jacques Perriault). Il désigne le retard mis par une nouvelle génération de vecteurs à se dégager du moule de la précédente, qu'elle va briser mais qu'elle commence par épouser. Le livre imprimé a mis au moins un siècle à s'émanciper des formes du manuscrit. Les premiers wagons de chemin de fer étaient des diligences posées sur des rails ; les premières photos, des tableaux académiques – nus et paysages. Les premiers plateaux de télévision étaient des studios de radio avec un accessoire en plus, la caméra (et *Lectures pour tous,* des excellents Dumayet et Desgraupes, la première émission littéraire du petit écran, avait tous les traits d'une causerie radiophonique prolongée). De même la page-écran de nos ordinateurs imita-t-elle, à ses débuts, la page imprimée (on voit plutôt l'inverse aujourd'hui). Ces effets d'empreinte sont amplement connus.

Attardons-nous un moment sur l'*effet-délire*. Il y a une évidente résonance entre les fabuleuses espérances placées dans l'imprimerie par le siècle des Lumières et les utopies auxquelles le *www* donne lieu aujourd'hui. Pour Condorcet, l'invention de l'imprimerie inaugure la « huitième époque » de l'humanité ; elle écartera à coup sûr le fanatisme, parce qu'elle porte dans ses flancs l'individu raisonnable et transparent (tout en périmant au passage, comme archaïque, la notion de propriété intellectuelle, au bénéfice d'une libre appropriation de textes autogérés et indéfiniment modifiables, circulant sans contrainte de pays en pays). De ce fait, la République, récompense morale offerte aux bons élèves de Gutenberg, ne pourrait manquer de s'étendre à l'ensemble de la planète, portée par l'élan irrésistible de l'imprimé, qui désenchaînera naturellement les consciences. La France exportera dictionnaires, livres et feuilles partout en Europe et « l'imprimé forcera toutes les portes par lesquelles la vérité cherche à s'introduire ». Condorcet appelait « Atlantide » ce nouveau Continent à venir constitué d'hommes typographiques se consacrant à l'espace public via la délibération imprimée. Les utopistes d'aujourd'hui – qui sont au bord du Pacifique – n'en attendent pas moins de la « troisième vague », de « l'homme numérique », voire « symbiotique », et de la « génération Internet ». On nous dit que les autoroutes de l'information apporteront demain la liberté dans les plus obscurs recoins d'une planète câblée. Les croyants de la « technodémocratie », deux siècles après ceux de la « typorépublique », anglicisent l'Atlantide en *new-age*, mais on peut se demander si le propre du millénariste d'hier et d'aujourd'hui n'est pas de tourner le dos au futur, parce qu'il s'imagine, dans une vision cumulative et substitutive du temps, que le futur efface le passé, quand en réalité il le ravive, en le métamorphosant.

De bons médecins, vers 1840, prévenaient les usagers du chemin de fer que le corps humain ne pouvait résister à des vitesses supérieures à 40 km/h, sans risques mortels. Un penseur contemporain tient que le corps humain est menacé de disparition par le cyberespace, et que l'interactivité informatique est assimilable à la radioactivité. Ces cas de sidération négative ne sauraient renverser, dans l'esprit du grand public, le courant majoritaire des bonnes nouvelles venues d'outre-Atlantique. Le vent d'Amérique l'emportant sur les brises d'Europe, comme les « intégrés » sur les « apocalyptiques », la cyberculture s'avance plus souvent parée des prestiges du Millenium que de l'Apocalypse. Pourquoi raison garder devant l'*n*-ième annonce d'un « homme nouveau » ? D'abord, rappelons-nous que les hommes d'information sont spontanément enclins à survaloriser les technologies de l'information. C'est là un « idiotisme de métier » bien pardonnable, chez tous ceux dont le métier est d'abstraire, symboliser et modéliser. Les cordonniers sont en général d'avis que la chaussure est ce qui fait marcher les hommes ; les juristes, que le Droit est l'alpha et l'oméga du développement social ; et les manipulateurs de signes, que la circulation des signes est au fondement de l'humanité. A chacun ses égotismes professionnels, ses valorisations vitales. Rien d'étonnant que les pionniers de l'intelligence s'imaginent que les révolutions de l'intelligence commandent directement les révolutions du pouvoir, de la psychologie sociale, du vivre-ensemble, en neutralisant les permanences structurales de l'espace politique (clôture territoriale, hiérarchie, agressivité, etc.). Il n'y a pas cent façons de faire société, et les plus intelligentes ne sont pas *ipso facto* les plus opératoires. On ne sache pas que la communauté scientifique, exemple de collectif intelligent, puisse imposer ni même proposer ses règles du jeu à la vie politique. Si les mœurs et la conduite des États pouvaient se déduire des machineries, sophistiquées comme elles sont, la barbarie des relations internationales (et autres) ne serait plus parmi nous qu'un souvenir. L'ère informatique change les arsenaux et les façons de faire la guerre, mais non le fait de la guerre ni la récurrence des hostilités.

Ensuite, on ne saurait déduire de la logique de l'objet celle de l'usage. Ni, du *self-media* (Internet), une garantie de *self-fulfillment* (la réalisation de soi) ; ni, de la connexion en direct, la démocratie en direct. Ces extrapolations promotionnelles jouent sur l'addition d'un moralisme scout (la réconciliation humaine, l'Amour, l'Alliance, la Paix universelle) et d'un déterminisme crash (le rail, le satellite, Internet). « Allons au-devant de la vie / Allons au-devant du matin... » Gardons-nous d'« immédiatiser » les médiations dont a besoin un nouveau médium pour libérer ses virtualités. Ou de fétichiser un outil en lui incorporant de façon magique les conditions de fonctionnement qui lui sont extérieures, mais dont il dépend lui-même pour produire ses effets propres. Ce n'est pas parce qu'il y a des livres qu'il y a des lecteurs ; ce n'est pas parce qu'il y a des bibliothèques qu'il y a des érudits. Ce n'est pas parce qu'un texte est numérisé qu'il peut être instantanément mis en ligne dans le monde entier et que le monde entier – népalais, bantou, et chinois compris – va se mettre à allumer son écran pour lire Shakespeare en anglais. Comme l'imprimerie jadis pour l'espace public, le *net-working* libérateur suppose en amont une économie, des écoles, des revenus, des loisirs, des intérêts, bref un certain seuil de densité anthropologique (en deçà duquel le confortable *broadcast* reste le plus sécurisant des filets).

De même serait-il aventureux, deuxième simplification qui dérive de la première, d'assigner des effets univoques et unilatéraux à un système supposé monocausal – dont les retombées à terme s'avèrent, à chaque fois, plus que multiformes, contradictoires. L'imprimerie a consolidé les divisions linguistiques et nationales *et* instauré une République universelle des lettres et du savoir. Elle aura été l'outil du sectarisme *et* de la tolérance. La télématique facilite l'accès à l'information et accroît les inégalités de savoir. Elle contourne les censures centralisées *et* flatte les enfermements sectaires. Elle promeut le commerce pornographique et les thèses négationnistes autant que la contre-culture démocratique et les forums de discussion. Et ainsi de suite. Il est banal mais sage d'évoquer, devant chaque médium « révolutionnaire », la langue d'Ésope, le pire et la meilleure des inventions.

L'électricité, l'atome, le bit : ces brisures dans la chaîne donnent à chaque fois moins et plus que ce qu'en attendaient leurs sectateurs ou leurs détracteurs : et régulièrement ce moins et ce plus déjouent l'escompté (prendre l'innovation au sérieux, oui, en faire un drame, non). Les crédules du Progrès qui attendent d'un seuil technologique le passage de l'ombre à la lumière, obéissant inconsciemment à une causalité mécaniste, aplatissent un devenir en boucle sur une perspective linéaire. Ces futurologues trop peu historiens négligent les paradoxes et facéties d'une « marche en avant » qui ne cesse, par d'autres côtés, de faire retour au révolu.

Enfin et surtout, la technovision branchée se nourrit d'une subreptice confusion des ordres de réalité consistant à projeter l'*irréversibilité du temps technique*, ponctué tout au long d'effets-cliquets (on ne revient pas à la charrue après le tracteur, au boulier après l'ordinateur, etc.), *sur le temps psychique et politique*. Comme si le rapport de l'homme à l'homme obéissait aux mêmes lois de succession que le rapport de l'homme aux choses (ou au corps humain en tant que chose, dans la médecine par exemple, en constant progrès dans la mesure où elle peut physicaliser son objet). Comme si la pragmatique de l'improgrammable pouvait se calquer sur les programmations scientifiques et techniques. Comme si on connaissait une déstabilisation « technique » qui ne se soit accompagnée d'un ressourcement « culturel ».

Aussi bien se gardera-t-on, pour prospecter au moins mal, d'imiter les prospectivistes. A chaque son de trompe « moderne, moderne ! », on recherchera plutôt l'oublié ou le vétuste que l'hyper-nouveau va bientôt ranimer (tout en le transformant, bien sûr, car l'ancien ne revient jamais tel quel). Ce qui ne fera pas du médiologue, homme carrefour, un sage, mais un sobre, préférant le centre aux extrêmes. Position esthétiquement et socialement ingrate, par le juste milieu à quoi elle oblige, peu propice aux frissons diabolisateurs et aux exaltations du « technosophe ». Elle place l'observateur à la droite de l'ébriété optimiste (allons, ce sera moins renversant que vous ne dites, ne criez pas victoire), mais à la gauche du dénigrement pessimiste (allons ce n'est pas si grave, ne hurlez pas à la fin du monde). Si la boutade est permise, l'étiquette d'archéo-moderniste, oxymoron baroque adapté à une époque qui ne l'est pas moins, conviendrait assez bien à l'adepte d'une médiologie critique. C'est le trait d'union qui fait problème. Il semble irrationnel. Comment en rendre raison ?

L'effet-jogging

On voyait il y a peu dans la « globalisation » la constitution d'un monde commun à tous les habitants – d'un globe dûment câblé, rigoureusement interconnecté, tissé de liaisons à très haut débit. Comme si la raison technique était la seule à bord : le *One World* a toujours été l'injonction des ingénieurs. Mais si le dynamisme darwinien de l'innovation (la sélection du plus rentable par élimination du moins performant) était l'*ultima ratio* du devenir historique, la World Compagny ou les États-Unis de la Terre seraient en voie d'instauration – ce dont il n'y a pas apparence. Dans cet imminent *brave new world*, voué à l'indifférenciation, il n'y aurait alors place (en fait de poches de résistance pour les uns, d'épines dans le pied que pour les autres) que pour quelques réserves d'Indiens subventionnés, des arrière-pays vacanciers, et, au centre des mégapoles, de beaux et coûteux écomusées. Leroi-Gourhan lui-même n'avait-il pas annoncé vers 1960 « la caducité de la structuration ethnique du groupe » et l'avènement d'une « méga-ethnie planétaire » ? Les faits, pour une fois, ne semblent pas lui donner raison. Tant s'en faut que « l'ouragan de l'indistinction » ait tout emporté sur son passage. Le monde techniquement synthétisé ne s'est pas spirituellement unifié, les objets nomades uniques n'ont pas produit le sujet nomade unique. A l'unification galopante du milieu techno-économique de la modernité est venue répondre, à rebours des visionnaires conformes, une véhémente balkanisation politico-culturelle.

Compte tenu que « la matière court plus vite que l'esprit » (François Dagognet), on peut réduire ce décalage à un *déphasage,* en le minimisant, comme *survivances* ou *folklores*, sous le terme de « compensations secondaires ». On dira alors que les *aires* culturelles (bouddhistes, musulmanes, catholiques, etc.) correspondent à différents *stades* du développement technique, appelés tôt ou tard à fusionner, à rattraper leur retard sur l'avant-garde (que serait, précise-t-on parfois, la société multiculturelle américaine, ou l'entreprise IBM). L'éclaireur précéderait le gros de la troupe sur la voie d'un parcours unilinéaire, conduisant, dans cette vision, vers le *global shopping center,* le pendant néo-libéral de l'ex-Union des républiques socialistes mondiales. Cette utopie ne prend pas en compte l'étrange réactivation des folklores par les postmodernités, ou des territoires de première génération (régions, « pays », cités) par les déterritorialisations planantes, ou, pour faire image, de la Charia par l'ordinateur – Dieu ramené par la puce, *God and chips.*

Autre lecture possible du phénomène qui voit les consommateurs de tous les pays partagés entre leur carte d'identité et leur carte bleue : le « principe de coupure » avancé par le sociologue Roger Bastide. Ce dernier avait montré comment un Afro-Brésilien peut se montrer, en toute sérénité, fervent adepte du culte du Candomblé et un agent économique parfaitement adapté à la rationalité instrumentale. Ce dédoublement suscité par l'acculturation des « périphéries » ne se retrouverait-il pas chez les élites *high tech* du « premier monde » ? La double personnalité permet, au Brésil, en Inde ou en Iran, d' « encaisser » les « bonds en avant », de profiter d'apports enviables – en combinant niveau de vie et modes de vie. Quand on voit, en sens contraire, l'essor des cultes *new-age*, des mystiques orientalistes, des conduites de secte chez les adeptes occidentaux des NTIC (la Silicon Valley), il apparaît que ces profils de « personnalités mixtes » ne concernent pas seulement les « acculturés » de la dernière heure. Mi-uniforme, mi-salopette, la combinaison technique qu'enfile l'humanité postmoderne laisse voir chaque jour plus en transparence l'habit d'Arlequin des cultures. En sorte qu'il faut pousser plus loin le raisonnement. Comme si, à chaque « bond en avant » dans l'outillage, correspondrait un « bond en arrière » dans les mentalités. Hypothèse du *progrès rétrograde* auquel peut s'attacher le nom plaisant d' « effet *jogging* ». Au début du siècle, certains visionnaires avaient pronostiqué que l'usage immodéré de l'automobile par les citadins provoquerait bientôt l'atrophie de leurs membres inférieurs, le bipède motorisé se désaccoutumant de la marche. Qu'a-t-on vu depuis ? Ceci : depuis que les citadins ne marchent plus, ils courent. Fanatiquement. Dans les parcs, ou, à défaut, en salle, sur tapis roulant.

Évoquons quelques exemples de modernisation archaïsante.

La montée en puissance du *live* et du direct suscite, par appel d'air, une formidable appétence patrimoniale. Le fanatisme du néo, la rétromanie en boomerang. En Occident : l'accablement commémoratif, avec nos centenaires, cinquantenaires, et autres jubilés, l'érection de coûteuses bibliothèques en totems identitaires, la prolifération des « lieux de mémoire », la vogue des généalogistes et des biographies (de grands hommes), le leadership de « l'histoire culturelle » sur l'histoire économico-sociale, le surinvestissement des musées, restaurations et sauvegardes, les relevailles des langues régionales, la mode poutres apparentes et four à pains, etc. Partout, le leitmotiv archaïsant. Les musicologues s'étonnent de « l'énigmatique déferlante des musiques médiévales », dans les bacs à disques et les concerts. Lassé du répertoire baroque (Gluck, Vivaldi, Rameau), le public fait un triomphe au chant grégorien et aux polyphonies hiératiques de Cristobal de Morales et de Guillaume de Machaut (le disque compact favorisant la réédition des grands interprètes disparus). Les techniques numériques propulsent l'image sonore cistercienne, réverbérée, simple et pure, tandis que les créations atonales ou néotonales (la musique « planante ») donnent la main au néo-médiéval. Il est vrai que le « néo-primitif » marque le passage d'une mémoire spontanée à une mémoire appliquée, mais émiettée, décontextualisée – trop savamment et volontairement reconstruite.

Le « retour de flamme » restructure également sous nos yeux la géopolitique. Remontée des partitions ethniques – indigénismes, nationalismes et séparatismes et essor des fondamentalismes religieux (islamique, mais aussi chrétien, juif, bouddhiste, orthodoxe, etc.) : l'actualité nous prouve amplement qu'un plus de machines ne correspond pas nécessairement à un moins de « préjugés » (l'inverse n'est pas non plus démontré). Une nation élective peut redevenir nation ethnique, et la concitoyenneté, consanguinité. Ne voit-on pas dans nombre de démocraties des partis ethno-culturels supplanter des formations laïques anciennement dominantes (Israël, Inde, Turquie) ? Les melting-pots se grippent. Nivellement des différences de classe, renaissance des différences d'origine.

Une planète-ville n'est pas un gage de cosmopolitisme. Urbanisation des corps, « ruralisation » des esprits ? Un habitant de la planète sur dix, en 1900, était citadin ; un sur deux aujourd'hui. Le monde arabo-musulman a vu le nombre de ses citadins multiplié par cinquante en un siècle – et l'intégrisme islamique ses militants dans la même proportion. Ressac urbain et non campagnard, propre aux bidonvilles et aux banlieues plutôt qu'aux centres historiques traditionnels. Il touche en priorité les ruraux déboussolés (les cadres intégristes proviennent des Facultés des sciences et de technologie, non des Facultés des lettres). Dans les zones où il était de tradition que la foi structure, le fondamentalisme se présente comme culture des déculturés de la modernité ou le retour à la terre des déterritorialisés. Qu'il s'agisse des *loubavitchs,* des charismatiques ou des « barbus », l'effervescence messianique ou le prurit orthodoxe touchent d'abord les immigrants, les transplantés et les immigrés de fraîche date. Il semble bien, décidément, que l'Histoire nous reprenne d'une main ce qu'elle nous accorde de l'autre : ouverture par ici, clôture par là. Après tout, quel « dialogue des cultures » pourrait exister sans le maintien entre elles d'un jeu minimal de différences, à défaut de quoi il n'y aurait plus échange, mais ankylose, monologue et atonie ? Il est bon, disait Lévi-Strauss, de ne pas tout assimiler d'autrui si on veut commercer utilement avec lui.

Pléthoriques sont, à l'époque du virtuel, les discours de la fin : *fin du corps* personnel et vécu (*body is obsolete*, dit un info-artiste) ; *fin de l'espace* réel et des mobilités physiques ; *fin du vernaculaire* dans une amorphe mondialisation (le *global village* de McLuhan) ; *fin de la lecture* (mais c'est le rapport à l'écrit qui change, avec ses supports). Il n'est pas un de ces angoissants pronostics qu'on ne puisse compléter par une annonce de *renaissance*. Et pas seulement parce qu'une pluralité d'espaces et de temps peuvent coexister dans le vécu d'un même individu, mais parce que chaque nouveau palier de réalité qu'ajoute le progrès technique aux paliers existants tend à revaloriser l'ancien, celui du dessous.

• Le *corps*. Virtualisé en clones, morcelé en greffes, implants et prothèses, renaturé par les biotechnologies, dopé par la biochimie industrielle, déterritorialisé par les mobiles et les téléprésences numériques, il n'a jamais fait l'objet d'autant de soins intensifs : *body-building*, diététique, chirurgie plastique, sports de toutes sortes, exhibitionnisme de la santé et de la beauté. Les moyens techniques de la désincarnation débouchent sur une culture de l'hyperincarnation individuelle. Tandis que la cyberinformatique redonne sa place au corps entier, avec des téléprésences incarnées, vivantes et expérimentales dans l'immersion virtuelle.

• L'*espace*. Loin de nous dispenser du déplacement physique, l'accélération des communications accroît l'usage de transports (plus on téléphone, plus on voyage). Et pourtant, se connectant sur un serveur, ne peut-on chevaucher les Continents à domicile ? L'internaute n'aurait plus besoin de partir pour arriver quelque part. D'où résulterait une sorte d'inertie panoptique. Qu'en est-il ? De même que la reproduction électronique de documents a non aboli mais décuplé la consommation de papier, les télécommunications ont contribué à transformer le tourisme en première industrie mondiale. A l'inverse, plus on dispose de moyens de locomotion pour aller loin, plus la proximité prend d'importance. L'autoroute repeuple les sentiers de grande randonnée. Le pas humain a fait le terroir : le cheval, la nation ; l'auto, le Continent ; l'avion, la planète Terre ; le lanceur spatial, le cosmos. Il y a bien un façonnage locomoteur de l'espace effectif, car l'étendue, comme le temps, est une catégorie technique, et donc évolutive. Mais, culturellement, chaque nouveau véhicule, loin de dévaluer le territoire précédent, le réenchante. La petite échelle dont nos rayons d'action nous dépossèdent, l'affectivité et le mythe s'en emparent pour l'ériger en référence identitaire. La fusée spatiale nous a réappris le terroir. On regarde sur écran la météo planétaire et on se pelotonne dans son nid. Le gigantisme industriel a promu le *small is beautiful*, et l'avion gros-porteur le « vivre et travailler au pays ».

• Le *vernaculaire*. La promotion de l'anglo-américain en *lingua franca* de la planète s'annonçait « linguicide ». Or, Internet aide au nichage des langues périphériques, et l'anglais universel réveille les identités linguistiques des dominés. L'idéal d'uniformité des managers en fédérations et le *general american* des modes d'emploi, enseignes et revues scientifiques ravivent en contre-valeur la sève orphique des créoles et la combativité des dialectes. En Europe particulièrement, avec ses soixante langues parlées et imbriquées, là où on s'attendait à voir ces idiomes territoriaux transformés en langue morte, noblement confinées au registre littéraire, ou dégradées en patois plus ou moins clochardisés, la langue d'élection redevient celle du terroir, du moins celle qui s'affiche (à défaut de se pratiquer). Renaissance, au loin, de l'hébreu et de l'arabe classique. Renaissance, tout près, du catalan, basque, corse, breton, gallois, flamand, occitan, etc. En France, on propose même d'institutionnaliser l'usage des langues régionales.

Sans multiplier indices et symptômes, tentons d'en saisir la raison. Tout se passe comme si la mondialisation des objets et des signes portait à son envers une tribalisation des sujets et des valeurs. Les connivences perdues se rattrapent dans la surenchère des autochtonies, et le boomerang frappe même au cœur du « postindustriel ». L'appauvrissement monotechnique exalte la revendication multiculturelle, et c'est dans le pays d'Occident le plus riche, où villes, partis, Églises, chaînes de télévision, meubles, maisons et magasins, saveurs et odeurs sont le plus interchangeables (ou le moins identifiables), que les « ethnic » et « gender-gaps » sont aussi les plus accentués et valorisés *(political correctness).* L'avivement des mémoires rétrogrades en pleine modernisation, ce signe de vitalité ethnique qui peut virer au funèbre, marque peut-être l'affolement d'une inconsciente « sagesse du corps », une sorte de pathologie du normal. L'homme prothétique a autant besoin, et pour les mêmes raisons, de verdure et d'ancêtres – de chants d'oiseaux et d'écureuils dans les squares –, que de rituels et de mythes « oubliés ». A trop haute dose, passé un certain seuil de « dénaturation » ou « déshumanisation », la technicité déséquilibre les organismes ultracivilisés (nos agglomérations « rurbaines »), lesquels orphelins se refrabriquent artificiellement des paysages, des traditions, et jusqu'à des sensations de nature primitive – Gaïa mixée numérique sur CD, avec marée, tonnerre et cris de mouettes. De même qu'il faut aux mammifères trop bien appareillés un minimum de sauvagerie naturelle, il faut à l'intégration cosmique un minimum de singularité ethnique. Mais ce rééquilibrage intérieur des personnalités se fait rarement en douceur, et la démultiplication de nos cadres d'appartenance (basque, espagnol, européen, occidental, homme) n'est peut-être pas le sage emboîtement d'identités gigognes que vante l'idéal fédéraliste.

La psychanalyse a regroupé sous le nom de « métapsychologie » un certain nombre de principes invérifiables généralisant les données de l'expérience (principe de plaisir, instinct de mort, etc.). On sait ce qu'en vaut l'aune, mais de là sont nées certaines commodités de description et classification. Rêvons qu'un jour une métamédiologie fouille de plus près l'hypothèse « économique » (au sens freudien) d'un *principe de constance.* Partagés entre la perspective de se couper du monde s'il s'enferme dans son ethnocosme et celle de s'y noyer s'il épouse le technocosme, déchiré entre son milieu intérieur (sa bulle, ses plis, ses us) et le milieu extérieur (le capital machinique mondialisé), chaque univers social en devenir bénéficierait d'une sorte de thermostat instinctuel, pour rééquilibrer une déstabilisation machinique par une réaffirmation culturelle d'intensité analogue. De la sorte, chaque accroissement brutal des « facteurs de progrès et d'unification » provoquerait une élévation non moins qualitative des « facteurs de régression et de morcellement »[1]. Ainsi se rétabliraient, par sursauts et à-coups, par essais et erreurs, les diverses identités collectives à travers les remous de la mondialisation. On voit par quel biais on peut considérer l'« archaïsme » comme ce qui va revenir et non ce qui est advenu – devant nous *parce que* derrière nous.

Quoi qu'en pense de ces conjectures spéculatives, on conviendra que si la vie est un processus de différenciation sans fin, la lutte pour l'« exception culturelle » fait partie de l'« élan vital », comme mouvement instinctif de résistance à une homogénéisation mortifère ou entropique. La profusion des espèces vivantes dans la biosphère a demandé des centaines de millions d'années. Celle des cultures dans la noosphère, des milliers d'années. Sculptées les unes et les autres par une suite complexe d'opérations sélectives, de mutations et de recompositions, les voilà l'une et l'autre exposées à un taux croissant d'extinction. Si l'opinion des pays « avancés » éprouve désormais le besoin de prévenir la destruction des « bibliothèques génétiques vivantes » que sont les espèces animales et végétales, comment pourrait-elle laisser s'éteindre sans protester les mnémothèques humaines inscrites, sous la forme de monuments en dur mais aussi de rites, de chants, voire de sites naturels, dans le patrimoine mondial ? Pourquoi les cinémas autres qu'américains, les littératures minoritaires ou certains artisanats d'art ne mériteraient-ils pas autant d'attention et de mesures de protection que les colonies de bébés phoques et de baleines bleues ? La biodiversité est un enjeu désormais reconnu, qu'il serait inconséquent de limiter aux organismes vivants. Par quel miracle la mémoire, l'imagination et la conscience des communautés humaines seraient-elles soustraites aux affres de la pollution, aux agressions industrielles et aux ravages du profit immédiat ? Maintenir par exemple, face à l'essor des multiplexes de quartier et de la distribution préaffectée, la diversité des films nationaux dans l'offre des programmateurs et distributeurs de cinéma, n'est-ce pas une bonne façon, pour un urbain, de jardiner la terre ? En protégeant la variété du « paysage audiovisuel » ? Et la richesse de mémoire

1. On se reportera ici à notre *Critique de la raison politique*, Paris, Gallimard, 1981, où l'on analyse plus en détail ce mécanisme en termes de « principe de constance ».

de ses petits-enfants ? Tant mieux si les médiologues peuvent hâter la venue d'une *écologie spirituelle* – comme science des relations de l'esprit avec le milieu technique. Recherche urgente dans la mesure où nos équilibres intérieurs les plus instinctifs se voient déstabilisés par la frénésie technologique. On ne peut plus penser, aménager ou protéger les uns sans connaître, prévoir et contrôler l'autre.

Vers une techno-éthique

Il n'y a pas d'accord, avons-nous vu, entre les rythmes du renouvellement machinique et le temps des maturations humaines. Il peut sortir de ce déphasage des atteintes traumatiques aux liens psychiques et moraux de filiation, d'appartenance ou de solidarité. Sans se croire porteur d'une quelconque médecine sociale, le médiologue ne peut que s'inscrire en faux contre la foi aveugle dans l'outil informatique, la dérégulation affolée des services publics, les sous-traitance inconsidérées, et cette idée qu'il faut à tout prix, en tout lieu et tout moment, « rattraper notre retard technologique ». « La France accuse un retard certain face au développement des technologies de l'information ». « L'école française peine à s'informatiser. » « L'administration doit accélérer le pas. » Pionnier du télé-enseignement, Jacques Perriault s'est élevé avec raison contre ces discours acritiques en montrant qu'il ne faut pas confondre une politique de serveurs et une politique de terminaux, que chaque pays a sa culture technique, son style d'approche et d'usage de l'informatique, et qu' « il n'y a pas de fatalité, de modèle entonnoir dans lequel toute l'humanité s'engouffrera »[1]. Les institutions à évolution lente ont aussi pour fonction d'apporter de l'inertie et donc de la sécurité à des systèmes déséquilibrés et déstructurants. La lenteur n'a pas à s'effacer automatiquement devant la vitesse, ni des institutions éprouvées comme l'école, ayant leur propre finalité et donc leur ordre de

1. Jacques Perriault, « Du retard de la France en informatique », in *Cahiers de médiologie,* n° 5, p. 281.

priorités propre (communiquer, oui, si et à condition que cela serve à transmettre), n'ont pas à s'adapter précipitamment à des technologies immatures et souvent vulnérables. Un peu de discernement pourrait aider à mettre agents de continuité et vecteurs de transformation en meilleur équilibre – pour négocier à bon escient.

Sans doute, l'étude des faits de transmission ne saurait-elle espérer la même fortune, ni la même visibilité, que la nébuleuse « communication ». Elle n'est peut-être pas plus intéressante, mais, par la force des choses, plus désintéressée. Si la transmission a des enjeux de civilisation à long terme, elle n'est pas au diapason d'un présent qui fait peu cas de la profondeur de temps. Ne répondant pas aux urgences du marché ni du pouvoir, elle ne peut s'intégrer, au même titre que l'Infocom, dans les circuits économiques et politiques. Leurs agents sociaux respectifs, vulgarisateurs et légitimateurs potentiels, ne sont pas à même de rivaliser. La Com' interpelle les entreprises, la Trans', les institutions – et en société de marché, elles ne font pas balance égale. Touchant directement aux intérêts des classes d'information, de commerce et de représentation politique, minorités hégémoniques et bons faire-valoir, la Com' est portée par les couches montantes que représentent dircoms, publicitaires, consultants en communication politique, ressources humaines et marketing, journalistes de radio et télévision, sondeurs, conseillers image. Stimulée par les médias et l'explosion inventive des NTIC, dont elle assure le supplément d'âme moyennant un constant échange de célébrations et de services, la Communication est devenue idéologie. Elle alimente les mythologies de l'écoute, de la transparence et de la compréhension mutuelle nécessaires au huilage des moteurs économiques et à la bonne conscience de tous. C'est d'évidence la Vulgate du libéralisme triomphant – notre ancienne « société de consommation » s'étant d'ailleurs rebaptisée « de communication ». La transmission, elle, ne concerne professionnellement que les classes de la connaissance, des savoir-faire et des traditions – dans les sphères scolaire, académique, religieuse, militante – par nature suspectées de corporatisme, d'ankylose et d'archaïsme – nos antivaleurs par excellence. L'animosité à leur encontre ne désarme pas. De surcroît, ces couches sociales déclinantes – les profs, les instit's, les permanents, les

Informer n'est pas instruire

Chaque époque a ses mots fétiches. Ils font buvard, en absorbant peu à peu leur voisinage. Ainsi, à l'âge informatique, de l'information : de la « société de l'information » aux « bulletins d'information », en passant par le traitement de, l'ouverture d'une, le droit à, tout est désormais information – y compris la connaissance. Ultime amalgame, qu'on voit prospérer jusque dans certains milieux pédagogiques (où l'on tend à penser que l'ordinateur peut faire office de professeur), et qui ne va pas sans risques graves. Il convient de remonter aux rudiments pour y voir clair. Qu'est-ce donc que l'information ? Le terme s'emploie en plusieurs sens, selon le contexte.

Au sens « théorie de l'information » (Wiener, Shannon), ce n'est pas une chose, mais une grandeur mathématique, mesurable statistiquement, qu'on peut présenter comme l'inverse d'une probabilité d'apparition. Mesurer cette quantité (ou degré de réduction d'incertitude) exige la mise entre parenthèses de tout contenu de sens pour s'attacher seulement à la morphologie du signal. Cet emploi scientifique, le seul rigoureux, n'est pas celui de la langue courante.

Au sens ordinaire, de « moyens d'information », le mot désigne la nouvelle qui divulgue un fait ou un événement, vrai ou fictif, à l'aide de mots, de sons ou d'images accessibles au public. On dit en anglais news et en allemand Nachricht. L'usage s'en est étendu d'abord à la publication, et ensuite à l'objet même d'une communication. On glisse alors du message aux données, aux éléments constitutifs d'une connaissance ou d'un jugement. D'où une confusion possible entre deux univers : le journalisme et le savoir.

C'est le moment de rappeler que, si les savoirs se nourrissent d'informations, ils ne leur sont pas réductibles. Savoir que (tel événement est arrivé) n'est pas savoir (pourquoi c'est arrivé). L'information est fragmentaire, isolée, disparate. La connaissance, elle, est un acte synthétique qui unifie la diversité des données empiriques en les reconduisant à l'unité d'un principe de construction ou d'une norme d'appréciation (la connaissance vient du dedans ; l'information, du dehors). Il y a un ordre raisonné des connaissances, qui se construisent, s'augmentent et s'acquièrent par degrés, méthodiquement (l'idée de méthode est étrangère à l'information). Une information enfin ne peut rendre compte de son processus d'engendrement, ce que fait par nature le savoir.

Indépendamment de ces considérations d'ordre épistémologique, qu'on n'a fait ici qu'amorcer, le médiologue s'en tiendra à quatre observations pratiques, sinon triviales.

1 / La valeur d'une information est indexée sur le temps, qui la dévalue. La nouvelle est fraîche ou n'est pas, et mon quotidien qui vaut 7 F aujourd'hui ne vaudra plus tripette demain. La course à l'information, entre agences et journaux, est une course de vitesse. Un théorème, une loi auront en revanche demain la même valeur qu'aujourd'hui. Ils n'ont pas à être fournis « dans les temps ».

2 / La valeur d'une information est déterminée par le public auquel elle s'adresse. Il n'y a pas d'information en soi, elle n'existe que pour un milieu donné. Ce qui est une nouvelle en Australie n'en est pas une en France, et chaque pays, milieu ou individu se fait en quelque sorte son journal, en fonction de ce qui est pertinent, ou non, pour son monde propre. La connaissance, en revanche, est autre chose qu'une résonance ou un miroir. Sa valeur n'est pas fonction de son milieu de réception (Euclide ou Newton sont, en droit, enseignables en tous lieux et moments). L'énoncé logique ou scientifique peut, lui, se détacher sans dommage de son énonciation.

3 / L'information n'a pas d'instance d'appel, et son sort se joue dans l'instant : si la dépêche AFP n'est pas reprise dans un journal, si elle ne « passe » pas dans l'actualité et ses supports, elle est perdue à jamais. Elle doit et peut être vérifiée, recoupée, confrontée à d'autres, mais à bref délai, sous la pression de la concurrence, et dans les limites de l'action en cours. Une connaissance en revanche est ouverte sur l'avenir ; elle s'intègre dans un processus infini et, inaperçue lors de son apparition, pourra toujours être reconnue et reprise après coup.

4 / L'information, last but not least, est une marchandise. Elle se vend et s'achète parce qu'elle coûte cher (time is money), et de plus en plus (réseau des correspondants et services de diffusion). Aussi les agences et les journaux (d'information) sont-ils des entreprises économiques, engagées sur un marché hautement concurrentiel. Comme on a dit que « l'intelligence, c'est ce que mesurent mes tests », on peut dire, à meilleur escient, que l'information, c'est ce que je vends. Une information que je ne peux vendre à personne n'en est pas une. En revanche, 2 + 3 = 5, le second principe de la thermodynamique ou $e = mc^2$ ne constituent pas des objets rentables, insérés dans des relations marchandes. Ils échappent par nature aux mécanismes de l'offre et de la demande.

La « société d'information » peut sans aucun doute favoriser l'essor des connaissances, et les NTIC faciliter l'accès d'un plus grand nombre au savoir – télé-enseignement, nouvelles procédures de validation, coopérations multimédia. Mais il serait pour le moins aventureux d'y voir le synonyme d'une « société pédagogique ».

« curés », etc. – sont souvent mentalement dominées par les premières. Ne voit-on pas des pédagogues et des « experts » en didactique répandre l'idée que l'École est un appareil de communication comme un autre et qui doit prendre modèle sur les autres, alors qu'elle est clairement, dans son principe et par état, une institution de transmission – d'où découlent de tout autres impératifs (et notamment celui de creuser l'écart avec l'environnement médiatique, quitte à utiliser, mais à sa façon, certains de ses supports comme l'audio, la vidéo ou le numérique) ? Ne voit-on pas des ministres, des entrepreneurs et des idéologues influents confondre fièrement les notions d'*information* et de *connaissance* – que tout oppose (encadré p. 208-209) ? Ce genre de précipitations met en péril non seulement l'École dans la cité, mais l'intégrité même d'une culture.

C'est sans doute dans l'éducation que la déstructuration du sens critique par le bruitage communicant qui « couvre » (à tous les sens du mot) l'ordre marchand, s'avère la plus nocive. Ces bévues par croisement d'intérêts nourrissent des quiproquos souvent savoureux, comme celui qui impute tel ou tel déboire à un *n*-ième « déficit de communication », quand il serait plus réaliste d'imputer un trop-plein, avec le déficit de transmission correspondant. En cherchant la « sortie de crise » et la « reconstitution du lien social » du côté des nouvelles technologies et nouveaux réseaux de communication, l'idéologie officielle pourrait bien, à son insu, leur tourner le dos. Il y a lieu de craindre qu'une culture de flux à laquelle une société donnerait les pleins pouvoirs (en la privant de tout contrepoids du côté des « cultures de stock ») n'aggrave singulièrement la déshistorisation de l'actualité. Or, la disparition de la perspective historique fait remonter les brisures ethniques, et fragilise le lien civique. Quand un homme n'appartient plus au temps, arrive le moment où il n'appartient plus à l'humanité (l'universel advient par l'histoire, contre le folklore). Tout pouvoir, aujourd'hui, à l'industrie télévisuelle, fût-elle « mondovision », c'est tout pouvoir, demain, à la balkanisation de la Terre.

Enjeu de civilisation ? Ramenons sur Terre ce terme grandiloquent, aux enjeux pratiques immédiats : la démocratie au quotidien, et ses applications dans notre vie courante. Le souci médiologique n'en appelle pas seulement à l'ardente obligation de transmettre – et de savoir clairement quoi transmettre en priorité. Il peut aider à la prise de conscience du défi majeur pour demain : comment concevoir une politique de la transmission si on ne se donne pas une politique de la technique ? C'est-à-dire un contrôle de l'incontrôlé ? Des décisions librement et collectivement délibérées sur ce qui décide de notre vie, sans que nous ayons part à l'information, au débat et à la décision ? Les révolutions technologiques, on le voit chaque jour, font des enfants dans le dos au « peuple souverain ». Pervers ou salutaires, leurs effets en boule de neige semblent réduire à la portion congrue la puissance publique et les contrôles législatifs. Le pouvoir de modeler la société, sinon de changer la vie, n'aurait-il pas, depuis Balzac, subrepticement changé de mains ? « Ne cherchez pas le pouvoir aux Tuileries... Il s'est transporté chez les journalistes », lançait Balzac, il y a cent cinquante ans, aux sujets de Louis-Philippe. Un Balzac aujourd'hui pourrait compléter, à l'intention des fans de Bill Gates : « Ne cherchez pas le pouvoir dans les palais de la République, ni dans les salles de rédaction : il est chez les blouses blanches – labos, centres de recherche, opérateurs high-tech. La techno mène le bal. » Le curieux est qu'aucun électeur n'a été appelé à voter pour ou contre Internet, pour ou contre la multiplication des autoroutes, pour ou contre la déréglementation des télécoms. La même observation, il est vrai, vaut pour les bifurcations d'avant-hier. On ne connaît pas, en son temps, de manifeste pour ou contre l'électricité ; ni de programme « machine à vapeur ». Encore ces innovations-là se voyaient-elles de loin. Nous ne sommes plus à l'heure des voies ferrées, des fils téléphoniques et des bons vieux émetteurs hertziens au sol. Les nouveaux pilotages ressortissent au dématérialisé et à l'invisible. Les logiciels, la micro-électronique, l'optronique échappent autant à l'œil nu que les satellites géostationnaires et les puces à silicium. La technique, aujourd'hui, c'est ce qui se cache. Tout ce qui permet d'entendre, de voir, de me faire entendre et voir, de me déplacer, de m'informer, d'échanger, de me nourrir – et qui ne se montre pas.

Il n'est certes pas besoin d'être technophobe ou technophile, euphorique ou bien catastrophiste, pour prendre acte d'un hiatus originaire entre les deux dimensions de l'évolution. On choisit son parti, on subit son milieu. Nous élisons nos députés sur un programme ou un projet, dans un lieu donné. La machine, qu'elle soit à vapeur, électrique ou informatique, n'est pas liée à un substrat territorial, ses performances sont universelles. Les choix politiques se discutent, et la loi est délibérée en commun, dans un cadre national ou fédéral. Les options technologiques ne sont pas matière à débat public, dans aucun cadre. Les innovations sont à la fois aléatoires dans leur surgissement et contraignantes dans leurs implications. Sans raison et sans pitié, contingentes et inexorables. Elles envahissent les sociétés en court-circuitant les États, et donc en les délégitimant. Sans doute ces derniers s'efforcent-ils d'encourager, de répartir les crédits, de surveiller les débordements. Mais, de plus en plus, ce qui est techniquement optimal prend le pas sur ce qui est socialement légitime. Le domaine de l'obligatoire relève de moins en moins de la loi ou du règlement, de la directive, fut-elle européenne, ou de l'autorisation, et de plus en plus des normes, protocoles et standards imposées *de facto* par des acteurs privés, sans visage, sans adresse précise, un sigle en guise de nom – résultats d'alliances entre groupes ou d'hégémonies industrielles (norme GSM dans la téléphonie mobile, norme ATM dans les réseaux à haut débit, etc.). Le fait du prince aurait-il changé de camp ? Auraient-ils raison, ceux qui se demandent : « De quoi décident vraiment nos décideurs ? » Le « mais que fait donc le législateur face à l'ingénieur ? » est une question inhérente à la société technicienne elle-même ; elle est aussi vieille que le « mais que fait donc la police ? ». Elle était déjà sérieuse depuis la première révolution industrielle ; c'est aujourd'hui que l'impuissance des soi-disant pouvoirs peut rendre anxieux. Car le conditionnement technique est devenu constitutif de l'avenir et de notre individualité même. Avec l'industrialisation de la culture (annoncée dès l'après-guerre par Adorno et Horkheimer), il s'empare aussi bien des flux de conscience les plus intimes que des mœurs et des mentalités. La technoscience (ou cette préemption de la science par la technique qui se profile dès les années 1950) prend en écharpe aussi bien nos héritages symboliques les plus immémoriaux (en remodelant notamment nos modes d'archivation) que les notions mêmes de travail et de richesse. Quelle enceinte préservée, quel refuge « sacré » échappent-t-il aujourd'hui à l'intersection de la recherche scientifique, de l'innovation technicienne et des grandes organisations industrielles ?

D'où un divorce de moins en moins bien toléré entre le technique et le civique. La question « à quoi servent nos hommes et femmes politiques ? » rôde peu ou prou sous tous les crânes. Comme si la société réelle se voyait sourdement évacuée de sa représentation légale, comme si programmes, discours, articles de loi ne « tenaient » pas devant de pauvres bidules qui, mine de rien, sans demander la permission aux gouvernements, transforment le temps et l'espace vécus des gouvernés : le portable relié au satellite, la parabole du toit, le diffuseur multimédia dans le ciel, la fibre optique en sous-sol, et mon moteur de recherche sur Internet me donnant instantanément le ragot, ou le livre, que vient d'interdire à la vente la justice de mon pays. « Le souverain est partout, sauf sur le trône », constatait Balzac, sans plaisir, car il était royaliste et légitimiste. Que « la souveraineté soit partout, sauf dans le peuple souverain » ne saurait plaire à aucun démocrate. Une politique qui ne serait plus qu'une gestion au jour le jour de contraintes d'opérationnalité débouche à la longue sur un « à quoi bon mettre un bulletin dans l'urne ? ». Ces nihilismes rampants déstabilisent et compromettent l'institution républicaine, et jusqu'au sentiment d'appartenance.

La diffraction des repères, l'éclatement des points cardinaux, l'évanescence des frontières désorientent l'atomisé postmoderne, titulaire de droits universels abstraits mais assignés à des espaces d'inscription en peau de léopard, aléatoires, et de moins en moins compatibles. Les « netoyens » n'ont pas de patrie, paraît-il. Ils cultivent des sentiments mi-communautaires, mi-planétaires. Clivé entre local et global, le villageois transversal court-circuite l'échelon moyen des nations où se logeait depuis deux siècles la vie démocratique. La désorientation menace. Nous ne savons plus, simples citoyens, qui dit le droit et comment. A quelle autorité légitime nous devons allégeance. Nous ne savons plus si les médecins ne provoquent pas la mort au lieu de nous protéger. Si ce que nous avons dans notre assiette va nous alimenter ou nous intoxiquer. D'où une évidente crise de confiance – envers des technologies que nous tendons à désinvestir après avoir mis trop d'espoirs en elles, ajoutant ainsi la techno-frustration au déboussolement moral.

Or il ne s'agit plus de déplorer, d'exorciser ou d'édifier. On ne maîtrisera pas le devenir technologique en lui tournant le dos. La responsabilité consiste à comprendre sa logique pour anticiper autant que possible ses effets. Un discours sur les fins et les valeurs qui ne s'appuie pas sur un état précis des arsenaux est un discours creux. Un discours sur l'innovation, en revanche, qui ne la passe pas au crible d'une mémoire est un discours dangereux.

L'écologie nous a habitué à l'idée, insolite et même choquante en société industrielle, que l'homme, comme individu, était responsable de la nature, et des équilibres écosystémiques dont il dépend pour sa survie, comme espèce. N'est-il pas temps d'étendre le principe de précaution à la sphère des signes et des formes, et de persuader chaque citoyen qu'il est individuellement responsable de la culture de sa communauté ? Et qu'il serait folie d'abandonner sa mémoire et sa créativité (les deux étant fonction l'une de l'autre) au marché et aux machines, sacrifiant ainsi le long terme au court terme ?

Sans doute les savoirs de la culture sont-ils très en retard sur les sciences de la vie – et nous avons mieux et plus vite pris conscience des enjeux de la génétique que des enjeux du numérique. Les manipulations de l'embryon inquiètent plus que les manipulations des archives ou de l'information ; il existe un droit international de la bioéthique. Il est ainsi officiellement prohibé d'altérer le génome humain (Déclaration des Nations Unies), et le clonage à des fins de reproduction humaine est officiellement sous haute surveillance. De ce côté, il existe des Comités d'éthique. Il n'est pas interdit en revanche de confisquer sur catalogue le patrimoine d'images d'un pays pour en contrôler la diffusion, ni de marginaliser ses trésors littéraires en les privant de traduction. Ce que la bioéthique est déjà aux politiques de la santé, une technoéthique le sera-t-elle un jour aux politiques culturelles ? La dignité de la personne humaine n'est pas moins en jeu dans la production industrielle des consciences que dans la reproduction sexuée des corps. Si l'on se tient pour responsable des mécanismes de l'hérédité, ne faudra-t-il pas prendre soin des filières infiniment plus fragiles de l'héritage ?

Le retard de la technoéthique sur la bioéthique, il est clair qu'il ne pourra être rattrapé tant que l'on pensera le sujet sans (ou contre) l'objet, l'humanité sans (ou contre) la technicité. C'est ce divorce compulsif que l'approche ici envisagée peut aider à surmonter. En dissipant les faux espoirs (la solution par les nouvelles techniques) comme les vaines craintes (la société déshumanisée par *la* Technique). Ni fétichiser ni stigmatiser : remplacer *versus* par *verso*.

Le paradoxe étant que, si le médiologue, que nul n'en doute, veut le bien de l'humanité, la médiologie avoue jouer l'objet face au sujet, non contre mais pour lui. On a déjà dit comment l'humanisme idéaliste partait du postulat que l'homme est la source et doit rester la mesure de toutes choses, et d'abord de lui-même. On est parti du constat contraire : le *procès d'hominisation*, commencé sur la planète il y a à peu près deux ou trois millions d'années et toujours en cours (plus que jamais, car il s'est considérablement accéléré), non seulement n'a pas le sujet humain pour centre, mais progresse à coup d'excentrations, ou dépossessions, qui extériorisent et amplifient nos facultés. En ce sens, le moteur excentre (et dépossède) nos bras et jambes, l'ordinateur excentre (et dépossède) le cerveau. Et c'est ainsi que l'homme se construit et s'accroît. *L'hominisation a été et demeure un processus anhumain.* Pour empêcher qu'il ne tourne à l'*inhumain* (avec l'innovation permanente), que la technologie accroisse les inégalités (2 % à peine de la population mondiale est « branchée » sur le Net), commençons par reconnaître, contre trois mille ans d'orthodoxie, que *rien n'est plus humain que la technique.* C'est seulement, nous semble-t-il, à cette condition, ou par cette conversion (d'une métaphysique de la conscience à une physique du milieu), qu'il nous sera possible d'*humaniser l'anhumaine hominisation.*

Un chercheur américain (Michael Dertouzos, directeur du Laboratoire des sciences de l'ordinateur au MIT) se définissait comme « technologiste et humaniste ». Puissions-nous faire que chacun l'entende comme une redondance. Non pas oiseuse mais vitale, et digne, infiniment, d'émulation.

BIBLIOGRAPHIE

Chapitre 1 - Le temps de la transmission

Bougnoux Daniel, *Sciences de l'information et de la communication, les textes essentiels*, Paris, Éd. Larousse, 1991.

Clair Jean, *Élevages de poussière*, Paris, Éd. L'Échoppe, 1992.

Derrida Jacques, *Mal d'archive*, Paris, Éd. Galilée, 1995.

Guédez Annie, *Compagnonnage et apprentissage*, Paris, Éd. PUF, 1994.

Haudricourt André-Georges, *La technologie, science humaine*, Paris, Éd. La Maison des sciences de l'homme, 1987.

Jacob Christian, *Vers une histoire comparée des bibliothèques. Questions préliminaires. Entre Grèce et Chine ancienne*, Quaderni di Storia, Italie, Éd. Dedalo, 1998.

Jacob François, *La logique du vivant. Une histoire de l'hérédité*, Paris, Éd. Gallimard, 1978.

Jacques-Jouvenot Dominique, *Choix du successeur et transmission patrimoniale*, Paris, Éd. L'Harmattan, « Logiques sociales », 1997.

Leroi-Gourhan André, *Le geste et la parole*, I : *Technique et langage*, 1964 ; II : *La mémoire et les rythmes*, Paris, Éd. Albin Michel, 1965.

Leroi-Gourhan André, *Les racines du monde*, Paris, Éd. Belfond, 1982.

Lumley Henry de, *L'Homme premier. Préhistoire. Évolution. Culture*, Paris, Éd. Odile Jacob, 1998.

Melot Michel (sous la dir. de), *Nouvelles Alexandrie. Les grands chantiers de bibliothèques dans le monde*, Paris, Éd. Cercle du Libraire, 1996.

Pech Thierry, *La pierre et la cendre. Pour une anthropologie du droit de la sépulture*, Paris, Éd. Droit et cultures, 1999.

Stiegler Bernard, *La technique et le temps. La faute d'Épiméthée* (t. 1), 1994, et *La désorientation* (t. 2), Paris, Éd. Galilée, coll. « La Philosophie en effet », 1996.

Stiegler Bernard, Mémoires gauches, *Revue philosophique*, juin 1990, Paris, Éd. PUF.

Tisseron Serge, « La psychanalyse à l'épreuve des générations », in *Clinique du fantôme*, Paris, Éd. Dunod, coll. « Inconscient et culture », 1995.

Urbain Jean-Didier, *L'archipel des morts. Le sentiment de la mort et les dérives de la mémoire dans les cimetières d'Occident*, Paris, Éd. Plon, 1989.

Catéchèse, n° 138, dossier « Transmettre », Paris, 1995.

Le Genre humain (dir. Maurice Olender), Paris, Éd. Fayard, « La Transmission », 1982.

Les Nouvelles de l'archéologie, n° 48-49, été-automne 1992, Paris, Éd. Errance.

Chapitre 2 - « The medium is the message »

Ardenne Paul, *Art, l'âge contemporain*, Paris, Éd. du Regard, 1998.

Bayle F., Bourg D., Debray R., Ettighoffer D., Finkielkraut A., Hermitte M.-A., Jacomy B., Janicaud D., Latour B., Laufer R., Lévy P., Moles A., Perrin J., Picon A., Quéau Ph., Sicard M., Sigaut F., Stiegler B., Virilio P., Weissenbach J., interrogés par Ruth Scheps et Jacques, Tranero, *L'empire des techniques*, Paris, Éd. du Seuil, coll. « Points-Sciences », 1994.

Beaune Jean-Claude, *La technologie introuvable*, Paris, Éd. Vrin, 1980.

Beaune Jean-Claude, *Philosophie des milieux techniques. La matière, l'instrument, l'automate*, Paris, Éd. Champ Vallon, coll. « Milieux », 1998.

Benjamin Walter, *Écrits français*, Paris, Éd. Gallimard, 1991.

Blistène Bernard, David Catherine, Pacquement Alfred (sous la dir. de), *L'époque, la mode, la morale, la passion. Aspects de l'art d'aujourd'hui, 1977-1987*, Paris, Éd. Centre Georges-Pompidou, 1987.

Bougnoux Daniel, *Introduction aux sciences de la communication*, Paris, Éd. La Découverte, coll. « Repères », 1998.

Chartier Roger, *L'ordre des livres. Lecteurs, auteurs, bibliothèques en Europe entre le XIVe et le XVIIIe siècle*, Paris, Éd. Alinéa, 1992.

Ellul Jacques, *La technique ou l'enjeu du siècle*, Paris, Éd. Colin, 1954.

Frau-Meigs Divina, Technologie et pornographie dans l'espace cybernétique, *Réseaux*, n° 77, mai-juin 1996, Paris.

Gilles Bertrand, *Histoire des techniques*, Paris, Encyclopédie de la Pléiade, 1978.

Goody Jack, *Entre l'oralité et l'écriture*, Paris, Éd. PUF, 1994.

Goody Jack, *La raison graphique. La domestication de la pensée sauvage*, Paris, Éd. de Minuit, 1979.

Hennion Antoine, De l'étude des médias à l'analyse de la médiation : esquisse d'une problématique, *Média-pouvoirs*, n° 20, octobre-décembre 1990, Paris.

Johannot Yvonne, *Tourner la page, livres, rites et symboles*, Grenoble, Éd. Jérôme Millon, 1988.

Kant Emmanuel, *Qu'est-ce qu'un livre ?*, Présentation de Jocelyn Benoist, Paris, Éd. PUF, 1995.

Kerckhove Derrick (de), *Brainframes, Technology, mind and business*, Amsterdam, Bosch and Keuning, 1991.

Latour Bruno, *Nous n'avons jamais été modernes, Essai d'anthropologie symétrique*, Paris, Éd. La Découverte, 1991.

Leroi-Gourhan André, *Évolution et techniques*, t. 1 : *L'homme et la matière*, 1943, t. 2 : *Milieu et techniques*, Paris, Éd. Albin Michel, coll. « Sciences d'aujourd'hui », 1945.

McLuhan Marshall, *Pour comprendre les médias*, Paris, Éd. du Seuil, 1968.

Mumford Lewis, *Technique et civilisation*, Paris, Éd. du Seuil, 1950.

Roques René, *L'univers dionysien. Structure hiérarchique du monde selon le pseudo-Denys*, Paris, Éd. Aubier, 1954.

Sachot Maurice, *Religio/Superstitio*, historique d'une subversion et d'un retournement, *Revue des sciences religieuses*, CCVIII, n° 4, 1991, Éd. PUF.

Sachot Maurice, *Christianisme et philosophie, la subversion fondatrice originaire*, Angers, Conférence organisée par la Société angevine de philosophie, 1999.

Sachot Maurice, *L'invention du Christ, genèse d'une religion*, Paris, Éd. Odile Jacob, 1998.

Siegfried André, *Itinéraires de contagions, épidémies et idéologies,* Paris, Éd. Armand Collin, 1960.
Simmel Georg, *La tragédie de la culture et autres essais,* Paris, Éd. Rivages, 1988.

Chapitre 3 - « Ceci tuera cela »

Acot Pascal, *Histoire de l'écologie,* Paris, Éd. PUF, coll. « La Politique éclatée », 1988.
Berque Augustin, *Médiance, de milieux en paysage,* Gap, Éd. Reclus, coll. « Géographiques », 1991.
Eisenstein Élisabeth, *La révolution de l'imprimé dans l'Europe des premiers temps modernes,* Paris, Éd. La Découverte, 1991.
Huyghe Édith et François-Bernard, *Les empires du mirage,* Paris, Éd. Robert Laffont, 1992.
Jullien François, *La propension des choses,* Paris, Éd. du Seuil, 1992.
Perriault Jacques, *La logique de l'usage, essai sur les machines à communiquer,* Paris, Éd. Flammarion, 1989.
Piveteau Jean-Luc, La territorialité des Hébreux : l'affaire d'un petit peuple il y a longtemps, ou un cas d'école pour le IIIe millénaire ?, *L'Espace géographique,* n° 1, 1993, Fribourg, Université de Fribourg.
Quéau Philippe, *Metaxu : théorie de l'art intermédiaire,* Paris, Éd. Champ Vallon / INA, 1993.
Rodinson Maxime, *Mahomet,* Paris, Éd. du Seuil, 1968.
Sicard Monique, *La fabrique du regard,* Paris, Éd. Odile Jacob, 1998.
Sicard Monique, *L'année 1895, l'image écartelée,* Paris, Éd. Les Empêcheurs de penser en rond, 1995.
Tisseron Serge, *Comment l'esprit vient aux objets,* Paris, Éd. Aubier, 1999.
Wolton Dominique, avec Missika Jean-Louis, *Les réseaux pensants, télécommunication et société,* Paris, Éd. Masson, 1978.
Terminal, automne 1995, n° 69, Paris, Éd. L'Harmattan.
Dialectiques, revue trimestrielle, printemps 1981, n° 32 : « Techniques et machines », Paris.

Chapitre 4 - L'efficacité symbolique

Benjamin Walter, *Sur l'art et la photographie,* Paris, Éd. Arts et esthétique, 1997.
Caune Jean, *Culture et communication, convergences théoriques et lieux de médiation,* Grenoble, Éd. PUG, coll. « La Communication en plus », 1995.
Darnton Robert, La France, ton café fout le camp, *Actes de la recherches en sciences sociales,* n° 100, décembre 1993, Paris.
Debray Régis, *Croire, voir, faire. Traverses,* Paris, Éd. Odile Jabob, coll. « Le Champ médiologique », 1999.
Dumas Robert, La médiologie, un savoir nostalgique, mai 1993, revue *Critique,* n° 552, Paris.
Frodon Jean-Michel, *La projection nationale, cinéma et nation,* Paris, Éd. Odile Jacob, coll. « Le Champ médiologique », 1998.
Gras Alain, *Les macro-systèmes techniques,* Paris, Éd. PUF, coll. « Que sais-je ? », 1997.
Gras Alain et Sophie, Poirot-Delpech L., *Grandeur et dépendance. Sociologie des macro-systèmes techniques,* Paris, PUF, 1993.

Heinich Nathalie, *Du peintre à l'artiste, artisans et académiciens à l'âge classique,* Paris, Éd. de Minuit, 1993.
Heinich Nathalie, L'aura de Walter Benjamin, *Actes de la recherches en sciences sociales,* n° 49, septembre 1983, Paris.
Landes David, *L'Heure qu'il est. Les horloges, la mesure du temps et la formation du monde moderne,* Paris, Éd. Gallimard, 1987.
Latour Bruno, *Petite réflexion sur le culte moderne des dieux faitiches,* Paris, Éd. Les Empêcheurs de penser en rond, 1996.
Latour Bruno, Hennion Antoine, Comment devenir célèbre en faisant tant d'erreurs à la fois..., *Cahiers de médiologie,* n° 1, 1996, Paris, Éd. Gallimard.
Lévy Pierre, *Les technologies de l'intelligence. L'avenir de la pensée à l'ère informatique,* Paris, Éd. La Découverte, coll. « Sciences et société », 1990.
Malinowski Bronislaw, *Une théorie scientifique de la culture,* États-Unis, The University of North Carolina Press, 1944 ; Paris, Éd. F. Maspero, trad. franç., 1968 (rééd., Éd. du Seuil, coll. « Points »).
Meyer Luc de, *Vers l'invention de la rhétorique. Une perspective ethnologique sur la communication en Grèce ancienne,* Louvain-la-Neuve, Éd. Peeters, 1997.
Piveteau Jean-Luc, *Le temps du territoire. Continuités et ruptures dans la relation de l'homme à l'espace,* Genève, Éd. Zoé, 1995.
Séris Jean-Pierre, *La technique,* Paris, Éd. PUF, coll. « Les Grandes Questions de la philosophie », 1994.
Séris Jean-Pierre, *La technique,* Paris, Éd. PUF, 1994.
Serres Michel, *Le tiers instruit,* Paris, Éd. F. Bourin, 1991.
Simondon Georges, *Du mode d'existence des objets techniques* Paris, Éd. Aubier, 1958.
Travail médiologique, *La Route en débats,* n° 2, 1997, Paris, Éd. Ad Rem.
Les nouveaux cahiers de l'IREPP, *Internet et nous. Le commerce et les échanges : la fin des intermédiaires ?,* Paris, Médiation, 1997.

Chapitre 5 - Le conseil des disciplines

Bertho-Lavenir Catherine, *La roue et le stylo. Comment nous sommes devenus touristes,* Paris, Éd. Odile Jacob, coll. « Champ médiologique », 1999.
Dagognet François, *Écriture et iconographie,* Paris, Éd. Vrin, 1973.
Dagognet François, *Éloge de l'objet,* Paris, Éd. Vrin, 1989.
Dagognet François, *Rematérialiser,* Paris, Éd. Vrin, 1989.
Fabbri Paolo, *La svolta semiotica,* Italie, Éd. Laterza, 1998.
Jeanneret Yves, La médiologie de Régis Debray, *Communication et langage,* n° 104, 1995, Paris.
Lepenies Wolf, *Les trois cultures. Entre science et littérature, l'avènement de la sociologie,* Paris, Éd. La Maison des sciences de l'homme, 1991.
Lieury Alain, *La psychologie est-elle une science ?,* Paris, Éd. Flammarion, coll. « Dominos », 1997.
Lubek Ian, Histoire de psychologies sociales perdues : le cas de Gabriel Tarde, *Revue française de sociologie,* 1981, Paris.
Moscovici Serge, *Psychologie sociale,* Paris, Éd. PUF, coll. « Fondamental », 1984.
Mumford Lewis, *Technique et civilisation,* Paris, Éd. du Seuil, coll. « Esprit, la cité prochaine », 1950.
Passeron Jean-Claude, *Le raisonnement sociologique. L'espace non poppérien du raisonnement naturel,* Paris, Éd. Nathan, coll. « Essais et recherches », 1991.

Peretz Henri, *Les méthodes en sociologie. L'observation,* Paris, Éd. La Découverte, coll. « Repères », 1998.
Tarde Gabriel, *Les lois de l'imitation,* Paris, Éd. Kimé, 1993.
Tarde Gabriel, *L'opinion et la foule,* Paris, Éd. PUF, 1989.
Le Genre humain, n° 33, 1988 : « Interdisciplinarités », Paris, Éd. du Seuil.

Chapitre 6 - Une médiologie, pour quoi faire ?

Bone E., Donnea F.-X. (de), Deurinck G., Haenes A. (d'), Fourez G., Fox R., Fransen G., Guelluy R., Jacquemin A., Ladrière J., Lévy P.-M.-G., *Responsabilité éthique dans les sciences,* Louvain-la-Neuve, Éd. PU, Groupe de synthèses de Louvain, 1982.
Breton Philippe, *A l'image de l'homme. Du Golem aux créatures virtuelles,* Paris, Éd. du Seuil, 1995.
Brocard Bastien, *La révolution numérique est-elle maîtrisée ? Genèse du bogue de l'an 2000,* Grenoble, Institut d'études politiques, mémoire de fin d'études sous la direction de D. Bougnoux, 1989.
Caune Jean, *Pour une éthique de la médiation. Le sens des pratiques culturelles,* Grenoble, Éd. PUG, 1999.
Guillaume Marc, sous la direction de Janicaud Dominique, *La puissance du rationnel,* Paris, Éd. Gallimard, 1985.
Païni Dominique, *Conserver, montrer,* Paris, Éd. Yellow Now, 1992.
Perriault Jacques, *La communication du savoir à distance,* Paris, Éd. La Découverte, 1996.
Perriault Jacques, *La logique de l'usage, essai sur les machines à communiquer,* Paris, Éd. Flammarion, 1989.
Sève Lucien, *Pour une critique de la raison bioéthique,* Paris, Éd. Odile Jacob, 1994.
Vallet Odon, *Qu'est-ce qu'une religion ? Héritages et croyances dans les traditions monothéistes,* Paris, Éd. Albin Michel, coll. « Spiritualités », 1999.
Weissberg Jean-Louis, *Présences à distance. Pourquoi nous ne croyons plus la télévision,* Paris, Éd. L'Harmattan, coll. « Communication », 1998.

Terminal, automne 1996, n° 71-72 : « Spécial Internet », Paris, Éd. L'Harmattan.

Un parcours abrégé

Un novice peut couper le labyrinthe des références pour emprunter un raccourci.

• Il commencera par quatre classiques :

- **Platon,** Phèdre, 275a ;
- **Hugo,** Notre-Dame de Paris, Livre cinquième, chap. II ;
- **Valéry,** « La conquête de l'ubiquité », in Pièces sur l'art ;
- **Benjamin,** L'œuvre d'art à l'ère de sa reproduction mécanisée, in Écrits français (NRF).

• Il consultera ensuite les « Textes essentiels » présentés par **Daniel Bougnoux** (« Sciences de l'information et de la communication », Larousse, 1993), notamment « Ouvertures médiologiques » et « Médiologie 2 : la logique des transmissions » (p. 531-723).

• Il s'attardera enfin sur une étude de cas. Entre autres :

- **Élizabeth Eisenstein,** La révolution de l'imprimé à l'aube de l'Europe moderne (1991, Éd. La Découverte) ;
- **Jack Goody,** Entre l'oralité et l'écriture (1994, PUF) ;
- **Bruno Latour,** Les vues de l'esprit (juin 1989, Culture technique n° 14) ;
- **Pierre Lévy,** Qu'est-ce que le virtuel ? (1994, Éd. La Découverte) ;
- **Maurice Sachot,** L'invention du Christ (1997, Éd. Odile Jacob) ;

Les Cahiers de médiologie

1 - LA QUERELLE DU SPECTACLE,
coordonné par Daniel Bougnoux, premier semestre 1996.

2 - QU'EST-CE QU'UNE ROUTE ?,
coordonné par François Dagognet, deuxième semestre 1996.

3 - ANCIENNES NATIONS, NOUVEAUX RÉSEAUX,
coordonné par Régis Debray, premier semestre 1997.

4 - POUVOIR DU PAPIER,
coordonné par Pierre-Marc de Biasi et Marc Guillaume, deuxième semestre 1997.

5 - LA BICYCLETTE,
coordonné par Catherine Bertho-Lavenir, avec Odon Vallet, premier semestre 1998.

6 - POURQUOI DES MÉDIOLOGUES ?,
coordonné par Louise Merzeau, deuxième semestre 1998.

7 - LA CONFUSION DES MONUMENTS,
coordonné par Michel Melot, premier semestre 1999.

8 - CROYANCES EN GUERRE, L'EFFET KOSOVO,
Deuxième semestre 1999.

Les Cahiers de médiologie sont sur Internet, http://www.mediologie.com, 26, rue de Condé, 75006 Paris, Téléphone : 01 43 25 93 91 - Télécopie : 01 46 34 73 61.

Collection
Premier
Cycle

Philosophie

S. AUROUX — La philosophie du langage
M. CANTO-SPERBER — Philosophie grecque (2e éd. revue et corrigée)
C. DEVILLERS, H. TINTANT — Questions sur la théorie de l'évolution
D. FOLSCHEID — La philosophie allemande de Kant à Heidegger
D. FOLSCHEID, J.-J. WUNENBURGER — Méthodologie philosophique (3e éd. corrigée)
A. DE LIBERA — La philosophie médiévale (3e éd.)
M. MEYER — La philosophie anglo-saxonne
N. TENZER — Philosophie politique (2e éd. mise à jour)
J.-J. WUNENBURGER — Questions d'éthique

Psychologie - Psychanalyse

P.-L. ASSOUN — Psychanalyse
J. BIDEAUD, O. HOUDÉ, J.-C. PÉDINIELLI — L'homme en développement (6e éd. corrigée)
S. BOUYER, M. C. MIETKIEWICZ — Introduction à la psychologie clinique. L'homme au singulier
M. COCUDE, M. JOUHANEAU — L'homme biologique
M. CRAHAY — Psychologie de l'éducation
V. DESPRET, POL P. GOSSIAUX, C. PUGEAULT, V. YZERBIT — L'homme en société
W. HUBERT — L'homme psychopathologique et la psychanalyse clinique
F. PAROT — L'homme qui rêve. De l'anthropologie du rêve à la neurophysiologie du sommeil paradoxal
F. PAROT, M. RICHELLE — Introduction à la psychologie. Histoire et méthodes (4e éd.)
Y. VEYRET, P. PECH — L'homme et l'environnement (2e éd. corrigée)
A. WEIL-BARAIS — L'homme cognitif (5e éd. refondue)

Sciences sociales - Sociologie - Ethnologie - Communication

N. ALTER — Sociologie de l'entreprise et de l'innovation
R. DEBRAY — Introduction à la médiologie
M. DUBOIS — Introduction à la sociologie des sciences et des connaissances scientifiques
P. LABURTHE-TOLRA, J.-P. WARNIER — Ethnologie-Anthropologie (3e éd. revue et corrigée)
G. MIALARET — Statistiques
B. VALADE — Introduction aux sciences sociales

Sciences de l'éducation

V. DE LANDSHEERE — L'éducation et la formation
O. REBOUL — Les valeurs de l'éducation (2e éd.)
R. THOMAS et collaborateurs — Sciences et techniques des activités physiques et sportives

Droit

J.-M. DE FORGES — Droit administratif (5e éd. mise à jour)
D. TURPIN — Droit constitutionnel (4e éd. mise à jour)
M.-L. RASSAT — Institutions judiciaires (2e éd.)

Science politique

P. BÉNÉTON — Introduction à la politique
D. COLAS — Sociologie politique
E. JOUVE — Relations internationales
C. MILLON-DELSOL — Les idées politiques au XXe siècle
C. ZORGBIBE — Chronologie des relations internationales depuis 1945

Économie - Gestion - Finance

J. AVENTUR — Introduction au développement économique
J.-M. COMMUNIER, H. LAMOTTE — Finances publiques. Le budget de l'État
J. DEBORD — Comptabilité nationale
B. ESNAULT, C. HOARAU — Comptabilité française (2e éd. mise à jour)
F. ETNER — Microéconomie (4e éd. mise à jour)
D. ROUX, D. SOULIÉ — Gestion (2e éd. mise à jour)
P. SALIN — Macroéconomie

Sciences

S. JOHSUA, J.-J. DUPIN — Introduction à la didactique des sciences et des mathématiques (2e éd. corrigée)
R. NADEAU — Vocabulaire technique et analytique de l'épistémologie

Littérature - Linguistique

C. AYME — Version anglaise / Filière classique
M.-C. BANCQUART, P. CAHNÉ — Littérature française du XXe siècle
J.-L. BANDET — Anthologie de la littérature allemande
J.-L. BANDET — Histoire de la littérature allemande
H. BÉCHADE — Grammaire française
J. BEYRIE, R. JAMMES — Histoire de la littérature espagnole
M. DELON, P. MALANDAIN — Littérature française du XVIIIe siècle
P. DUFOUR — Le réalisme
B. FERGUSSON — Thème anglais / Filière LEA
J. FRANCO, J.-M. LEMOGODEUC — Anthologie de la littérature hispano-américaine du XXe siècle (2e éd. corrigée)
J.-M. GOUVARD — La versification
M. JARRETY — La poésie française du Moyen Age jusqu'à nos jours
C. LABRE, P. SOLER — Méthodologie littéraire
F. LAROQUE, A. MORVAN, A. TOPIA — Anthologie de la littérature anglaise (3e éd. corrigée)
F. LAROQUE, A. MORVAN, F. REGARD — Histoire de la littérature anglaise
M. et J. LOZES — Version anglaise / Filière LEA
A. MICHEL, C. BECKER, M. BURY, P. BERTHIER, D. MILLET — Littérature française du XXe siècle

G. MOLINIÉ — La stylistique (2e éd. corrigée)
P. MONNERET — Exercices de linguistique
O. REBOUL — Introduction à la rhétorique (3e éd.)
D. ROYOT, J. BÉRANGER, Y. CARLET, K. VANDERBILT — Anthologie de la littérature américaine (3e éd. mise à jour)
S. SAÏD, A. TRÉDÉ, A. LE BOLLUEC — Histoire de la littérature grecque
D. SOUILLER, W. TROUBETZKOY — Littérature comparée
O. SOUTET — Linguistique (2e éd.)
A. VIALA — Le théâtre en France des origines à nos jours
M. WOOD — Thème anglais / Filière classique
H. ZEHNACKER, J.-C. FREDOUILLE — Anthologie de la littérature latine
H. ZEHNACKER, J.-C. FREDOUILLE — Littérature latine (2e éd. corrigée)
M. ZINK — Littérature française du Moyen Age
R. ZUBER, E. BURY, D. LOPEZ, L. PICCIOLA — Littérature française du XVIIe siècle

Histoire

B. BARBICHE — Les institutions de la monarchie française à l'époque moderne
D. BARJOT, J.-P. CHALINE, A. ENCREVÉ — La France au XIXe siècle (3e éd. corrigée)
L. BÉLY — La France moderne, 1498-1789 (4e éd.)
T. CHARMASSON, A.-M. LELORRAIN, M. SONNET — Chronologie de l'histoire de France
J.-N. CORVISIER — Sources et méthodes en histoire ancienne
C. GAUVARD — La France au Moyen Age du Ve au XVe siècle (2e éd. corrigée)
D. GUTZEN — Les conséquences de l'unification allemande
G. HERMET — L'Espagne au XXe siècle
A. JOUANNA — La France du XVIe siècle (2e éd. corrigée)
J.-M. LACROIX — Histoire des États-Unis
Y. LE BOHEC — Histoire romaine. Textes et documents
M. LE GLAY, J.-L. VOISIN, Y. LE BOHEC — Histoire romaine (6e éd.)
D. POULOT — Les Lumières
Y. LEHMANN — Religions de l'Antiquité
J.-M. LEMOGODEUC — L'Amérique hispanique au XXe siècle
C. ORRIEUX, P. SCHMIDT-PANTEL — Histoire grecque (2e éd. corrigée)
D. ROYOT, J.-L. BOURGET, J.-P. MARTIN — Histoire de la culture américaine
J.-F. SIRINELLI, R. VANDENBUSSCHE, J. VAVASSEUR-DESPERRIERS — La France de 1914 à nos jours (3e éd.)
J. TULARD — La France de la Révolution et de l'Empire
C. ZORGBIBE — Histoire de la construction européenne (2e éd. corrigée)

Géographie

F. DEBIÉ — Géographie économique et humaine (2e éd. mise à jour)
G. MOTTET — Géographie physique de la France (3e éd. revue et augmentée)
P. PECH, H. REGNAULD — Géographie physique (2e éd. mise à jour)

Achevé d'imprimer chez Sobook le 28-09-2017

ROUBAIX - FRANCE

N° impression : 446 104